高等职业教育汽车类专业规划教材

汽车底盘构造
理实一体化教程

郝　魁　刘　佳◎主　编
张呼努斯图　胡　明
郭丽娜　王　晨◎副主编
沈盛军◎主　审

中国铁道出版社有限公司
CHINA RAILWAY PUBLISHING HOUSE CO., LTD.

内容简介

本书以教育部颁布的《国家职业教育改革实施方案》为指导，根据汽车底盘构造与维修的典型工作任务编写而成。

本书主要内容分为两部分：第一部分以汽车底盘构造的四大系统为主要学习项目，包括汽车底盘认知、汽车底盘传动系统、汽车底盘行驶系统、汽车底盘制动系统、汽车底盘转向系统；第二部分是以五个项目为理论基础而延伸的十九个工作任务（以工作成果记录册形式呈现）。

本书编写过程中注重“以职业学习活动为导向，以能力提升为本位，以学生为教学中心”的编写理念，采用“理实一体化”教学模式，其中工作成果记录册以组织安排、信息收集、任务实施、任务总结、任务练习、评价反思为工作任务的具体实施逻辑。同时书中安排思政讲堂环节，通过思政教育，提高学生社会责任感，提升学生爱国主义情怀，从而更全面地培养德技双修的技术技能型人才。书中还加入了相关创新意识和创新能力提升的展示环节，可激发学生的创新精神和创造能力。

本书适合以作为高等职业院校汽车检测与维修技术、汽车制造与装配技术、汽车营销与服务、汽车电子技术、新能源汽车技术等相关汽车专业的教材，也可以作为汽车制造与服务维修企业培养具有一定汽车底盘知识的一线技术工人或初学者的培训用书。

图书在版编目（CIP）数据

汽车底盘构造理实一体化教程 / 郝魁，刘佳主编 . —北京：中国铁道出版社有限公司，2021.9
高等职业教育汽车类专业规划教材
ISBN 978-7-113-28280-6

Ⅰ. ①汽…　Ⅱ. ①郝… ②刘…　Ⅲ. ①汽车－底盘－结构－高等职业教育－教材　Ⅳ. ① U463.1

中国版本图书馆 CIP 数据核字 (2021) 第 164505 号

书　　名：汽车底盘构造理实一体化教程
作　　者：郝　魁　刘　佳

策　　划：何红艳　　　　**编辑部电话：**（010）63560043
责任编辑：何红艳　绳　超
封面制作：刘　颖
责任校对：孙　玫
责任印制：樊启鹏

出版发行：中国铁道出版社有限公司（100054，北京市西城区右安门西街 8 号）
网　　址：http://www.tdpress.com/51eds/
印　　刷：北京联兴盛业印刷股份有限公司
版　　次：2021 年 9 月第 1 版　2021 年 9 月第 1 次印刷
开　　本：787 mm×1 092 mm　1/16　**印张：**17　**字数：**457 千
书　　号：ISBN 978-7-113-28280-6
定　　价：49.80 元（含工作成果记录册）

前 言

本书以教育部颁布的《国家职业教育改革实施方案》为指导，以成果导向（OBE）教学理念为编写思路，能够使学生在使用教材和课程结束的时候，有自己的成果收获，并且通过工作成果记录册，也能全面记录和反映学生在一学期的学习效果，能够激励学生主动学习。完成每一个任务的过程中，既能提高学生自主学习的习惯和能力，还能加强小组团队分工协作的能力。学生在进行调研、实践过程中的照片，可以打印、粘贴在“个人学习成长记录贴”中，最终学生学习成果都汇聚在工作成果记录册中，使学生学有所成，教师也有了更为直观的评价依据。

本书遵循项目教学改革的指导原则，以工作任务为学习成果的目标引导教学组织和实施。本书内容以汽车底盘的整体结构为基础，分为五个项目，包括：汽车底盘认知、汽车底盘传动系统、汽车底盘行驶系统、汽车底盘制动系统、汽车底盘转向系统；十九个具体实施任务，采用理实一体化的教学模式，参考汽车维修企业一线日常的维修工作任务，设置相应内容，与之配套的工作成果记录册，通过组织安排、信息收集、任务实施、任务总结、任务练习、评价反思这六个环节，引导学生在学习过程中形成良好的思考和学习习惯。

培养大学生的创新能力，是建设创新型国家的需要，是高校更好地服务于社会经济发展的需要，也是大学生提高自身竞争能力的需要，因此本书加入了包头职业技术学院车辆工程系创新创业协会的学生团队和创新创业指导教师共同打造的一些创新创意 DIY 作品和汇报展示，来激发和培养学生的创新创业意识和创新实践能力。通过学生亲自动手制作汽车底盘相关结构，将汽车底盘系统的功能、结构、工作原理进行演示，能够有效提高学生创新创业意识和动手创造能力，丰富学生的课余生活，激发学生的创新意识和创造能力，不断提高学生的创新能力。

本书具体特色如下：

1. 具有科学的知识学习体系。依据汽车底盘构造的四大系统设计项目，嵌入相应汽车底盘维护的工作任务，使得知识体系更加紧凑与合理，学生由浅入深更容易理解。

2. 以“理实一体化”教学模式进行编写。“理实一体化”教学模式能够使学生在做中学、学中做，使课堂学习更加生动有趣。

3. 采用“以职业学习活动为导向，以能力提升为本位，以学生为教学中心”的编写理念。本书配有工作成果记录册，学生通过动手实践，以团队合作共同来完成工作任务，并且把学习的成果记录在册，形成学生学习的一种成果体现。

4. 工作成果记录册中包括评价反思，最后总评中包括自我评价、小组评价、教师评价，对学生工作任务完成情况进行全面的评价，使学生形成诊断与改进的良好学习习惯。

5. 安排思政讲堂环节。本书在具体任务中安排思政讲堂环节，意在引导学生与学生团队共同思考、探讨时事热点新闻、体现工匠精神的名人事迹。通过团队协作的场景模拟，培养学生团队协作的人文精神和严谨的科学探索精神，提高学生综合素质考察评价，提高学生创新思维能力，提升学生认知、理解、创造的能力，锻炼学生查阅资料和提出新观点的思维判断能力，培养学生爱国主义情怀和筑牢民族共同体意识，培养德技双修的技术技能型人才。

6. 添加创新意识和创新能力培养的实施案例。书中增加了学生亲自动手制作的汽车底盘结构部件的演示教具，能够演示汽车底盘系统的结构、功用、工作原理等知识点，同时展现出创新创业协会成员的创新意识和动手实践能力，增强学生创新能力。

本书图文并茂，通俗易懂，可使学生比较容易地理解汽车底盘的基本结构、工作原理、类型等知识。

本书由包头职业技术学院郝魁、刘佳任主编，包头职业技术学院张呼努斯图、胡明、郭丽娜、王晨任副主编，包头职业技术学院吕凯、李超、孟婕、徐丽娜、杨秀芳、于淑霞、李海岗、于洪兵、张明星、赵峰、吴娟、柴明明（包头职业技术学院外聘教师）参与编写。

其中，郝魁编写了项目二的任务三、任务四，项目三的任务二，工作成果记录页六、七、十，项目二和项目三的创新创造拓展部分内容；刘佳编写了项目三任务四、工作成果记录页十二；张呼努斯图编写了项目一的任务三、项目五的任务三，工作成果记录页三、十九；胡明编写了项目三的任务一、工作成果记录页九；郭丽娜编写了项目一的任务二、工作成果记录页二、项目四和项目五的创新创造拓展部分内容；王晨编写了项目四的任务三、任务四，工作成果记录页十五、十六；吕凯编写了工作成果记录页十四；李超编写了项目一的任务一、工作成果记录页一；孟婕编写了项目二的任务一、工作成果记录页四；徐丽娜编写了项目二的任务二；杨秀芳编写了项目五的任务一、工作成果记录页十七；于淑霞编写了项目五的任务二、工作成果记录页十八；李海岗编写了项目四的任务一、任务二；于洪兵编写了项目一的创新创造拓展部分内容；张明星编写了工作成果记录页十三；赵峰编写了工作成果记录页五；吴娟编写了项目二的任务五、工作成果记录页八；柴明明编写了项目三的任务三、工作成果记录页十一。

全书由包头职业技术学院车辆工程系系部主任沈盛军主审。在此由衷感谢包头职业技术学院车辆工程系的白宇彤、邹德鹏、武已胜、丁可鑫、金鑫、闫红庆等创新创业协会成员。

由于编者水平和经验有限，书中难免存在疏漏和不足之处，恳请广大读者批评指正，以便再版修订（编者邮箱：475403684@qq.com）。

编　者

2021 年 6 月

目 录

项目一 汽车底盘认知

汽车底盘是整个汽车的重要组成部分，支撑着发动机、变速器、车身等零部件，同时将发动机的动力进行传递和分配，保证汽车正常行驶，保证操作的稳定性、行驶的安全性。其性能直接影响驾驶性能。汽车底盘由传动系统、行驶系统、制动系统和转向系统四大部分组成。

本项目主要围绕汽车底盘的功用、组成及驱动形式，汽车底盘拆装的基础知识进行认知与学习。

任务一 汽车底盘功用与组成的认知

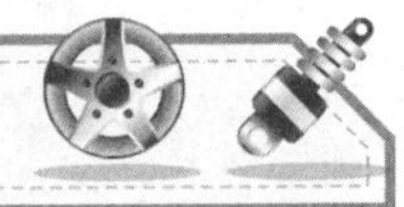

学习目标

完成本任务学习后，应达到以下目标：

① 了解汽车底盘的功用、组成。

② 了解汽车底盘的动力传递路径。

③ 能够找到汽车底盘的各个系统。

④ 能够描述底盘各系统中各个零件的名称和作用。

任务引入

一辆汽车在各种不同的路况环境中长期行驶后，需要及时对车辆的底盘进行检查维护，以消除底盘中存在的隐患。因此，需要掌握汽车底盘的相关知识，实施汽车底盘的认知工作，并保证对汽车底盘的各系统进行全面检查。

知识准备

一、汽车底盘的功用

汽车底盘的功用是支撑、安装发动机及其各部件、总成，形成汽车的整体结构，并接受发动机输出的动力，通过各机构把动力传递到驱动轮，在附着力作用下，使汽车产生运动，并保证正常行驶。

二、汽车底盘的组成

汽车底盘由传动系统、行驶系统、制动系统和转向系统四部分组成，如图 1-1-1 所示。货车的底盘如图 1-1-2 所示。

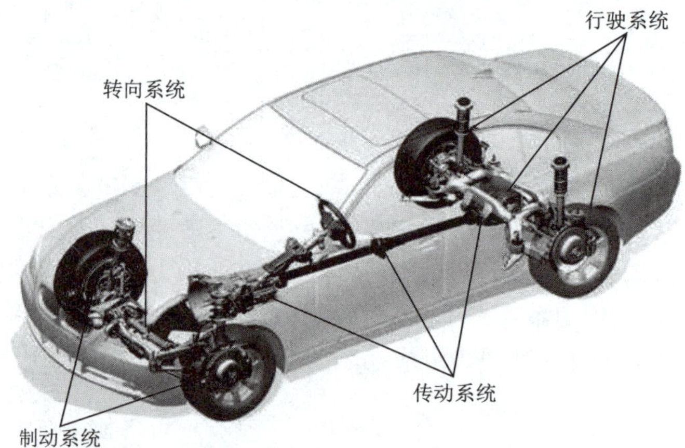

图 1-1-1 汽车底盘的组成

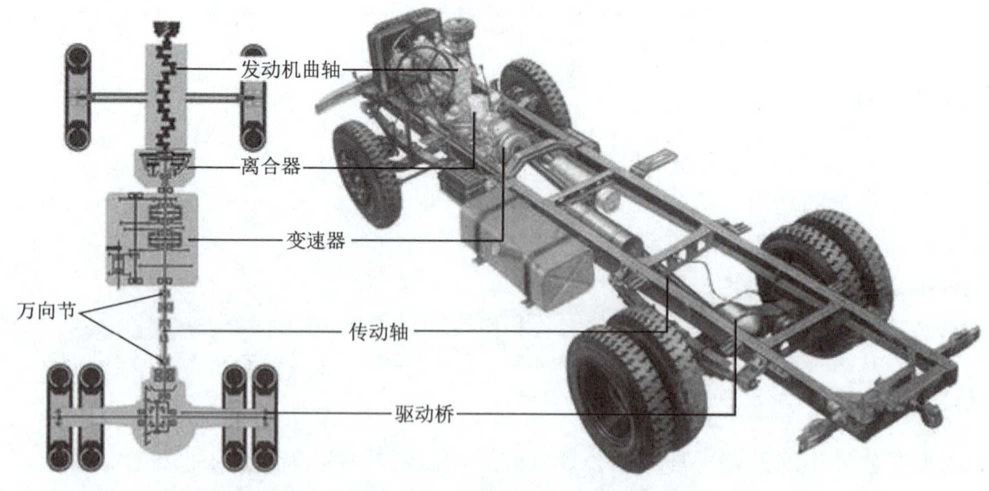

图 1-1-2 货车的底盘组成

1. 传动系统

汽车发动机与驱动轮之间的动力传递装置称为汽车传动系统。传动系统能够保证汽车具有在各种行驶条件下所必需的牵引力和车速，并能够对牵引力和车速进行适时调节，使汽车具有良好的动力性和燃油经济性，还应保证汽车能倒车，以及左、右驱动车轮能适应差速的要求，并使动力传递机构能根据需要而平稳地接合或迅速分离。

传动系统主要包括离合器、变速器、万向传动装置、主减速器、差速器、半轴等部分，如图 1-1-3 所示。

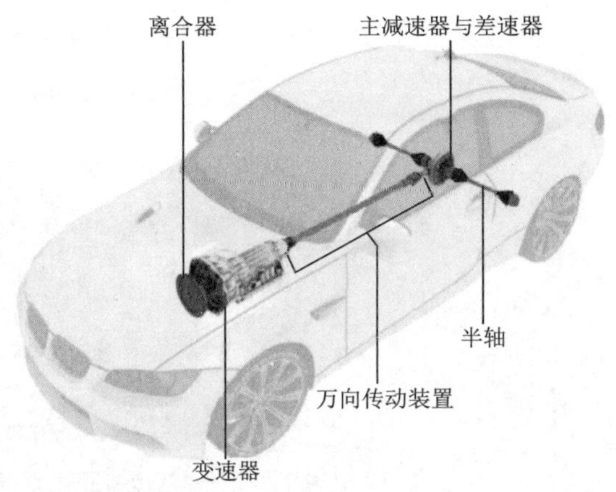

图 1-1-3　传动系统的组成

（1）离合器

离合器的主要作用如下：

① 平顺接合动力，保证汽车能够平稳起步。

② 临时切断动力，保证换挡时工作平顺。

③ 通过摩擦，防止传动系统过载。

常见的离合器有摩擦式离合器、液力耦合器、电磁离合器。最为常见的离合器是摩擦式离合器。双离合变速器中也使用有离合器，分为干式和湿式两种。

（2）变速器

变速器的主要作用如下：

① 根据不同行驶条件对牵引力的需要改变传动比，使发动机尽量工作在有利的工况下，满足汽车行驶速度的要求。

② 实现倒车行驶，用来满足汽车倒退行驶的需要。

③ 中断动力传递，可在发动机起动、怠速运转、汽车换挡或需要停车时，中断向驱动轮的动力传递。

（3）万向传动装置

万向传动装置是将变速器输出的动力传递给主减速器，并适应输入端与输出端之间的距离和轴线夹角的变化。即在轴间夹角和相对位置经常变化的情况下，还能顺利传递动力。

（4）主减速器

主减速器用于降低转速，增大转矩，同时改变动力的传递方向（改变 90°）。

（5）差速器

差速器用于将主减速器传来的动力分配给左、右两半轴，并允许左、右两半轴以不同转速旋转，保证汽车车轮做纯滚动。

（6）半轴

半轴的作用就是用于将差速器传来的动力传给驱动轮。

2. 行驶系统

汽车行驶系统的作用是接收发动机经传动系统传来的转矩，并通过驱动轮与路面间的附着作用，产生路面对汽车的牵引力，以保证汽车正常行驶。另外，它应尽可能缓和不平路面对车身造成的冲击和振动，保证汽车行驶平顺性，并且能与汽车转向系统和制动系统很好地配合工作，实现汽车行驶方向的正确控制，以保证具有良好的汽车操纵稳定性和行驶安全性。

行驶系统包括车架、悬架、车桥和车轮等部分。非承载式车身的行驶系统如图 1-1-4 所示，承载式车身的行驶系统如图 1-1-5 所示。

图 1-1-4　非承载式车身的行驶系统

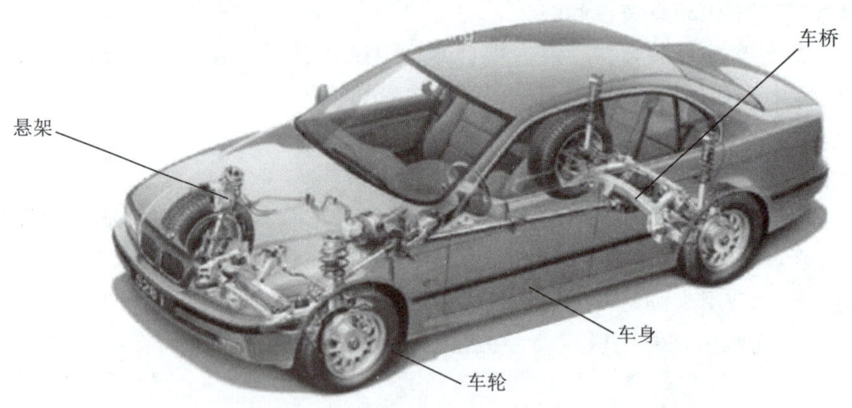

图 1-1-5　承载式车身的行驶系统

（1）车架

车架是汽车上各部件的安装基础，类似于人体的骨架。发动机、变速器、车身或驾驶室通过弹性支撑安装于车架上。前、后桥通过悬架连接在汽车车架上。转向器则直接安装在车架上（副车架）。

通常车架由纵梁和横梁组成。车架按照结构形式主要可分为边梁式车架、中梁式车架以及综合式车架三种类型。

根据汽车车身是否具有承载能力，分为承载式车身和非承载式车身。我们见到的普通轿车多数是承载式车身结构。而一些越野汽车，例如哈佛 H9、牧马人、奔驰 G 级越野车等，采用的是非承载式车身结构。

（2）悬架

悬架是汽车的车架与车桥（或车轮）之间的一切传力连接装置的总称，其作用是传递作用在车轮和车架之间的力和力矩，并且缓冲由不平路面传给车架或车身的冲击力，并衰减由此产生的振动，以保证汽车能平顺地行驶。

悬架对于汽车可以说是和发动机、变速器同等重要的部件。人们常说的汽车三大件，即发动机、底盘、变速器，其中底盘部分其实大部分就是所说的悬架。

（3）车桥

车桥通过悬架与车架连接，支撑着汽车大部分质量，并将车轮的牵引力或制动力以及侧向力经悬架传给车架。为了便于与不同悬架相配合，汽车的车桥分为整体式和断开式两种。按使用功能划分，车桥又可分为转向桥、转向驱动桥、驱动桥和支持桥。

常见的轿车前桥部分，使用独立悬架与副车架（副车架固定在车身上）连接，此悬架和副车架其实就组成了车桥，起到连接支撑作用。

（4）车轮

车轮的主要作用是支撑汽车整体质量，缓和由于路面不平引起的冲击力，接受、传递制动力和驱动力。

轮胎具有抵抗侧滑的能力，并具有自动回正的能力，使汽车正常转向，保持直线行驶。

3. 制动系统

制动系统的主要功用是使行驶中的汽车减速甚至停车、使下坡行驶的汽车速度保持稳定、使已停驶的汽车保持不动。

制动系统可分为行车制动系统、驻车制动系统、应急制动系统及辅助制动系统等。上述各制动系统中，行车制动系统和驻车制动系统是每一辆汽车都必须具备的。制动系统主要包括供能装置、控制装置（如制动踏板机构）、传动装置（如制动主缸、制动管路）、制动器（如盘式制动器、鼓式制动器）等。 较为完善的制动系统还具有制动力调节装置、制动警告灯、压力保护装置等附加装置。制动系统结构如图 1-1-6 所示。

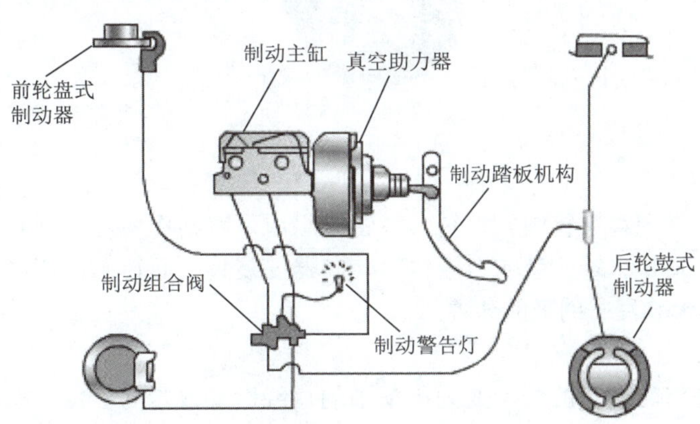

图 1-1-6　制动系统结构

（1）供能装置

包括供给、调节制动所需能量以及改善传能介质状态的各种部件，如液压制动系统中的液压泵等。

（2）控制装置

包括产生制动动作和控制制动效果的各种部件，如制动踏板等。

（3）传动装置

包括将制动能量传输到制动器的各个部件，如制动主缸、制动轮缸及连接管路等。

（4）制动器

可以产生阻碍车辆的运动或运动趋势的力（制动力）的部件。汽车上常用的制动器都是利用固定元件与旋转元件工作表面的摩擦而产生的制动力矩，称为摩擦制动器。它有鼓式制动器和盘式制动器两种结构形式。盘式制动器是目前应用最为普遍的制动器，外形如图 1-1-7 所示。

图 1-1-7　盘式制动器

4. 转向系统

汽车转向系统是用来保持或者改变汽车行驶方向的机构。在汽车转向行驶时，要保证各转向轮之间有协调的转角关系。驾驶员通过操纵转向系统，使汽车保持在直线或转弯运动状态。而现在较为热门的无人驾驶技术，其中就与转向系统密切相关。

转向系统包括转向操纵机构、转向器、转向传动机构等部分。转向系统如图 1-1-8 所示。

图 1-1-8　转向系统

（1）转向操纵机构

转向操纵机构由转向盘、转向轴、转向柱管等组成，它的作用是将驾驶员转动转向盘的操纵力传给转向器。转向轴是将转向盘的力矩传给转向器的装置，而转向轴穿过转向柱管。一般的转向柱管都装备了能够缓和冲击的吸能装置。

（2）转向器

转向器的功能是将转向盘的转动变为齿条轴的直线运动或转向摇臂的摆动，降低运动速度，增大转向力矩并改变转向力矩的传动方向。

（3）转向传动机构

转向传动机构的作用是将转向器输出的力和运动，传到转向桥两侧的转向节，使两侧转向轮偏转，且使两转向轮偏转角按一定关系变化，以保证汽车转向时车轮与地面的相对滑动尽可能得小。

思政讲堂

查阅资料，了解在中国出现的第一辆汽车的年代（1901 年）到中华人民共和国成立初期（1949 年）的这段历史时期，以我国汽车的发展状况为载体，使用图片资源，通过故事叙述形式，将中华民族向西方学习先进技术的故事展现出来。通过交流与探讨，激发对汽车的学习兴趣，加深对中国近代历史的认识，从而深刻认识到学习先进技术对于一个民族、国家的重要性。

任务二　底盘驱动形式的认知

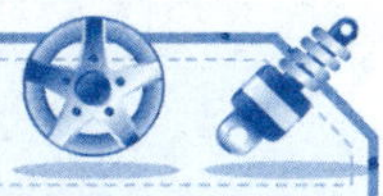

学习目标

完成本任务学习后，应当达到以下目标：

① 了解横置发动机和纵置发动机的布置形式和特点。

② 了解汽车驱动的布置形式的不同类型。

③ 掌握各驱动布置形式的特点及代表车型。

④ 能够判别搜集的不同车辆的驱动布置形式。

⑤ 加深对汽车的四驱技术的认识。

⑥ 了解奇瑞汽车自主创新的企业文化，加深对自主品牌汽车底盘的认识，提高对自主汽车品牌的热爱。

任务引入

汽车驱动方式是指发动机的布置方式以及驱动轮的数量、位置的形式。由于汽车最初的设计需要根据企业定义的不同消费群体，不同的使用路况，因此会设计多种发动机的布置形式和动力传动方式，来适应汽车设计。

汽车驱动方式最基本的分类标准是按照驱动轮的数量，可分为两轮驱动和四轮驱动。一般的车辆都有前、后两排轮子，其中直接由发动机驱动转动，从而推动汽车前进的轮子就是驱动轮。汽车驱动方式对整车的性能、外形及内部尺寸、质量、轴荷分配、制造成本及维修保养等方面均产生重要影响。科学合理地选择驱动形式是汽车总体设计的首要工作之一。

知识准备

按照发动机与驱动桥的相对位置，可以将汽车的驱动形式分为发动机前置后轮驱动、发动机前置前轮驱动、发动机中置后轮驱动、发动机后置后轮驱动和四轮驱动等几种形式。

其中按发动机与驱动桥之间的摆放形式不同，还可以分为横置发动机和纵置发动机。

一、横置发动机与纵置发动机

发动机的曲轴排列方式和前桥是否垂直，或者平行，就决定了发动机是横置还是纵置。如图 1-2-1 所示，图 1-2-1（a）所示为发动机纵置，图 1-2-1（b）所示为发动机横置。

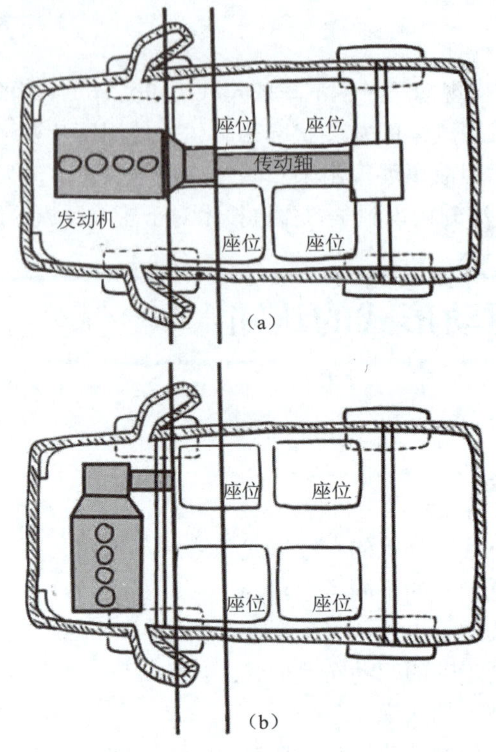

图 1-2-1 横置和纵置发动机

1. 横置发动机

横置发动机绝大多数情况下只匹配前驱车型，由于横置发动机的曲轴、变速器的输入 / 输出轴以及前桥都呈平行排列，并且平行于前桥，动力传输距离较短，方向一致。所以，在前驱的设定下使用横置发动机，可以大大提升传动效率，带来更积极的动力响应。目前市面上能够见到的前驱车大多是横置发动机。大众的横置发动机布置形式如图 1-2-2 所示。

图 1-2-2 大众的横置发动机布置形式

横置发动机的优点是发动机占用的纵向空间小，可以极大限度缩短发动机舱的纵向空间，换来的是宽敞的驾乘空间，尤其是前排乘客的腿部拓展的空间，结构布置紧凑。

横置发动机的缺点是前后质量分布不平衡，质量最大的汽车部件全部集中在车头前方，使得前桥负荷过大，从而容易出现转向不足的情况，而头重脚轻的前后轴配重也会在高速过弯时使车尾的后轮缺乏重压，某些轴荷分配不合理的横置发动机轿车甚至达到了前 70%、后 30%。

因此目前有些车型会在发动机舱的选材方面，使用一些轻量化材料，如使用铝合金材质或者新型材料做发动机盖等覆盖件，以此来减轻车头部位质量。

2. 纵置发动机

纵置发动机是指发动机与汽车的前桥垂直。具体就是发动机的曲轴排列形式与前桥相互垂直。后驱车一般都采用纵置发动机，因为动力要传递到后桥上，在传动距离无法缩短的情况下，就要尽可能减少动力的方向转换。使用纵置发动机就可以使得曲轴与传动轴平行，减少传动方向的转换，无疑降低了能量的损失。纵置发动机布置形式如图 1-2-3 所示。

图 1-2-3　纵置发动机布置形式

纵置发动机可以让变速器的位置尽量向后伸，使动力总成的重心位于前桥之后，这样可以让车身前后重量更加平均。因此纵置发动机后轮驱动的汽车的布局，可以带来不错的前后配重比。缺点是由于纵置致使发动机占用发动机舱较长的空间，导致驾乘空间有所损失。

二、汽车的驱动形式

1. 发动机前置后轮驱动（FR）方式

发动机前置后轮驱动如图 1-2-4 所示。

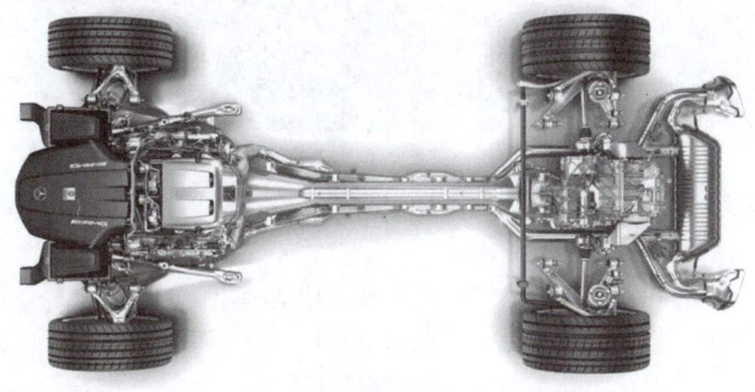

图 1-2-4　发动机前置后轮驱动

① 一般汽车被分为三厢车和两厢车，而汽车最前面的一厢，就是指的发动机舱。当发动机装在驾驶室前方时，由传动轴经过装在后桥上的驱动桥（主减速器、差速器、半轴）来驱动后轮。这是一种传统的驱动方式。其特点是质量前后分散，质量分配接近于前后桥各占50%。

② 当汽车在路面上起动或爬坡时，由于后桥的驱动轮的负载增大，其牵引性能比发动机前置前轮驱动的汽车好。

③ 驱动轮与发动机安装位置分开后，需要一根很长的传动轴将它们连起来。缺点如下：

a. 汽车质量增加，油耗增加；

b. 影响了传动的效率。

因为使用后驱，所以发动机一般布置为纵置，发动机与前桥垂直，所以变速器占用驾驶室空间，再加上传动轴就更加缩小了驾驶室内的空间，因此乘员空间变小。

FR代表车型：丰田锐志（见图1-2-5）、宝马3系、奔驰C级（见图1-2-6）等汽车。

图1-2-5　丰田锐志

图1-2-6　奔驰C级

2. 发动机前置前轮驱动（FF）方式

发动机前置前轮驱动如图1-2-7所示。

① 不需要再像FR方式在底板下穿过一根很长的传动轴，仅此便可减轻质量，使驾驶室内宽敞。可以说，在车身布置这种方式是十分合理的，也可以进一步降低汽车自重。

② 很多FF车都是横置发动机（即发动机曲轴与车桥呈横向平行设置）。这样可以有效地利用发动机室内的空间。而且无须在动力传动系统的中途扭转90°，动力传动效率高。

图 1-2-7 发动机前置前轮驱动的底盘

③ FF 车具有的另一个优点是，在行驶雪路或易滑路面时，由于靠前轮牵拉车身，所以容易保证方向稳定性，不易出现甩尾等危险现象。

④ FF 方式也有其缺点。在需要靠驱动力进行加速时前轮负载变小，所以在关键的加速时牵引力下降了。由于 FF 车的重心处于前方，质量分配为前轮 60%，后轮 40%，前轮的在制动时承受的载荷较大，因此前轮制动摩擦块、前轮轮胎都会较后轮的磨损严重。

FF 代表车型：大众迈腾（见图 1-2-8）、丰田凯美瑞（见图 1-2-9）、奔驰 B 级等。

图 1-2-8 大众迈腾

图 1-2-9 丰田凯美瑞

3. 发动机中置后轮驱动（MR）方式

发动机中置后轮驱动（middle-engine rear-drive）简称 MR，是大多数运动型轿车和方程式赛车所采用的型式。图 1-2-10 所示为中置后轮驱动的汽车。

图 1-2-10　发动机中置后轮驱动的汽车

发动机中置后轮驱动汽车的优点如下：

① 可获得最佳的轴荷分配，操纵稳定性和行驶平顺性较好。

② 发动机临近驱动桥，无须传动轴，从而减轻车重，具有较高的传动效率。

③ 质量集中，车身平摆方向的惯性力矩小，转弯时，转向盘操作灵敏，运动性好。

④ 车厢内的面积利用率较高、车内噪声小、传动轴短、传动效率高。

发动机中置后轮驱动汽车的缺点如下：

① 发动机的布置占据了车厢和行李箱的一部分空间，通常，车厢内只能安放两张座椅。

② 对发动机的隔音和绝热效果差，乘坐舒适性有所降低。

③ 发动机需要特殊设计，且其冷却和防尘不易，维修保养不便。

MR 代表车型：日产的 GTR（见图 1-2-11）、保时捷 911（见图 1-2-12）、兰博基尼等车型。

图 1-2-11　日产的 GTR

图 1-2-12　保时捷 911

4. 四轮驱动（4WD）方式

四轮驱动的汽车底盘如图 1-2-13 所示。

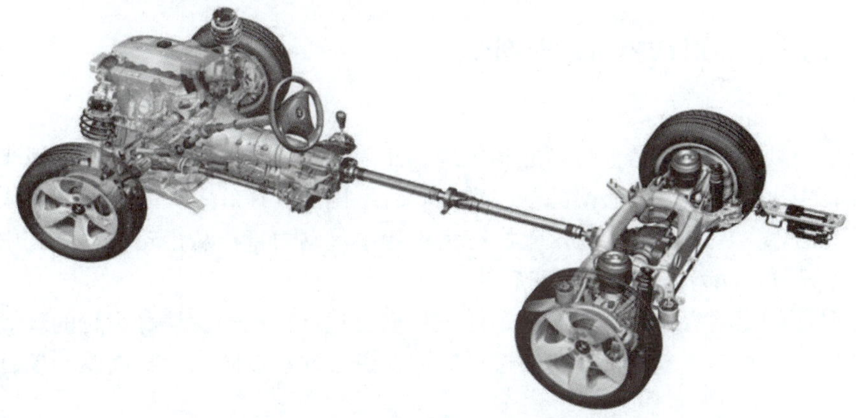

图 1-2-13　四轮驱动的汽车底盘

① 起源于军用车。它的特点是向路面传递驱动力的能力强，善于在坏路上行驶，爬坡能力好。

② 4WD 是将驱动力分配给四个车轮，因此驱动力的传动能力良好，故而越野性能和爬坡能力很强。

③ 传动系统过长，结构复杂。噪声大，车辆重，传动效率差。

4WD 代表车型：奥迪 Q7（见图 1-2-14）、宝马 X5（见图 1-2-15）、奔驰 ML 级等。

图 1-2-14　奥迪 Q7

图 1-2-15　宝马 X5

三、全时四驱、分时四驱与适时四驱

1. 全时四驱

四轮驱动的主要设计方向是保持高速稳定性和跟踪性，然后是缓解困难。一般来说，全时四轮驱动必须配备中央差速器，这使得前轴和后轴具有不同的转速。中央差速器一般采用机械差速器和电控多片离合器。中央差速器通常集成在齿轮箱中，动力直接从齿轮箱输出到中央差速器。中央差速器根据设置将动力分配给前轴和后轴。

所谓的全时四轮驱动意味着所有四个车轮在任何时候都有动力。这种齿轮的优点是，在任何一个车轮打滑后，其他三个车轮将继续保持汽车的前进方向，以防止车身因驱动轮打滑而失去稳定性和跟踪性。

2. 分时四驱

平时以两驱行驶，挂上分动箱以后，以刚性连接前后桥，四轮平均分配动力，一些高档越野车通常安装前、中、后三把差速锁，一般带有 4L（四轮驱动低挡位）和 4H（四轮驱动高挡位）模式，由于锁定前后驱以后，四轮没有转速差。因此，理论上来说，在抓地力良好的铺装道路，因为存在转向干涉，4H 和 4L 都不能高速行驶，否则会导致差速器损坏或发生翻车事故。分时四驱对高速稳定性、湿滑路面车身循迹性没有帮助。

3. 适时四驱

大多数使用电控多片离合器作为限滑差速器（请注意，这里使用限滑差速器代替中央差速器，中央差速器也是多片离合器，起不同的作用）。动力从变速器输出后直接输出到驱动轴。当系统检测到驱动轮打滑时，它可以快速压缩多片离合器，并将动力分配给非驱动轮，帮助汽车脱离困境。多片离合器在这里仅用作限滑差速器，即仅当滑动时，多片离合器压缩并分配动力。

四、驱动形式案例

奇瑞汽车——瑞虎 8 底盘

1997 年，奇瑞汽车（见图 1-2-16）诞生了，并奋勇前行着。今天的奇瑞与 20 多年前相比，已经积累一定的家底，有了自己的根据地，在国际市场也顽强地扎下了根，正一步步地朝着目标迈进。奇瑞正在以全球化的视野，积极开展国际合作，创新合作模式，在实现提升自身全球竞争力和品牌国际化目标的同时，实现与合作伙伴互利多赢、共同发展的目标。

图 1-2-16　奇瑞汽车

正如奇瑞汽车的企业文化一样，企业能够发展壮大一定要有创新精神。企业生产产品，而消费的客户不断变化、增长的需求要求企业必须广泛吸收、自主创新，在各个领域不断发展最先进的技术和方法。下面一起来看一下奇瑞汽车的企业文化——自主创新：

① 坚持技术创新，不断提升产品和服务品质。

② 坚持经营和管理创新。立足奇瑞实际，不断探索、创新奇瑞的经营和管理方式，逐渐形成独有奇效的奇瑞发展模式。

③ 坚持文化创新。不断提升、优化思维品质，为各类创新打好思维基础。

④ 坚持务实创新。从点滴做起，善于挑战和发现问题，现地现物，持续改进。

下面以奇瑞瑞虎 8 为例进行介绍。作为汽车三大件之一，瑞虎 8 的底盘使用了高强度钢，在质量方面更有保障。奇瑞瑞虎 8 的前悬架（见图 1-2-17）使用的是麦弗逊式独立悬架，下控制臂是冲压件架。

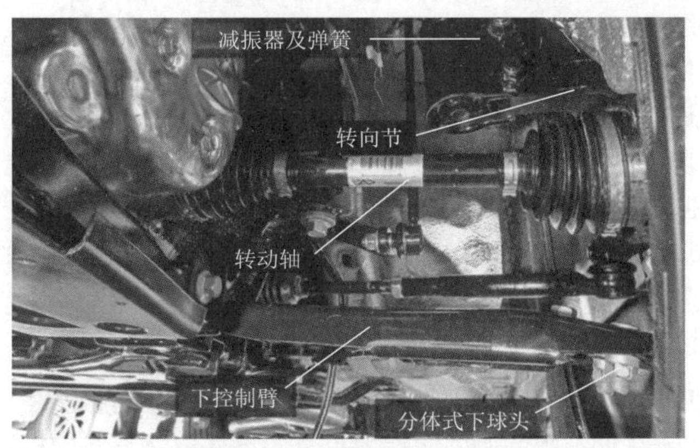

图 1-2-17　瑞虎 8 的前悬架

瑞虎 8 的后悬架（见图 1-2-18）采用的是多连杆式独立悬架，E 型多连杆的设计也形成了稳定的三角形结构，让底盘整体坚固。在底盘的钣金部分全部涂抹了抗石击涂层，这种涂层又起到降噪、防锈作用，所以瑞虎 8 在高速上也能保持良好的隔音效果。

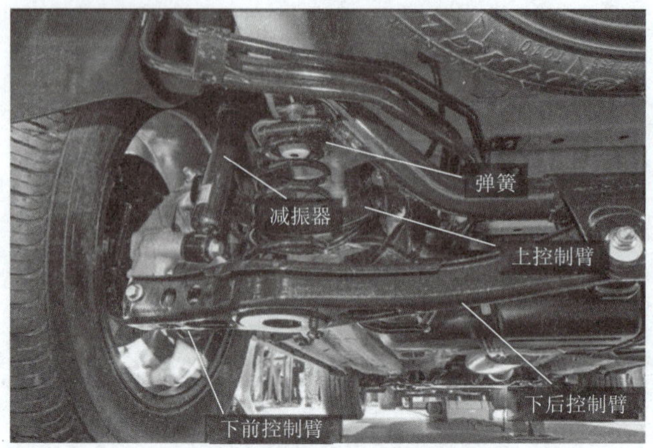

图 1-2-18　瑞虎 8 的后悬架

思政讲堂

查阅资料，了解并探讨我国汽车工业自主品牌的代表奇瑞汽车的发展历史。奇瑞汽车的发展，不仅代表我国工业的核心力量，也是中国汽车人智慧的结晶。通过了解奇瑞汽车多年的艰苦奋斗和创新创造，来不断培养和提高学生的艰苦奋斗精神和创新创业精神，使学生更加认同心目中的民族品牌。

任务三　汽车拆装基础的认知

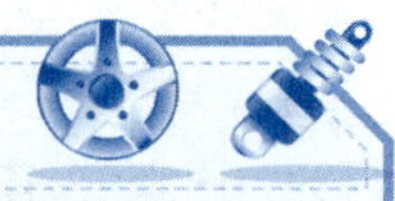

学习目标

完成本任务学习后，应当达到以下目标：

① 了解汽车拆装的原则和方法。

② 掌握汽车拆装中工具设备的使用方法。

③ 能够现场使用工具设备对汽车简单零部件进行拆装。

④ 能够安全规范地使用举升机。

⑤ 能够以爱岗敬业、安全规范的职业素养、精益求精的维修工匠精神去完成学习任务。

⑥ 能够感受到中国文化的博大精深，加深对中国特色社会主义道路文化自信的理解、认知。

任务引入

汽车拆装工具设备的合理选用，对于进行汽车零部件的拆装与检修是非常重要的。汽车种类繁多、结构不同，拆卸方法也不同，使用的设备也有不同。熟悉汽车的构造、汽车功能、特点和工作原理是正确拆卸和使用设备的前提，避免任意敲击或拆卸造成的零件变形或损坏，合理使用工具设备，使拆装检修的过程顺利和安全。因此科学合理地选择工具设备是汽车拆装检修的首要工作之一。

知识准备

一、汽车拆卸的原则与方法

1. 按需要进行拆卸

零部件经过拆卸，往往容易产生变形和损坏，特别是紧配合件更是如此。应避免盲目地大拆大卸，如果可以通过不拆卸解决的问题就尽量不拆卸。

2. 正确的拆卸方法

① 为了提高拆卸的工作效率，减少零部件的损伤和变形，需要使用相应的专用工具和设备，严禁任意敲击和撬打。

② 由表及里，按顺序逐级拆卸。一般先拆车厢、外部线路、管路、附件等，然后按汽车一总成一部件一组合件一零件的顺序进行拆卸。

③ 拆卸时要为装配做好准备，做好装配标记。为了保证一些组合件的装配关系，在拆卸时应对原有的记号加以校对和辨认，没有记号或标记不清的应重新检查做好装配标记。

另外，对于新能源汽车与纯电动汽车，在拆卸一些高压电线接头时，需要使用绝缘阻燃胶带将裸漏接头处包裹好，如图 1-3-1 所示。

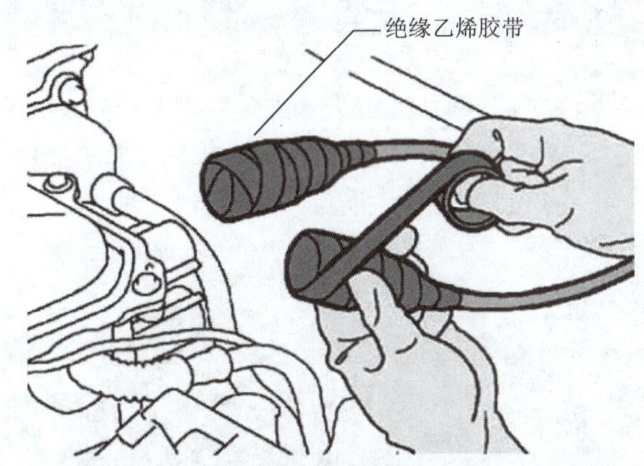

图 1-3-1　绝缘阻燃胶带包裹好高压包线接头

④ 零件要分类按顺序摆放。为了便于清洗、检查和装配，零件应按不同的要求，分类按顺序摆放，如图 1-3-2 所示。

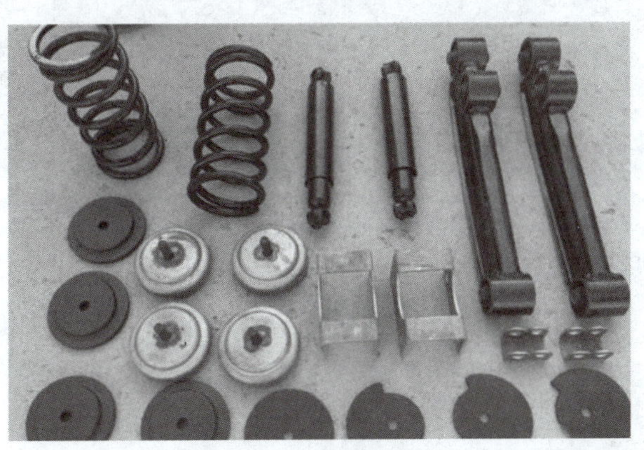

图 1-3-2　按顺序摆放

⑤ 注意螺纹连接件的拆卸。一般来说，螺纹连接件的拆卸比较容易，但若不注意拆卸方法，也会造成零件的损伤。

螺纹连接件的拆卸要采用合适的扳手。当拆卸困难时，应分析难拆的原因，不应任意加长扳手以增大拆卸扭矩；双头螺柱的拆卸要用专用拆卸工具；在缺乏专用工具时，可在双头螺柱的一端拧上一对螺母，互相锁紧，然后用扳手把它连同螺栓一起旋下。

锈死的螺栓在拆卸过程中最好使用除锈剂（见图 1-3-3）。若不具备条件，可将螺栓拧紧（1/4）圈左右再退回，反复松动，逐渐拧出。或用锤子振击螺母，借以振碎锈层后拧出。或在煤油中浸泡 30 min 左右，使锈层变松拧出。

图 1-3-3　除锈剂的使用

多个螺栓或螺母连接的零件在拆卸时，为防止受力不均匀而造成的零件变形、损坏，应首先将每一个螺栓或螺母拧松 1/2~1 圈，尽量对称拆卸，并先拆下难拆的螺母或螺栓。如拆装汽车轮胎螺栓时，按照 1 → 2 → 3 → 4 → 5 的顺序进行拆装，如图 1-3-4 所示。

图 1-3-4　车轮拆装顺序

二、汽车装配的原则及方法

汽车通常由数千个零件组成，将零件按照一定的顺序和要求相互连接组成部件、总成和整车的过程称为汽车的装配。一个完整的装配过程要求有装配前准备、装配及装配后调整检查三部分内容。

1. 装配前准备

零件装配前要进行仔细的清洗，除指定清洗剂外，一般使用干净的柴油或汽油进行清洗，防止油污、尘粒、金属屑等进入相对运动零件之间，破坏其配合关系或造成磨损。

清洗后用压缩空气吹干，对零件进行质量检查，防止不合格的零件进入装配过程。对配合零件必须满足一定的配合要求，包括间隙配合、过渡配合及过盈配合，并做出相应标记，保证零件装配的正确性。

2. 装配

按一定的顺序和技术要求进行零部件的组装，保证它们之间的正确装配关系。

3. 装配后调整检查

无论是部件、总成或整车装配，都应进行装配后调整检查，检查是否存在卡滞、异响、渗油等现象，并检测各指标是否符合技术要求。

三、拆装工具的认识

拆装工具包括常用和专用工具两种。

1. 常用工具

（1）扳手

① 呆扳手。按形状可分为双头扳手和单头扳手。图 1-3-5 所示为双头呆扳手，主要用于紧固或拆卸标准规格的带有棱边的螺母和螺栓，可以直接插入或套入，使用较方便。

② 梅花扳手。其两端是花环状的双六角形，由两个同心正六边形互相错转 30° 而成，适用于转动空间狭窄的场合，如图 1-3-6 所示。与呆扳手相比，梅花扳手扭转力矩大，使用时不易滑脱，携带方便，但套入、取下不方便。

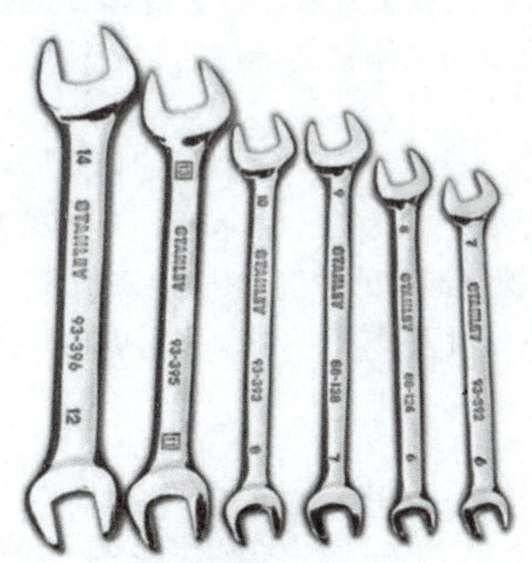

图 1-3-5　呆扳手

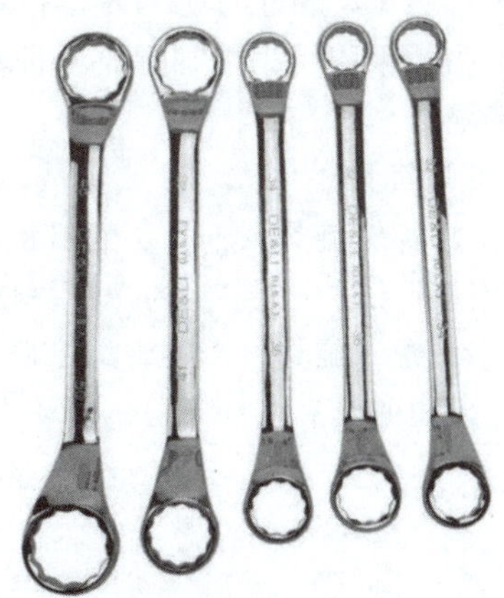

图 1-3-6　梅花扳手

③ 两用扳手。两用扳手一端为呆扳手，另外一端为梅花扳手，两端尺寸相同，兼具两种扳手的特点，如图 1-3-7 所示。

④ 套筒扳手。套筒扳手是一种组合型工具，使用时由几件组成一把扳手，适用于拆装位置很狭小、隐蔽较深处或需要一定拧紧力矩的螺栓或螺母。套筒扳手主要由套筒头、手柄、快速摇柄、棘轮手柄、接头和接杆等组成，如图 1-3-8 所示。各种手柄适用于不同的场合，以操作方便或提高效率为原则。套筒扳手具有功能多、使用方便、安全可靠的特点。

图 1-3-7　两用扳手

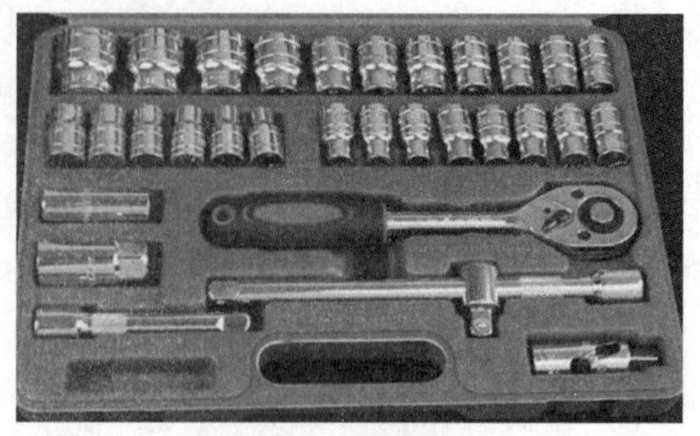
图 1-3-8　套筒扳手

⑤ 活扳手。其开口宽度可调节，能在一定范围内变动尺寸，如图 1-3-9 所示。其优点是遇到不规则的螺母或螺栓时，更能发挥作用，故应用较广。

⑥ 内六角扳手。内六角扳手是拆装内六角螺栓（螺塞）时用的，如图 1-3-10 所示。

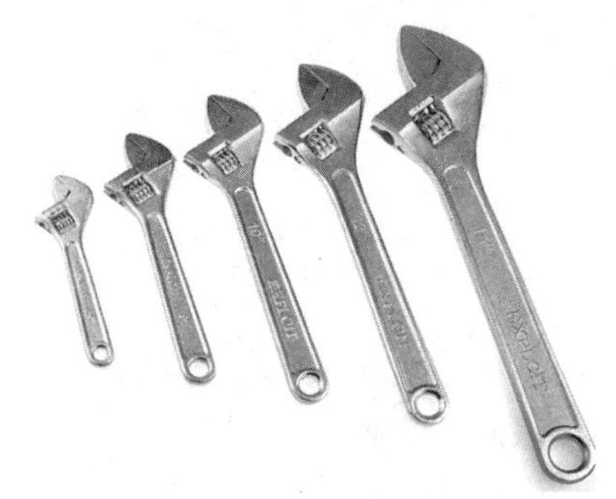
图 1-3-9　活扳手

图 1-3-10　内六角扳手

⑦ 扭力扳手。扭力扳手是一种能够控制力矩大小的扳手，由扭力杆和套筒头组成，如图 1-3-11 所示。凡是对螺母、螺栓有明确规定拧紧力矩的，都要使用扭力扳手，拧紧时指针可以表示出力矩数值。扭力扳手除用来控制螺纹件拧紧力矩外，还可以用来测量旋转件的起动转矩，以检查配合、装配情况。

（2）螺钉旋具

① 一字头螺钉旋具。一字头螺钉旋具俗称一字起子、平口改锥，由木柄、刀体和刃口组成，用于旋紧或松开头部开一字头的螺钉，使用时，应根据螺钉沟槽的宽度选用相应的规格。

② 十字头螺钉旋具。十字头螺钉旋具俗称十字起子、十字改锥，用于旋紧或松开头部带十字沟槽的螺钉，如图 1-3-12 所示。

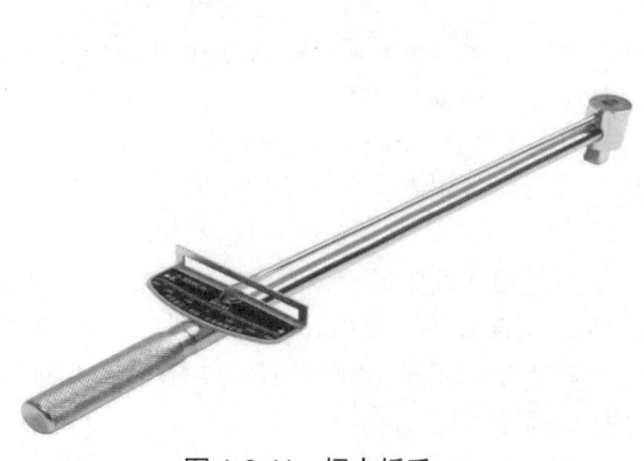
图 1-3-11　扭力扳手

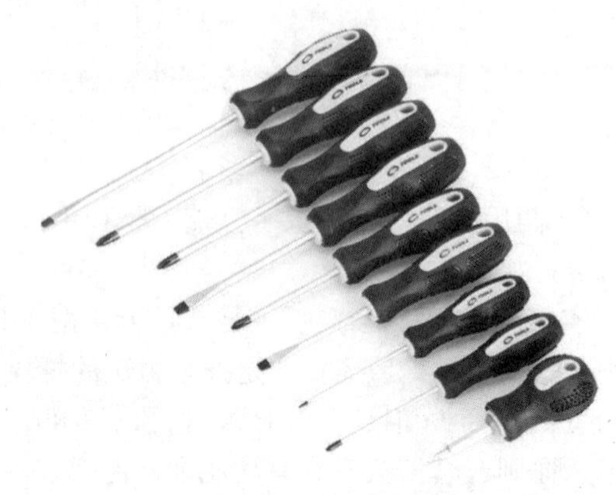
图 1-3-12　螺钉旋具

（3）手钳

① 鲤鱼钳，如图 1-3-13 所示。钳头的前部是平口细齿，适用于夹捏小零件；中部凹口粗长，用于夹持圆柱形零件，也可以代替扳手旋小螺栓或小螺母；钳口后部的刃口可剪切金属丝。由于一片钳体上有两个互相贯通的孔，又有一个特殊的销子，操作时钳口的开度可方便地调节，以适应夹持不同大小的零件，使用广泛。

图 1-3-13　鲤鱼钳

② 尖嘴钳，如图 1-3-14 所示。其头部细长，能在较小的空间工作，常用于夹持挡圈、锁销等圆形或圆柱形小件，带刃口处能剪切细小零件，使用时不能用力太大，否则钳口头部会变形或断裂。

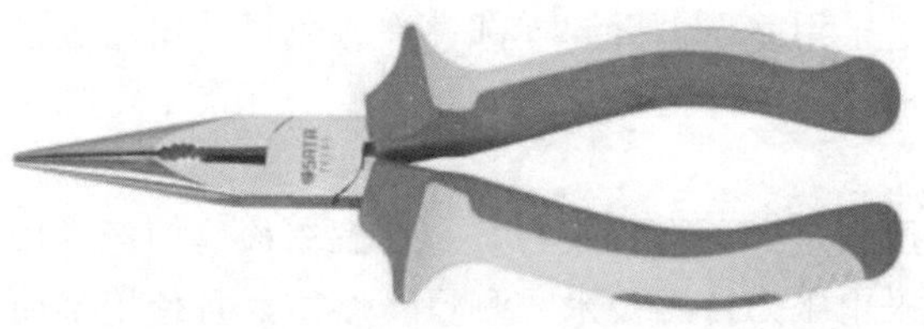

图 1-3-14　尖嘴钳

③ 钢丝钳，如图 1-3-15 所示。钢丝钳的用途与鲤鱼钳相似，但其支销相对于两片钳体是固定的，故使用时不如鲤鱼钳灵活，但剪断金属丝的效果比鲤鱼钳要好。

④ 卡簧钳，如图 1-3-16 所示。用于拆卸和安装卡簧，可分为内卡簧钳和外卡簧钳。内外卡簧钳在使用时，应注意将卡簧钳头部尖嘴完全插入卡簧孔内。

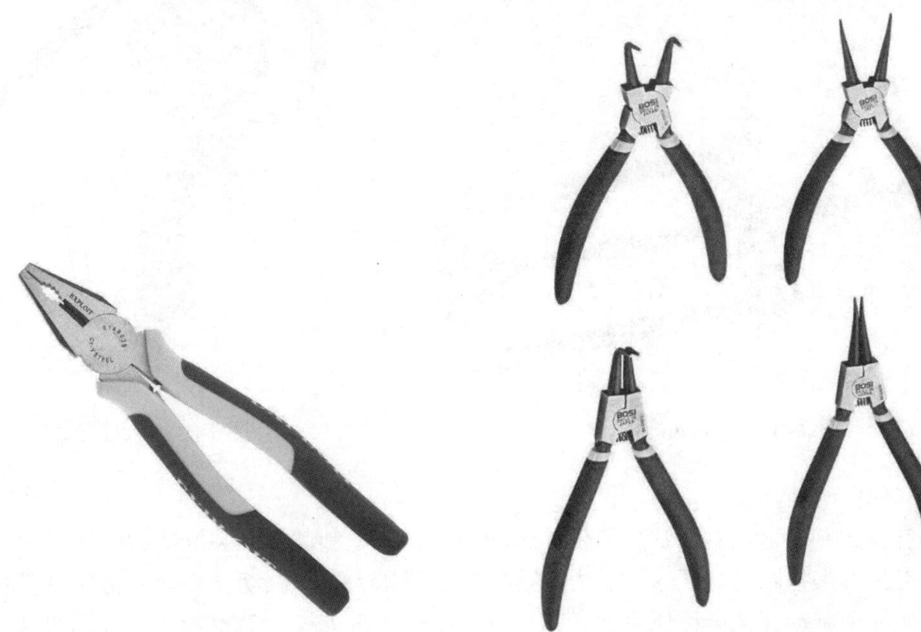

图 1-3-15　钢丝钳　　　　图 1-3-16　卡簧钳

（4）锤子

锤子用于敲击工件，如图 1-3-17 所示。锤子可使工件产生变形、位移或振动，并可用于工件的校正、整形。锤子头部端平面略有弧形，是基本工作面，用来敲击凹凸形状的工件，两端工作面均具有较高的硬度。

图 1-3-17　锤子

（5）拉拔器

用于拉出轴上零部件，如将轴上齿轮、带轮、轴承等从轴上拉出，或把轴承外圈、油封等孔内零部件从孔里拉出。由于采用静压力拆卸零部件，避免了冲击对过盈连接零部件的损害，因此使用广泛，如图 1-3-18 所示。

（6）胎压表

轮胎压力表或车用胎压表是一种特殊压力表。在汽车检修中经常用于轮胎胎压检测和车轮胎内气压充减。轮胎压力表采用压力传感技术，测量精度高，且使用寿命长。用轮胎压力表及时测试轮胎压力，可使驾驶员能及时了解轮胎的胎压。其中指针式操作简单，数字式读数较为方便，如图 1-3-19 所示。

图 1-3-18　拉拔器　　图 1-3-19　胎压表

（7）制动分泵回位工具

在进行盘式制动器的制动片更换保养过程中，在拆下制动分泵装好新的制动片后，需要制动分泵回位工具，来把制动分泵通过受力，挤压制动液压力，使制动分泵的活塞恢复原状，被顶回去，这样才能把制动分泵装回原位置。制动分泵回位工具如图 1-3-20 所示，使用方法如图 1-3-21 所示。

图 1-3-20　制动分泵回位工具

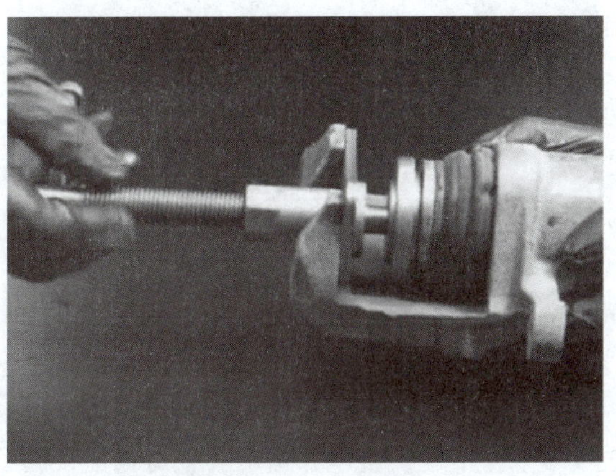

图 1-3-21　使用方法

四、使用设备认识

1. 举升机

举升机是指汽车维修行业用于汽车举升的汽保设备。举升机在汽车维修养护中发挥着至关重要的作用，无论整车大修，还是小修保养，都离不开它，其产品性质、质量好坏直接影响维修人员的人身安全。在规模各异的维修养护企业中，无论是维修多种车型的综合类修理厂，还是经营范围单一的街边维修店（如轮胎店），几乎都配备有举升机。两柱式举升机如图 1-3-22 所示，剪式举升机如图 1-3-23 所示。

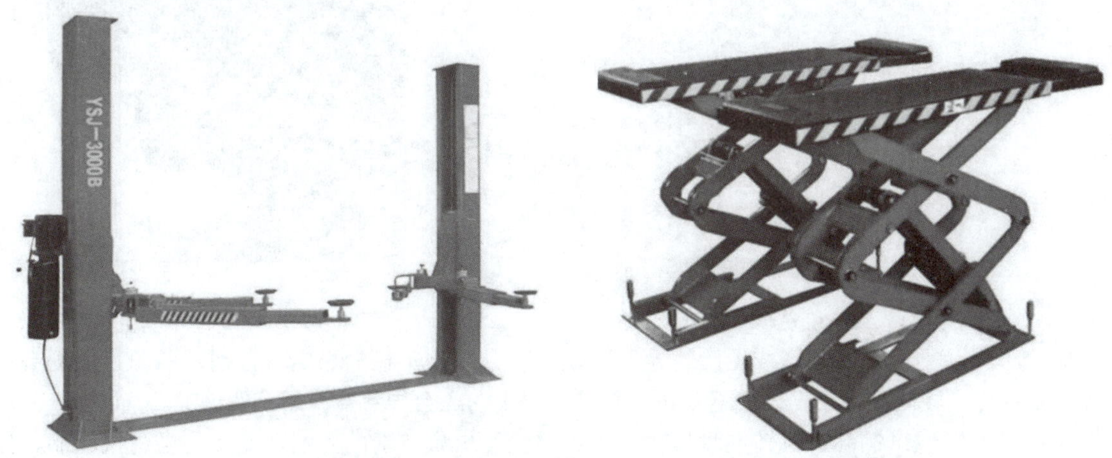

图 1-3-22　两柱式举升机　　图 1-3-23　剪式举升机

举升机按照功能和形状来分，可分为单柱式、两柱式、四柱式、剪式；按照功能可分为四轮定位型和平板式；按照占用的空间不同可分为地上式和地藏式。

举升机使用时的注意事项：

① 使用前应清除举升机附近妨碍作业的器具及杂物，并检查操作手柄是否正常。

② 操作机构灵敏有效，液压系统不允许有爬行现象。

③ 支车时，四个支角应在同一平面上，调整支角胶垫高度使其接触车辆底盘支撑部位。

④ 支车时，车辆不可支得过高，支起后四个托架要锁紧。

⑤ 待举升车辆驶入后，应将举升机支撑块调整移动对正该车型规定的举升点。

⑥ 举升时，人员应离开车辆，举升到需要高度时，必须插入保险锁销，并确保安全可靠才可开始车底作业。

⑦ 除个别维修项目外，其他烦琐作业，不得在举升器上操作修理。

⑧ 举升器不得频繁起落。发现操作机构不灵，电动机不同步，托架不平或液压部分漏油，应及时报修，不得“带病”操作。

⑨ 支车时举升要稳，降落要慢，有人作业时严禁升降举升机。

⑩ 定期（半年）排除举升机油缸积水，并检查油量，油量不足应及时加注相同牌号的压力油。同时应检查、润滑举升机传动齿轮及链条。举升机安全操作规程如图 1-3-24 所示。

2. 车轮动平衡机

车轮动平衡机是平衡机的一种，用于测量旋转物体（车轮）不平衡量的大小和位置，是一种测量汽车车轮不平衡量，并指示不平衡量位置的设备。工作人员通过相应质量的平衡块将其补偿在指定位置，使车轮平衡，如图 1-3-25 所示。

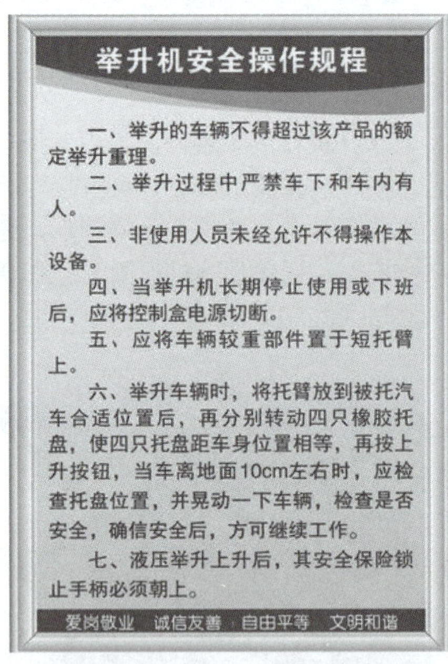

举升机安全操作规程

一、举升的车辆不得超过该产品的额定举升重理。

二、举升过程中严禁车下和车内有人。

三、非使用人员未经允许不得操作本设备。

四、当举升机长期停止使用或下班后，应将控制盒电源切断。

五、应将车辆较重部件置于短托臂上。

六、举升车辆时，将托臂放到被托汽车合适位置后，再分别转动四只橡胶托盘，使四只托盘距车身位置相等，再按上升按钮，当车离地面10cm左右时，应检查托盘位置，并晃动一下车辆，检查是否安全，确信安全后，方可继续工作。

七、液压举升上升后，其安全保险锁止手柄必须朝上。

爱岗敬业　诚信友善　自由平等　文明和谐

图 1-3-24　举升机安全操作规程

图 1-3-25　车轮动平衡机

如果车轮动平衡不好会造成轮胎的异常磨损，也会影响车辆的稳定。特别是前轮，振动会通过转向系统传到转向盘，不但影响驾驶员的驾驶，严重的还会导致转向系统的松旷。

在行车中发现车辆高速时转向盘抖动，或者车轮发出有节奏的异响，尤其是当更换轮胎、轮毂或是补过轮胎后，车轮受过大的撞击，由于颠簸导致平衡块丢失等都应该对车轮做动平衡，这时候，车轮动平衡机就会起到非常重要的作用。

3. 扒胎机

扒胎机，又称拆胎机、轮胎拆装机。扒胎机的主要作用就是扒胎和上胎，这使得汽车维修过程中能更方便顺利地拆卸轮胎。拆胎机种类众多，有气动式和液压式两种。最常用的是气动式拆胎机。扒胎机工作效率高，适应性强，拆卸过程中不损伤轮胎，应用广泛，如图 1-3-26 所示。

4. 四轮定位仪

四轮定位仪有前束尺和光学水准定位仪、拉线定位仪、CCD 定位仪、激光定位仪和 3D 影像定位仪等几种。其中，3D 影像定位仪、CCD 定位仪和激光定位仪是市场上的三大主流产品。汽车四轮定位仪是用于检测汽车车轮定位参数，并与原厂设计参数进行对比，指导使用者对车轮定位参数进行相应调整，使其符合原设计要求，以达到理想的汽车行驶性能，即操纵轻便、行驶稳定可靠、减少轮胎偏磨损的精密测量仪器。四轮定位仪如图 1-3-27 所示。

图 1-3-26　扒胎机

图 1-3-27　四轮定位仪

四轮定位仪是通过定位角度测量诊断车辆的上述不适症状并予以治疗，它分为前轮定位和后轮定位。前轮定位包括主销后倾角、主销内倾角、前轮外倾角和前轮前束四项内容，后轮定位包括车轮外倾角和逐个后轮前束。一般情况下，新车驾驶三个月后，就应做四轮定位，之后每行驶 1 万 km，就应轮胎换位。如果发生碰撞，应及时做四轮定位。四轮定位仪的操作过程如图 1-3-28 所示。

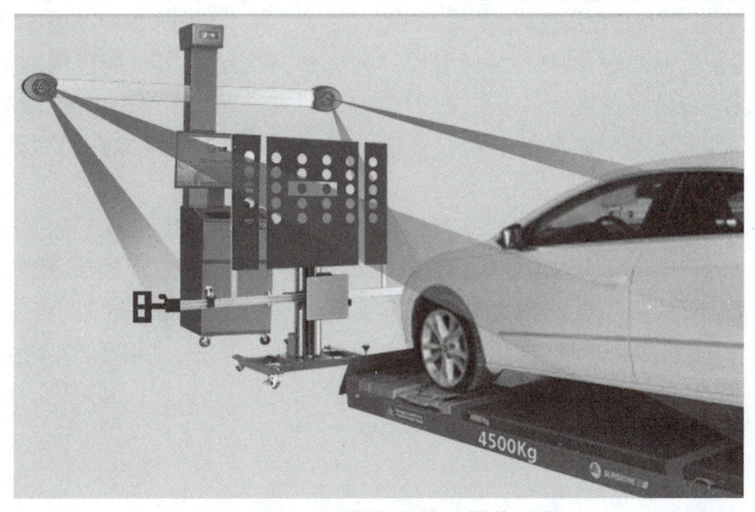

图 1-3-28　四轮定位仪的操作过程

思政讲堂

游标卡尺是一种测量长度、内外径、深度的量具。游标卡尺由主尺和附在主尺上能滑动的游标两部分构成。若从背面看，游标是一个整体。深度尺与游标尺连在一起，可以测槽和筒的深度，如图 1-3-29 所示。

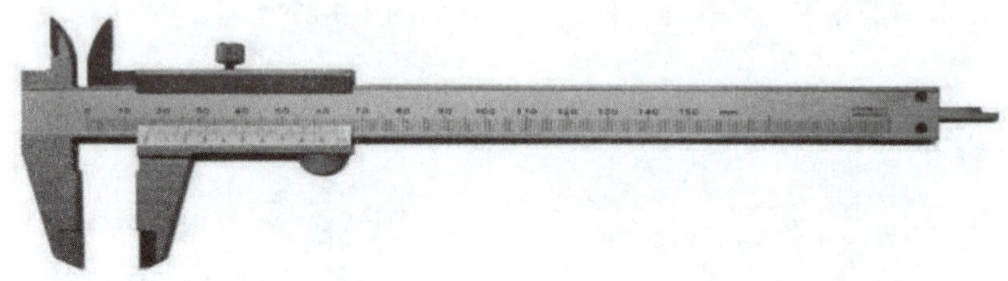

图 1-3-29 游标卡尺

游标卡尺在汽车底盘制动系统中，用于测量制动盘和制动片的厚度，检测其厚度是否符合维修手册和实际使用的要求厚度。测量制动盘厚度如图 1-3-30 所示，测量制动片厚度如图 1-3-31 所示。

图 1-3-30 测量制动盘厚度

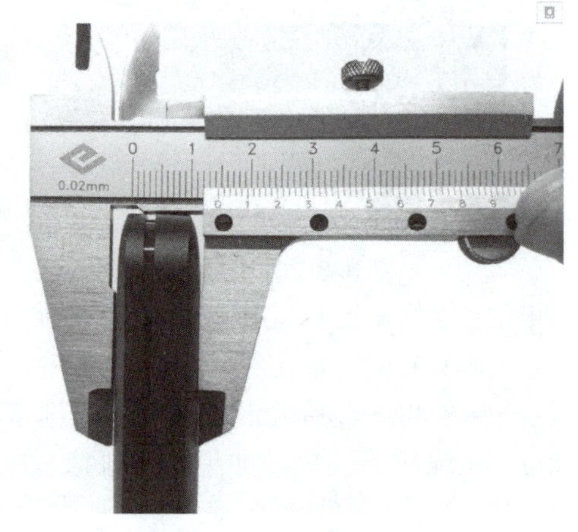

图 1-3-31 测量制动片厚度

在形形色色的计量器具家族中，游标卡尺作为一种被广泛使用的高精度测量工具，它是刻线直尺的延伸和拓展，它最早起源于中国。在中国古代科技文明中，不仅有中国的“四大发明”，中国古人的智慧还包括很多，如游标卡尺、青铜卡尺，图 1-3-32 所示为王莽新朝始建国元年（公元 9 年）的青铜卡尺。

由图 1-3-32 可见，在两千多年前的东汉，人们就已经开始使用卡尺，而且与今天人们使用的卡尺惊人地相似。青铜卡尺虽然与现在的游标卡尺有一定区别，但它反映了我国古代科技的先进。其设计理念之现代，有的人甚至戏称之为“王莽穿越的证物”。通过这些内容加深对中国特色社会主义道路自信、理论自信、制度自信、文化自信的理解、认知、实践，尤其要提高学生对中国的文化自信的深层次认知。希望同学们多了解中国古代文化，感受中国文化的博大精深，做一名爱祖国、爱文化的社会主义新青年。

图 1-3-32　青铜卡尺

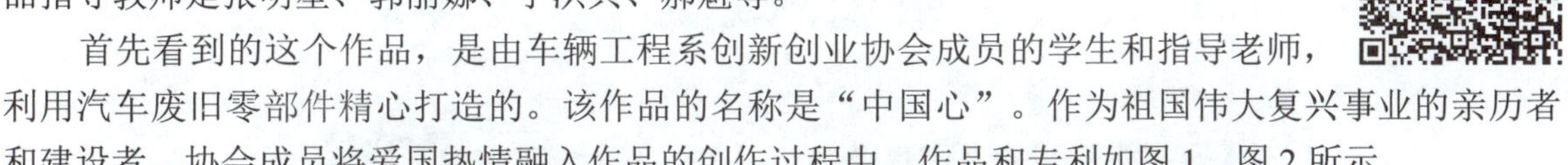

创新创造拓展内容　汽车废旧零部件循环再利用

创意作品概况

本次介绍的作品，称之为“汽车废旧零部件循环再利用”。该作品是由创新创业协会的成员根据汽车底盘构造课程的知识学习，精心制作的一件件匠心作品。作品指导教师是张明星、郭丽娜、于洪兵、郝魁等。

首先看到的这个作品，是由车辆工程系创新创业协会成员的学生和指导老师，利用汽车废旧零部件精心打造的。该作品的名称是“中国心”。作为祖国伟大复兴事业的亲历者和建设者，协会成员将爱国热情融入作品的创作过程中。作品和专利如图 1、图 2 所示。

图 1　作品“中国心”

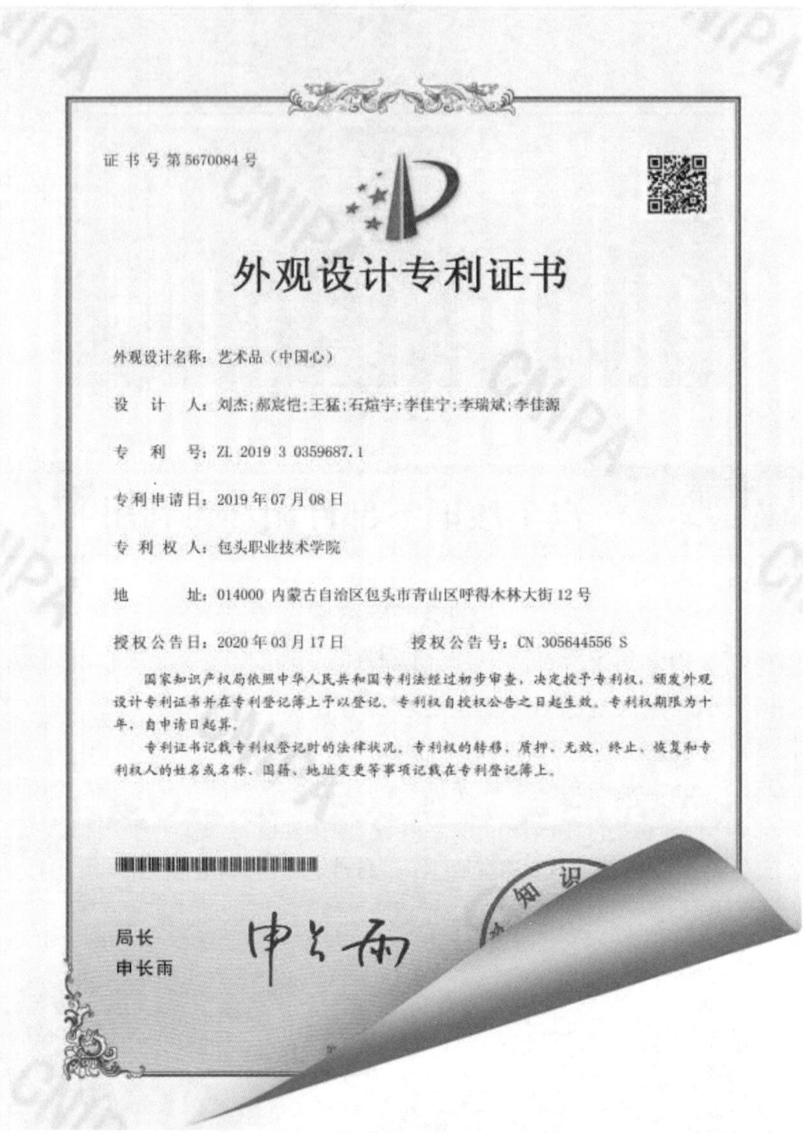

证书号第5670084号

外观设计专利证书

外观设计名称：艺术品（中国心）

设　计　人：刘杰；郝宸恺；王猛；石煊宇；李佳宁；李瑞斌；李佳源

专　利　号：ZL 2019 3 0359687.1

专利申请日：2019年07月08日

专利权人：包头职业技术学院

地　　址：014000 内蒙古自治区包头市青山区呼得木林大街12号

授权公告日：2020年03月17日　　授权公告号：CN 305644556 S

国家知识产权局依照中华人民共和国专利法经过初步审查，决定授予专利权，颁发外观设计专利证书并在专利登记簿上予以登记。专利权自授权公告之日起生效。专利权期限为十年，自申请日起算。

专利证书记载专利权登记时的法律状况。专利权的转移、质押、无效、终止、恢复和专利权人的姓名或名称、国籍、地址变更等事项记载在专利登记簿上。

局长
申长雨

图2　作品“中国心”的专利

下面看到的是一群快乐跳着舞的小人，把这个作品命名为“点燃生命”，作品和专利如图3、图4所示。它们是由火花塞、泵轮、铁丝组成的，设计理念源于“汽车发动机构造”课程，

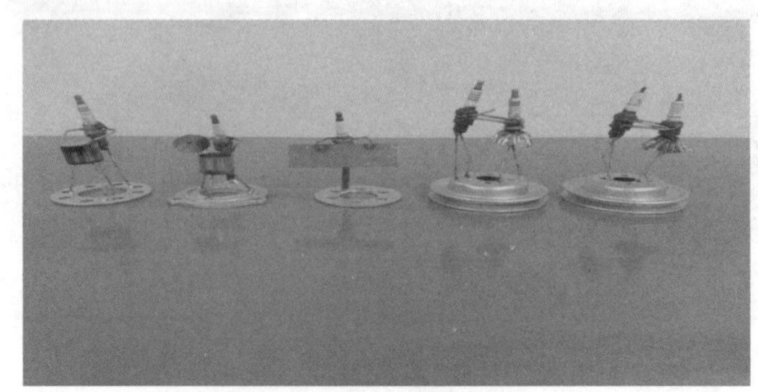

图3　作品“点燃生命”

通过汽车零部件的拆解、修复、焊接、涂装等一系列团队活动，学生不仅在实践中将专业知识内化于心，提高了动手能力，更在制作过程中培养了精益求精的工匠精神，实现了从做中学，从学中悟。

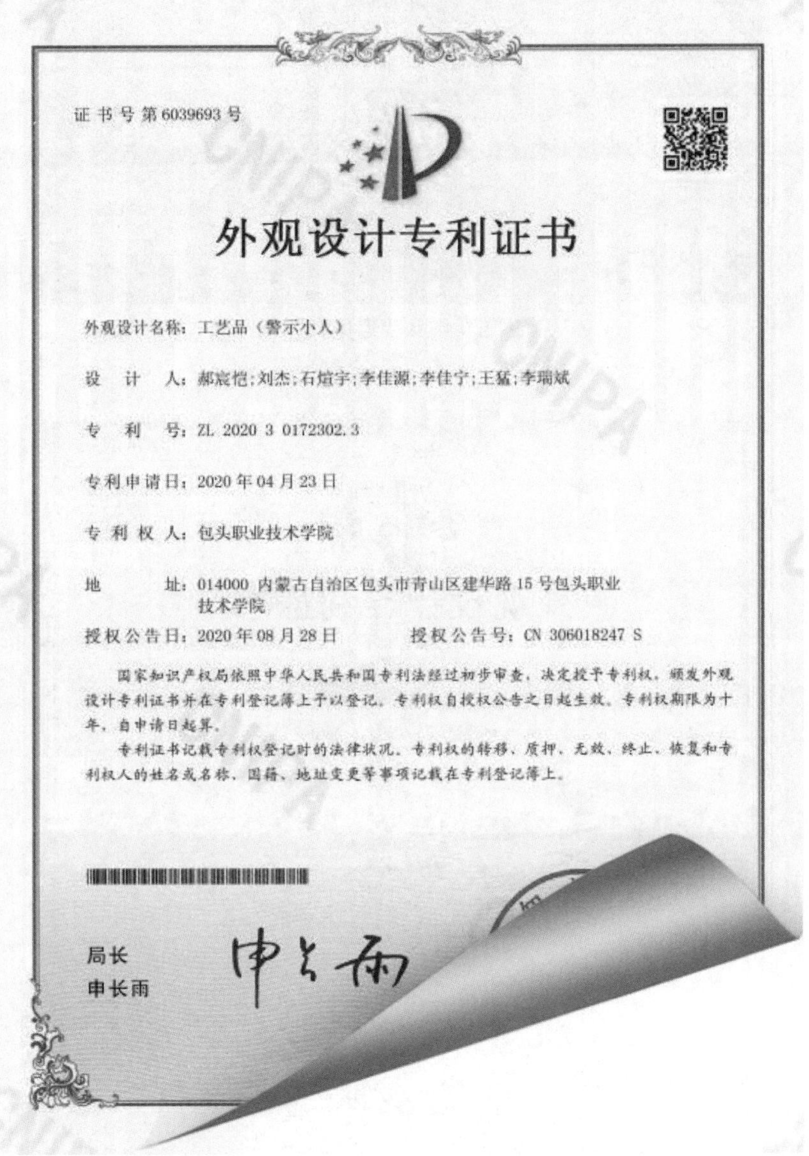

证书号第6039693号

外观设计专利证书

外观设计名称：工艺品（警示小人）

设　计　人：郝宸恺；刘杰；石煊宇；李佳源；李佳宁；王猛；李瑞斌

专　利　号：ZL 2020 3 0172302.3

专利申请日：2020年04月23日

专利权人：包头职业技术学院

地　　址：014000 内蒙古自治区包头市青山区建华路15号包头职业技术学院

授权公告日：2020年08月28日　　授权公告号：CN 306018247 S

国家知识产权局依照中华人民共和国专利法经过初步审查，决定授予专利权，颁发外观设计专利证书并在专利登记簿上予以登记。专利权自授权公告之日起生效。专利权期限为十年，自申请日起算。

专利证书记载专利权登记时的法律状况。专利权的转移、质押、无效、终止、恢复和专利权人的姓名或名称、国籍、地址变更等事项记载在专利登记簿上。

局长
申长雨

图4　作品“点燃生命”的专利

接下来看到的这个作品，名称是“遇见力”和“激情燃烧的岁月”，作品和专利如图5～图8所示。该作品展现出曲轴、活塞等发动机零部件共同将爆燃产生的动力传递给传动系统的过程。在完成作品的过程中，学生不仅掌握了专业知识，提高了动手能力，更将团结协作的力量充分体现到作品中。

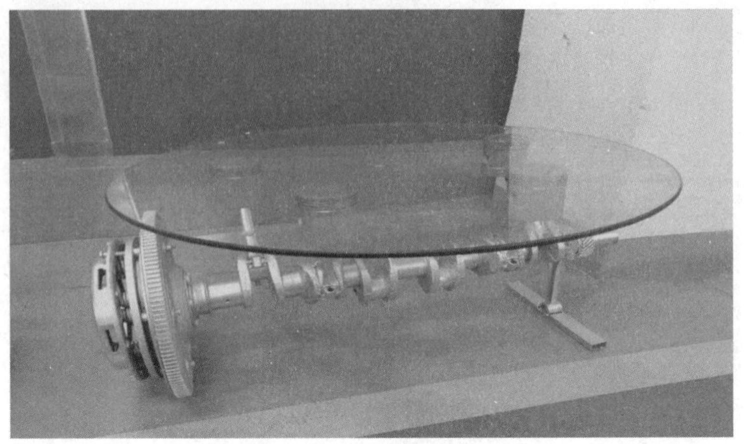

图5 作品“遇见力”

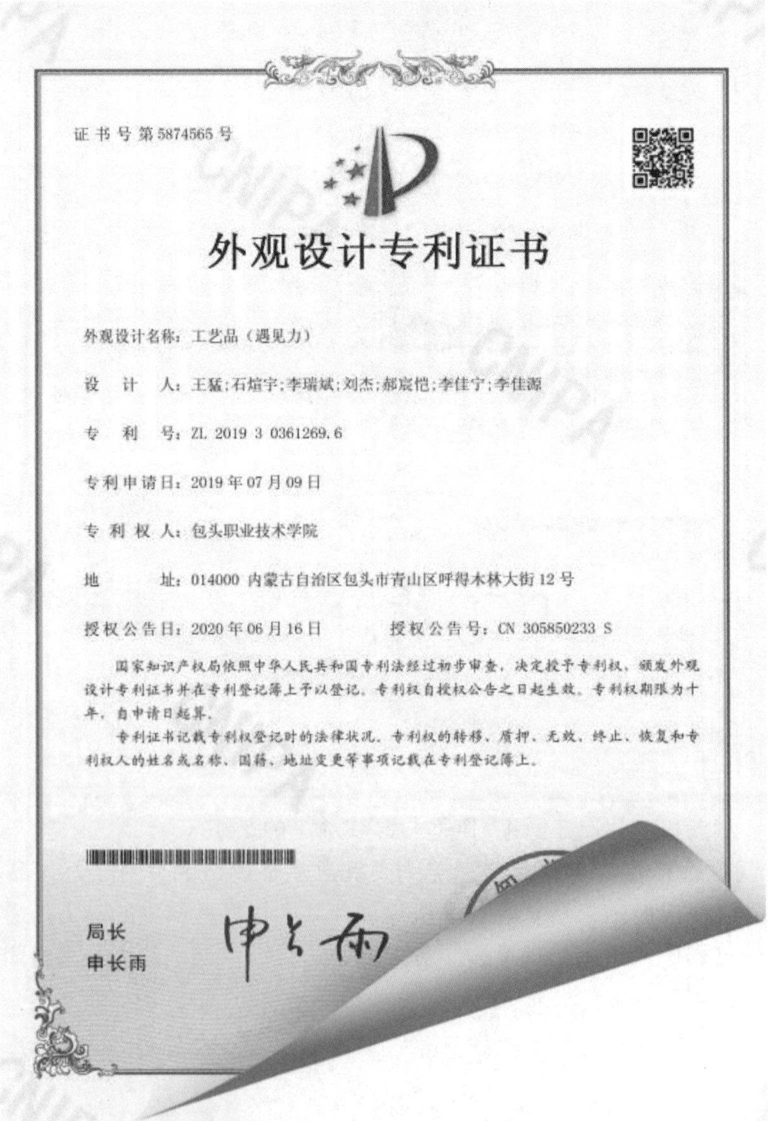

证书号第5874565号

外观设计专利证书

外观设计名称：工艺品（遇见力）

设 计 人：王猛；石煊宇；李瑞斌；刘杰；郝宸恺；李佳宁；李佳源

专 利 号：ZL 2019 3 0361269.6

专利申请日：2019年07月09日

专利权人：包头职业技术学院

地 址：014000 内蒙古自治区包头市青山区呼得木林大街12号

授权公告日：2020年06月16日 授权公告号：CN 305850233 S

国家知识产权局依照中华人民共和国专利法经过初步审查，决定授予专利权，颁发外观设计专利证书并在专利登记簿上予以登记。专利权自授权公告之日起生效。专利权期限为十年，自申请日起算。

专利证书记载专利权登记时的法律状况。专利权的转移、质押、无效、终止、恢复和专利权人的姓名或名称、国籍、地址变更等事项记载在专利登记簿上。

局长

申长雨

申长雨

图6 作品“遇见力”的专利

图 7　作品“激情燃烧的岁月”

证书号第 5873436 号

外观设计专利证书

外观设计名称：艺术品（激情燃烧的岁月）

设　计　人：李佳宁；李佳源；苏佳兴；刘杰；石煊宇；王猛；李瑞斌 郝宸恺

专　利　号：ZL 2019 3 0360827.7

专利申请日：2019 年 07 月 08 日

专 利 权 人：包头职业技术学院

地　　　址：014000 内蒙古自治区包头市青山区呼得木林大街 12 号

授权公告日：2020 年 06 月 16 日　　　授权公告号：CN 305850232 S

国家知识产权局依照中华人民共和国专利法经过初步审查，决定授予专利权，颁发外观设计专利证书并在专利登记簿上予以登记。专利权自授权公告之日起生效。专利权期限为十年，自申请日起算。

专利证书记载专利权登记时的法律状况。专利权的转移、质押、无效、终止、恢复和专利权人的姓名或名称、国籍、地址变更等事项记载在专利登记簿上。

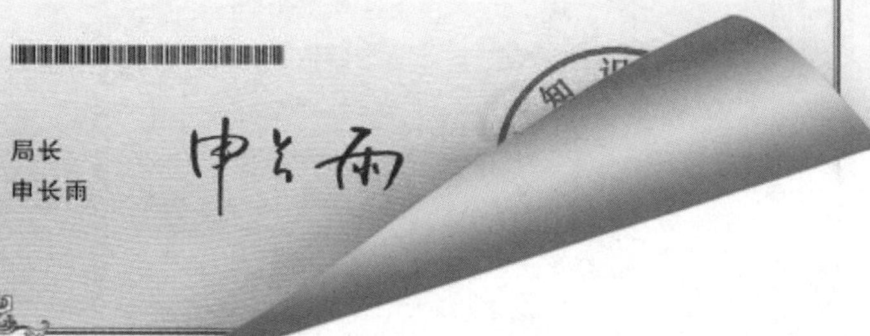

图 8　作品“激情燃烧的岁月”的专利

下面的作品是由飞轮和活塞制作完成的，该作品名称是“炙热活塞”，作品和专利如图 9、图 10 所示。它是由底盘的离合器的主动部件飞轮和发动机的活塞连杆，通过打磨、焊接、涂装等工艺流程，精心打造的。代表着学生对于知识和技能的执着精神。

图 9　作品“炙热活塞”

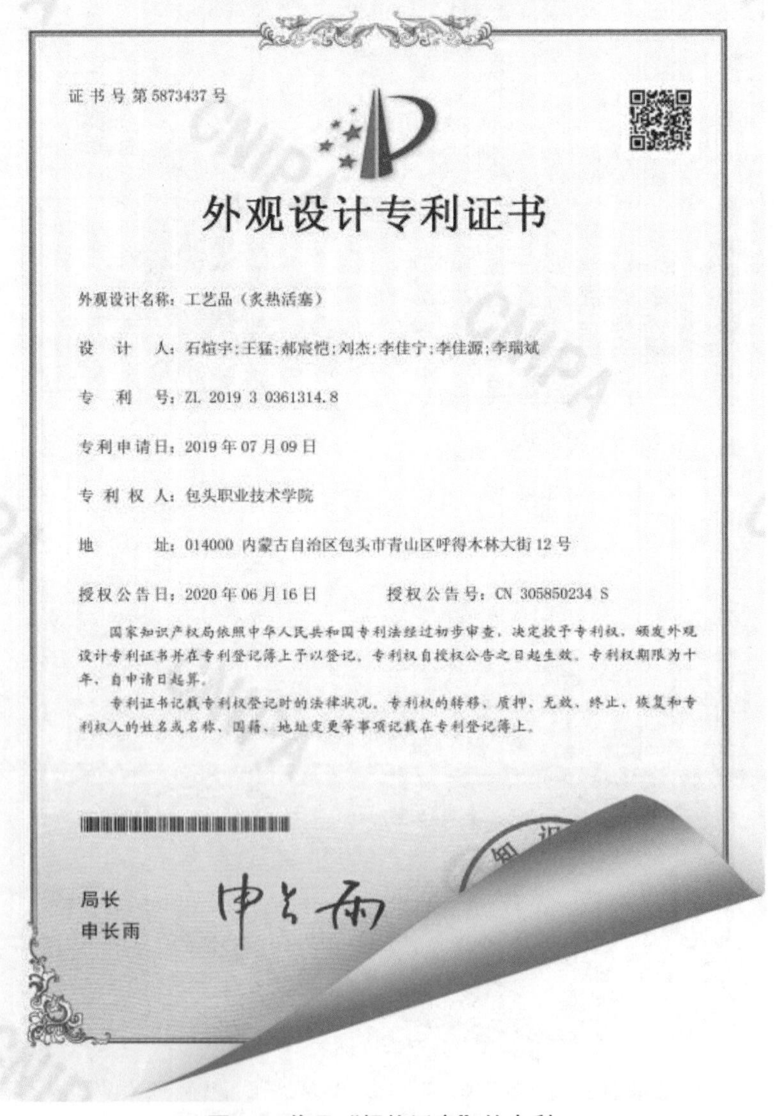

证书号第5873437号

外观设计专利证书

外观设计名称：工艺品（炙热活塞）

设　计　人：石煊宇;王猛;郝宸恺;刘杰;李佳宁;李佳源;李瑞斌

专　利　号：ZL 2019 3 0361314.8

专利申请日：2019 年 07 月 09 日

专 利 权 人：包头职业技术学院

地　　址：014000 内蒙古自治区包头市青山区呼得木林大街 12 号

授权公告日：2020 年 06 月 16 日　　授权公告号：CN 305850234 S

国家知识产权局依照中华人民共和国专利法经过初步审查，决定授予专利权，颁发外观设计专利证书并在专利登记簿上予以登记。专利权自授权公告之日起生效。专利权期限为十年，自申请日起算。

专利证书记载专利权登记时的法律状况。专利权的转移、质押、无效、终止、恢复和专利权人的姓名或名称、国籍、地址变更等事项记载在专利登记簿上。

局长
申长雨

图 10　作品“炽热活塞”的专利

项目二

汽车底盘传动系统

汽车发动机所发出的动力，经过传动装置最终传到驱动车轮，这是需要汽车底盘传动系统才能顺利传递的，而对于纯电动汽车，动力来源是电机和动力电池，但也需要减速机构和驱动桥，来进行动力传递。底盘传动系统能够实现减速、变速、倒车、中断动力、轮间差速等各项功能，能够保证汽车在各种工况条件下的正常行驶，能够使汽车具有良好的功力性、经济性、安全性。普通燃油汽车底盘传动系统是由离合器、变速器、万向传动装置和驱动桥等主要部件组成的。

本项目主要围绕汽车底盘传动系统的离合器、手动变速器、万向传动装置、驱动桥的基础知识进行认知与学习。

任务一 汽车底盘传动系统的认知

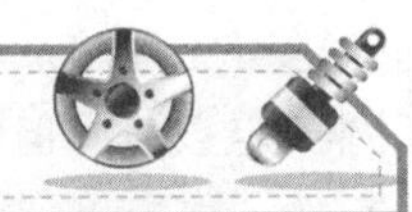

学习目标

完成本任务学习后，应当达到以下目标：

① 了解传动系统的功用、组成。

② 了解不同类型的传动系统。

③ 能够在实车上识别传动系统各部件的类型和功用。

④ 能够激发对汽车技术的学习兴趣，加深对中国汽车工业发展的认识。

任务引入

传动系统的主要任务是配合发动机进行动力传递，来使汽车在不同路况条件下正常行驶，并使汽车具有良好的动力性和燃油经济性。根据不同的用车需求和使用条件，不同类型汽车所采用的是哪一种类的传动系统？传动系统的组成部件包括什么？下面逐一介绍。

知识准备

一、传动系统的组成与功能

汽车传动系统是汽车底盘四大系统中的动力传递的主力，它是将发动机输出的动力按需要传递给驱动车轮，使汽车能够实现前进或倒退，保证汽车有足够动力来驱动汽车。传动系统主要由离合器、变速器、万向传动装置、驱动桥等零部件组成，如图 2-1-1 所示。

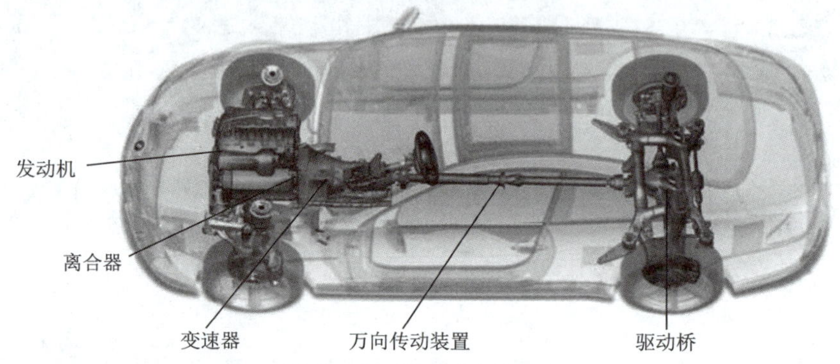

图 2-1-1 传动系统的组成

传动系统能够实现的功能如下：

1. 降速增矩

汽车正常起步，要求作用在驱动轮上的驱动力能够克服各种外界的阻力。发动机发出的转矩如果直接传给驱动轮，驱动轮所得到的驱动力很小，不能够驱动汽车正常运动。另外，发动机输出的转速较高，一般在每分钟数千转，怠速时刻基本也是每分钟八百多转，这一转速如果直接传到驱动轮上，汽车将达到很快的车速，这样高的车速既不实用也不可能。汽车想要克服摩擦力，最需要的还是可靠地施加转矩到车轮。因此，要求传动系统应具有降速增矩的作用，使驱动轮的转速降低到一定数值，但转矩增加好多倍，来克服摩擦力，实现运动。降速增矩主要依靠驱动桥中的主减速器，如图 2-1-2 所示。

图 2-1-2 驱动桥中的主减速器

汽车在使用过程中，要根据不同路况，对汽车的车速和驱动力的要求范围进行不断变化。但是发动机的有利转速范围很窄，为了使发动机保持在有利转速范围内工作，且驱动力和转速又可以在足够大的范围内变化，应当使传动系统的传动比在最大值与最小值之间进行变化，即传动系统应起变速变矩的作用。其中，变速器和主减速器可实现这一功能，有些重型汽车还安装有二级主减速器和轮边减速器（见图 2-1-3），进一步扩大传动比，实现大扭矩。

2. 实现汽车倒向行驶

汽车除了向前行驶外，有时还需要倒向行驶，但发动机启动后旋转方向是不变的，这就要求传动系统能够改变驱动轮的转动方向，以实现汽车的倒向行驶。因此变速器中设置的倒挡能够完成这一功能。

3. 中断动力传递

在发动机起动后，汽车行驶中要经常换挡，不间断地踩制动踏板，这都要暂时切断动力传递。为此，在发动机与变速器之间设置一个可由驾驶员控制的分离或接合的机构离合器。另外，在变速器中还设置了空挡，可以满足发动机转动时能较长时间中断动力的传递。变速器中的空挡（N 挡）如图 2-1-4 所示。

图 2-1-3　轮边减速器

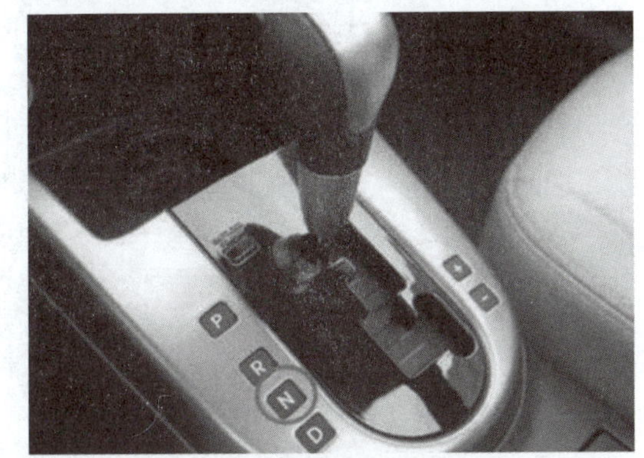

图 2-1-4　变速器中的空挡（N 挡）

4. 差速作用

汽车在转弯行驶时，左、右两驱动车轮在同一时间内滚过的距离不同，如果两侧的驱动轮用一根刚性轴驱动，则两轮转动的角速度相同，此时必然产生车轮相对地面滑动的现象，并将使汽车转向困难，汽车的动力消耗增加，传动系统内部某些零件和轮胎磨损加剧。为避免这些情况的出现，驱动桥内安装了差速器（见图 2-1-5），可使左、右驱动车轮以不同的转速旋转，起到差速作用，避免轮胎的脱滑现象对轮胎产生磨损。

图 2-1-5　差速器

二、传动系统的分类

根据汽车传动系统中传动元件的特征，传动系统可分为机械式、液力机械式和电力式等几大类。

1. 机械式传动系统

机械式传动系统（见图 2-1-6）一般由离合器、变速器、万向传动装置（万向节、传动轴）和驱动桥（主减速器、差速器、半轴和桥壳）等组成。

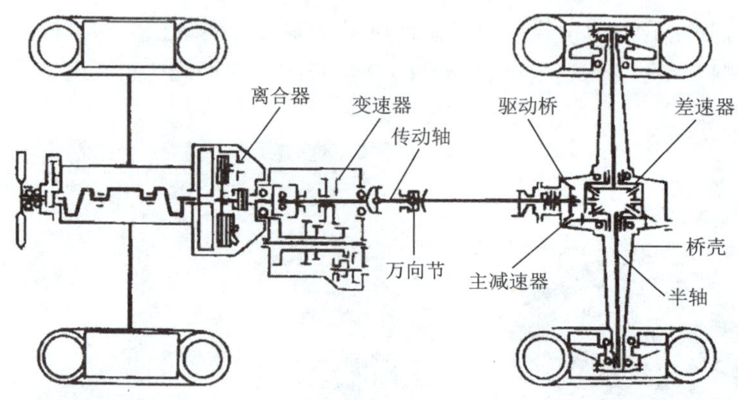

图 2-1-6　机械式传动系统

图 2-1-7 为前置前驱动机械式传动系统布置示意图。发动机动力经过离合器、变速器、主减速器的主从动锥齿轮、差速器、半轴传递到驱动车轮，使汽车产生运动。

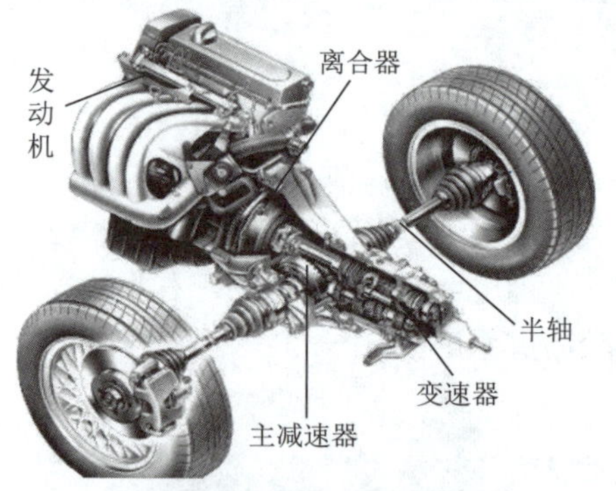

图 2-1-7　前置前驱动机械式传动系统布置示意图

2. 液力机械式传动系统

液力机械式传动系统又称动液传动系统（见图 2-1-8），其特点是将液力传动与机械传动有机地组合起来。液力传动是以液体为传力介质，利用液体在主动元件和从动元件之间的循环流动过程中动能的变化来传递动力。

液力传动装置有液力变矩器（见图 2-1-9），属于液力传动，使用液体作为介质，通过循环的液体流动来传递动力。一般采用液力变矩器串联一个有级式机械变速器组成的液力机械式变速器，取代机械式传动系统中的离合器。这种传动系统能根据道路阻力的变化，自动地在若干个车速范围内分别实现变速，而且其中的有级式机械变速器还可以实现自动或半自动操纵，使驾驶员的操作大为简化，所以又称自动变速器。

图 2-1-8　液力机械式传动系统

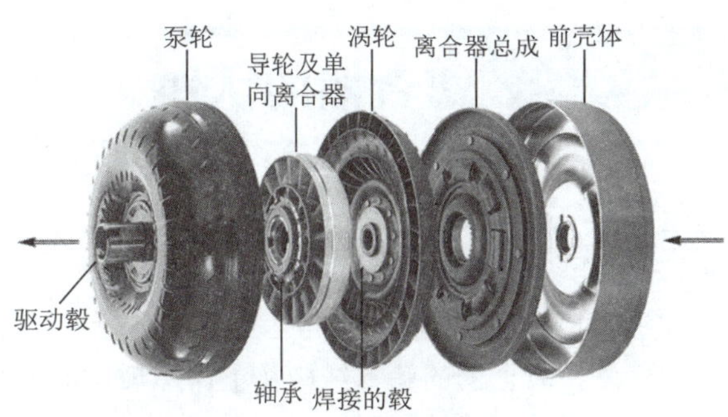

图 2-1-9　液力变矩器

3. 电力式传动系统

图 2-1-10 所示为混合动力汽车采用的电力式传动系统。其主动部件是由发动机驱动的发电机，从动部件是电动机。电动机发出的动力也要经过一套减速机构才能传给驱动轮，为了降速增矩。

图 2-1-10　电力式传动系统

在纯电动汽车（见图 2-1-11）传动系统中，电动机到驱动车轮使用电器和减速机构连接，使汽车总体布置简化，底盘更为平整。另外，汽车起动力矩大，电动机转速范围大，具有无级变速的特性。

图 2-1-11　纯电动汽车传动系统

思政讲堂

查阅资料，了解中国汽车工业起步阶段（1950—1965 年）的历史，以这段时期我国汽车的发展状况为载体，使用图片资源，通过故事叙述形式，将我国建设汽车工业的伟大工程的故事展现出来。通过交流与探讨，激发对汽车的学习兴趣，加深对中国汽车工业起步阶段历史的认识，使学生深刻认识到发展汽车工业，对于一个民族、国家的重要性。

任务二　离合器的认知

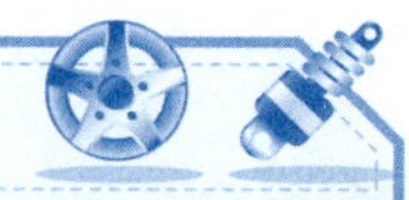

学习目标

完成本任务学习后，应当达到以下目标：

① 掌握离合器的基本结构及工作原理。

② 了解离合器的类型。

③ 能够识别不同车型的离合器类型。

④ 了解自动离合器的原理和应用。

⑤ 学习航天工业精神，逐步形成一种“螺丝钉”的奉献精神。

任务引入

离合器是手动变速器车辆传动系统的重要组成部分，它位于发动机与变速器之间。在车辆从静止到起步的过程中，在切换变速器挡位时均需要操作离合器。离合器是一套既能传递动力，又能切断动力的传动机构。目前在双离合变速器组成部件中也包括离合器，用以连接和传递动力。

知识准备

一、离合器的作用

离合器安装于发动机与变速器之间，驾驶员可根据行驶需要控制离合器的接合和分离，从而连接或切断发动机与驱动轮之间的动力传递。其具体作用如下：

1. 平顺接合动力，保证汽车平稳起步

这是离合器的主要作用。汽车起步时，驾驶员缓慢抬起离合器踏板（见图 2-2-1），使离合器的主、从动部分逐渐接合。同时，驾驶员逐渐踩下加速踏板，以增加发动机的输出转矩，这样发

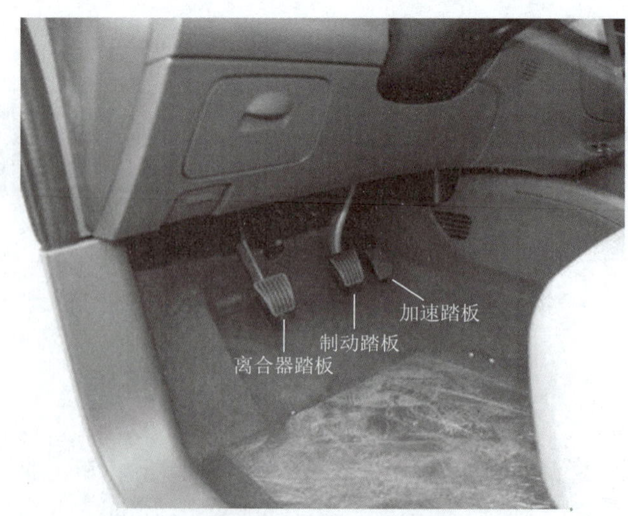

图 2-2-1　离合器踏板

动机的转矩便可由小到大传给传动系统。当牵引力足以克服汽车起步时的行驶阻力时，汽车便由静止开始缓慢逐渐加速，实现平稳起步。

2. 临时切断动力，保证换挡时工作平顺

在汽车行驶过程中，为了适应不断变化的行驶条件，传动系统经常要更换不同挡位，输出不同扭矩。如果没有离合器配合，或者离合器出现故障，将使换挡工作困难，严重情况会出现变速器“打齿”观象。通过离合器踏板和加速踏板的互相配合，可使换挡工作更加平顺。

3. 防止传动系统过载

当汽车进行紧急制动时，有了离合器，传动系统承受负荷超过离合器所能传递的最大转矩时，离合器的主动部分和从动部分之间会产生相对滑动，通过从动盘和两边以面接触的压盘和飞轮表面之间的摩擦，使传递的动力转变为离合器部件之间的摩擦力，最终转变为热能，来消除因传动系统过载而损坏机件，避免传动系统部件损坏。

二、离合器的类型

汽车机械式传动系统中使用了摩擦式离合器。摩擦式离合器的种类很多，可以根据以下方法进行分类认。

1. 按从动盘的数目分类

摩擦式离合器按从动盘的数目可以分为单片离合器、双片离合器和多片离合器。

（1）单片离合器

轿车、客车和部分中、小型货车多采用单片离合器（见图 2-2-2），因为发动机的最大转矩一般不是很大，并且单片离合器轴向尺寸也较小，易于布置，所以单片从动盘就可以满足动力传动的要求。

（2）双片离合器

双片离合器（见图 2-2-3）由于增加了一片从动盘，使得在其他条件不变的情况下，将比单片离合器所能传动的转矩增大一倍，由于一个从动盘是两个摩擦面传递动力，而两个从动盘则是四个摩擦面传递动力，因此传递扭矩会更大，更佳适用于重型车辆上，但相对轴向尺寸较大。

图 2-2-2　单片离合器

图 2-2-3　双片离合器

（3）多片离合器

多片离合器（见图 2-2-4）因轴向尺寸较大，很少在汽车上采用。

图 2-2-4　多片离合器

2. 按压紧弹簧的形式分类

摩擦式离合器按压紧弹簧的形式可以分为膜片弹簧离合器、螺旋弹簧离合器。

（1）膜片弹簧离合器

膜片弹簧离合器（见图 2-2-5）采用膜片弹簧作为压紧弹簧，目前应用最广泛。

（2）螺旋弹簧离合器

螺旋弹簧离合器（见图 2-2-6）按螺旋弹簧布置方式可分为周布弹簧离合器、中央弹簧离合器。其中，周布弹簧离合器采用若干个螺旋弹簧作为压紧弹簧，这些弹簧沿压盘圆周分布，如图 2-2-6 所示。中央弹簧离合器采用一至两个圆柱螺旋弹簧或用一个圆锥弹簧作为压紧弹簧，并且布置在离合器的中心。

图 2-2-5　膜片弹簧离合器

图 2-2-6　螺旋弹簧离合器

3. 按操纵机构的不同分类

摩擦式离合器按照操纵机构的不同可以分为机械式、液压式（见图 2-2-7）、气压式、空气助力式等。

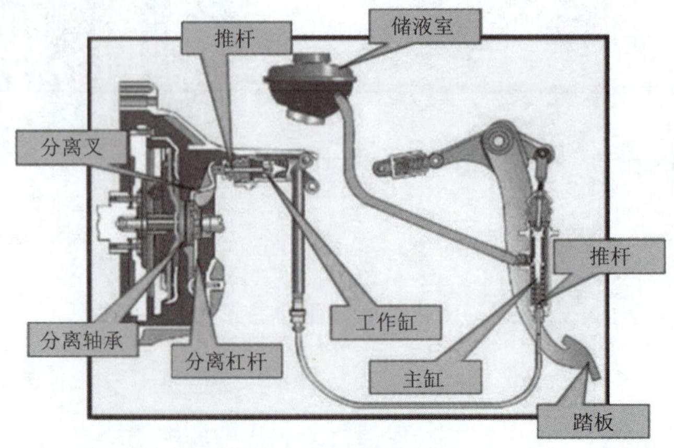

图 2-2-7　液压式离合器

三、离合器的组成及工作原理

1. 摩擦式离合器的基本组成

摩擦式离合器（见图 2-2-8）的基本组成包括主动部分、从动部分、压紧机构和操纵机构四部分。

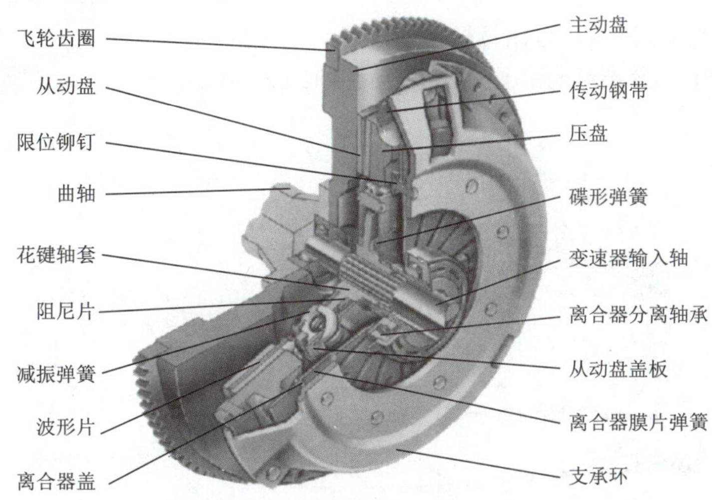

图 2-2-8　摩擦式离合器的组成

（1）主动部分

包括飞轮、离合器盖和压盘（见图 2-2-9）。离合器盖用螺栓固定在飞轮上，压盘后端圆周上的凸台伸入离合器盖的窗口中，并可沿窗口轴向移动。当发动机转动时，动力便经飞轮、离合器盖传到压盘，并一起转动。

（2）从动部分

从动部分包括从动盘（见图 2-2-10）和从动轴。从动盘带有双面的摩擦衬片，离合器正常接合时分别与飞轮和压盘相接触。从动盘通过花键毂装在从动轴的花键上，从动轴是手动变速器的输入轴（第一轴），其前端通过轴承支撑在曲轴后端的中心孔中，后端支撑在变速器壳体上。

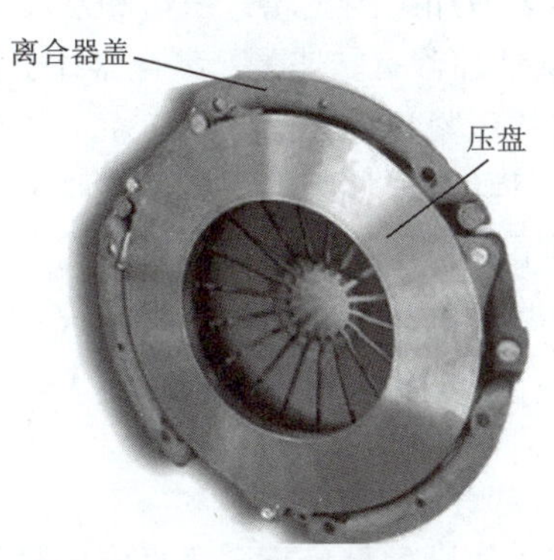

图 2-2-9　离合器盖和压盘

图 2-2-10　从动盘

（3）压紧机构

压紧机构由若干根沿圆周均匀布置的压紧弹簧构成。它们装在压盘与离合器盖之间，用来将

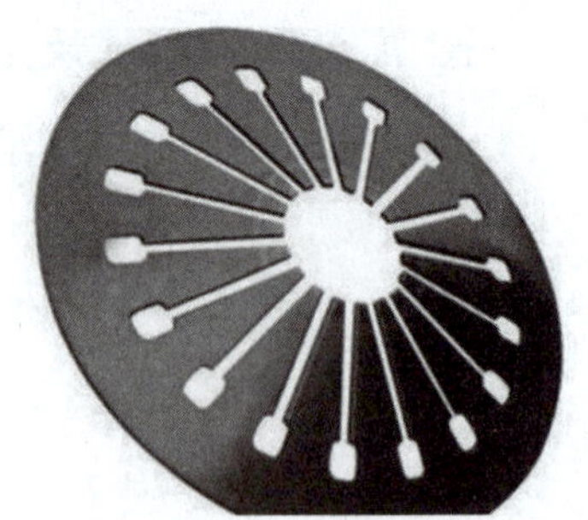

图 2-2-11　膜片

压盘和从动盘压向飞轮，使飞轮、从动盘和压盘三者压紧在一起。

在膜片弹簧离合器中，膜片（见图 2-2-11）既起到压紧机构的作用，还起到分离杠杆的作用。

（4）操纵机构

操纵机构包括离合器踏板、分离拉杆、调节叉、分离叉、分离套筒、分离轴承、分离杠杆、回位弹簧等，如图 2-2-12 所示。

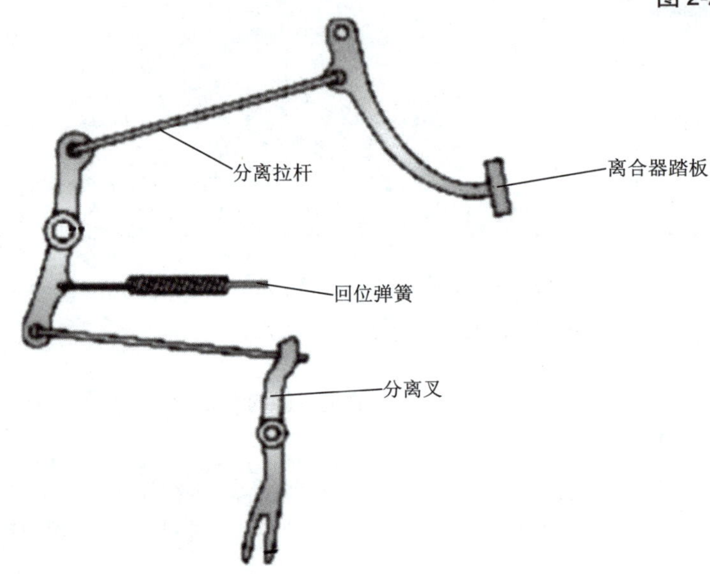

图 2-2-12　操纵机构

2. 摩擦式离合器的基本工作原理

摩擦式离合器的基本工作原理如下：

（1）接合过程

接合离合器时，驾驶员缓慢抬起离合器踏板，在压紧弹簧的作用下，压盘向前移动并逐渐压紧从动盘，使接触面间的压力逐渐增加，摩擦力矩也逐渐增加；当飞轮、压盘和从动盘之间接合还不紧密时，所能传动的摩擦力矩较小，离合器的主、从动部分有转速差，离合器处于打滑状态；随着离合器踏板的逐渐抬起，飞轮、压盘和从动盘之间的压紧程度逐渐紧密，主、从动部分的转速也渐趋相等，直到离合器完全接合而停止打滑，接合过程结束。接合状态如图 2-2-13 所示。

离合器处于接合状态时，从动盘在压紧弹簧的作用下压紧在飞轮端面与压盘端面之间。发动机工作时，飞轮旋转，与此同时，用螺钉固定在飞轮上的离合器壳体，也同时旋转。而压盘通过压紧机构，在压盘的推力作用下，压盘逐步压向从动盘，并且使从动盘摩擦片与飞轮端面之间逐步贴紧，在摩擦力作用下将动力传给变速器。

（2）分离状态

如图 2-2-14 所示，踩下离合器踏板，通过操纵机构，使压盘靠分离套筒克服压紧弹簧的作用力右移，使离合器的主、从动部分分离，中断动力传动。

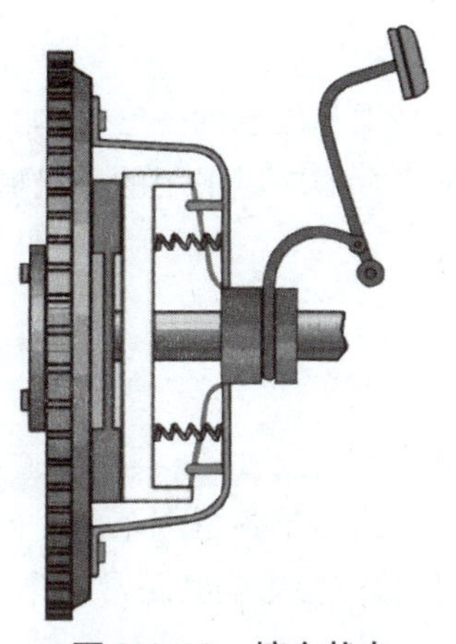
图 2-2-13　接合状态

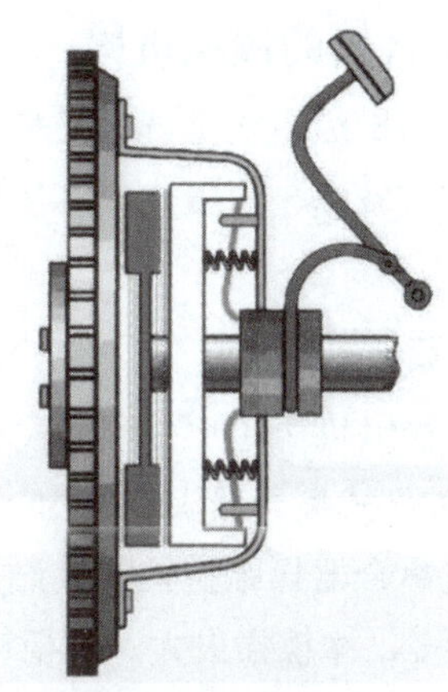
图 2-2-14　分离状态

四、从动盘与扭转减振器

发动机传到汽车传动系统中的转矩是周期性地不断变化着的，这将使得传动系统产生扭转振动。如果这个振动的频率与传动系统的自振频率相重合，就会发生共振，从而对传动系统中零件的寿命有很大影响。此外，在不分离离合器的情况下进行紧急制动或猛烈接合离合器时，在瞬间都将对传动系统中的零件造成极大的冲击载荷，从而缩短零件的使用寿命。为此，为了避免共振，缓和传动系统所受的冲击载荷，在不少的汽车传动系统中装设了扭转减振器，且多数将扭转减振器附装在离合器的从动盘中。因此，从动盘有带扭转减振器和不带扭转减振器之分。

扭转减振器的从动盘结构如图 2-2-15 所示。

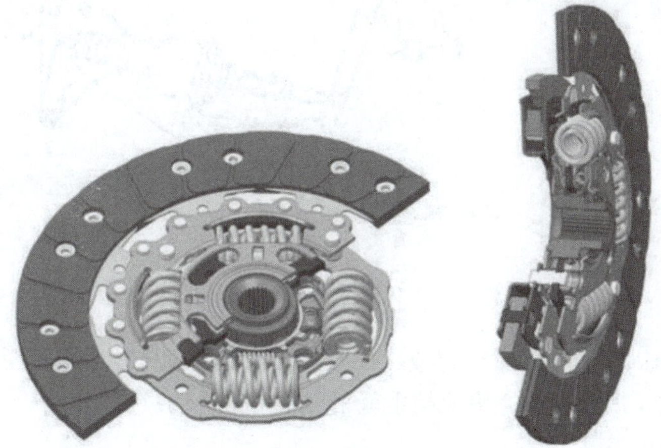
图 2-2-15　扭转减振器的从动盘结构

带扭转减振器与不带扭转减振器的从动盘本体的外缘部分（即装摩擦片的部分）的结构基本相同，带扭转减振器的从动盘只是在中心部分附装有扭转减振器。从动盘本体与从动盘之间通过减振器来传递转矩。在这种结构中，从动盘本体、从动盘毂和减振器盘都开有四个矩形窗孔，减振器弹簧装在窗孔中，借以实现从动盘本体与从动盘之间在圆周方向上的弹性联系。减振器盘与从动盘本体用铆钉连成一个整体，并将从动盘毂及其两侧的阻尼片夹在中间，从动盘本体及减振器盘上的窗孔有翻边，使四个弹簧不致脱出。在从动盘上开有与铆钉隔套相对的缺口，在缺口与隔套之间留有间隙，允许从动盘本体与从动盘毂之间相对转动一个角度。

五、离合器的操纵机构

离合器的操纵机构是驾驶员借以使离合器分离，又使之柔和接合的一套机构。常见的离合器操纵机构有机械式、液压式和气压助力式三种。目前汽车离合器广泛采用的是机械式或液压式操纵机构。

1. 机械式操纵机构

机械式操纵机构通常有杠杆式和绳索式两种。

（1）杠杆式离合器操纵机构

杠杆式离合器操纵机构，其结构简单、工作可靠，广泛应用于各型汽车上，但杠杆式传动中杆件间铰接多，摩擦损失大，车架或车身变形以及发动机位移时会影响其正常工作。

（2）绳索式离合器操纵机构

绳索式离合器操纵机构如图 2-2-16 所示。绳索一端与离合器踏板相连，另一端与分离叉相连。踩下离合器踏板时，绳索拉动分离叉把分离轴承压向膜片弹簧，使离合器分离。

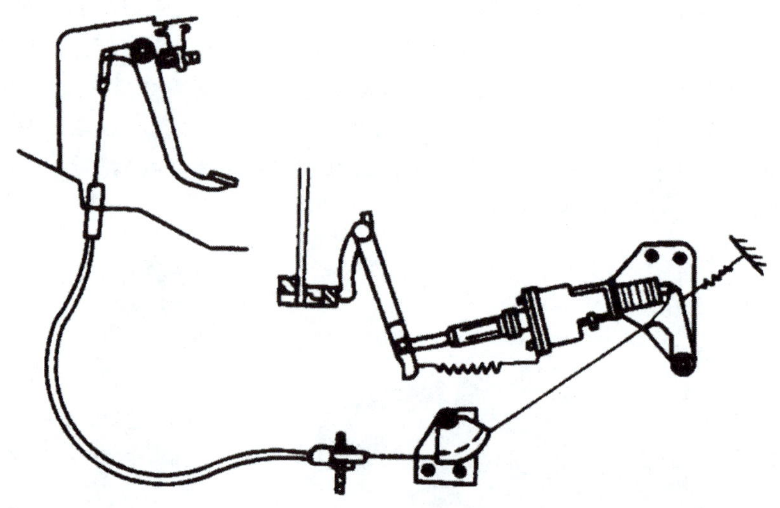

图 2-2-16　绳索式离合器操纵机构

绳索式离合器操纵机构的使用寿命较短，拉伸刚度较小，故只适用于轻型、微型汽车和轿车。例如，桑塔纳、捷达轿车离合器的操纵机构中就采用了绳索传动。

2. 液压式操纵机构

液压式操纵机构主要由主缸、工作缸和管路系统等组成。目前液压式操纵机构在各类型车上应用广泛。

当踏板受到作用力时，在主缸中就建立起液压，压力通过液压管送到工作缸。此压力用于移动分离叉来达到离合器的操纵。图 2-2-17 所示为液压式操纵机构系统，这个系统相似于制动系统，有主缸、离合器踏板、工作缸和储液罐（有时此离合器储液罐和制动液储液罐共用储液罐和油液）。在工作中，当离合器踏板踩下时在液压管道中就产生了液压，液压用于离合器接合和分离工作。

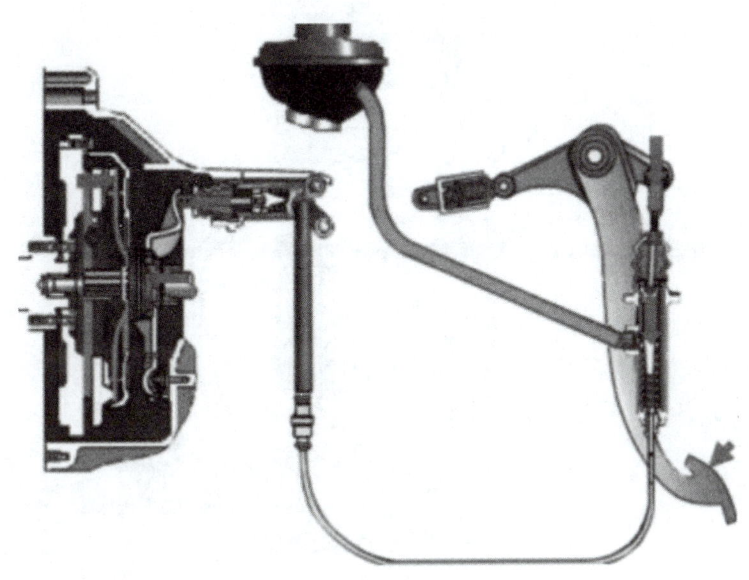

图 2-2-17　液压式操纵机构系统

3. 气压助力式操纵机构

气压助力式操纵机构以发动机驱动的空气压缩机作为主要操纵能源，而以人体作为辅助或后备的操纵能源，多与汽车的气压制动系统或其他气动设备共用一套压缩空气源。

任务拓展

自动离合器

自动离合器指的是由控制单元（ECU）控制的，能够使手动变速器换挡的一个重要部件。离合器的断开与接合，能够自动地适时完成。自动离合器已经应用在一些轿车上，简化了驾驶员的操纵动作。

在不改变原车变速器和离合器的基础上，通过加装一套独立系统，由微计算机来控制离合器的离和合，从而达到“开车不用踩离合”的效果。

1. 工作原理

自动离合器主要是通过机械、电子、液压实现自动控制离合器分离和接合的独立系统，由离合器驱动机构、控制计算机、挡位传感器、线束、显示语音单元等部件组成，主要针对手动挡车型设计，加装时不改变原车结构。控制计算机根据车辆状态（车速、转速、节气门、制动、换挡）结合驾驶员的意图，模拟最优秀的驾驶技术，用最佳的时间与速度控制离合器驱动机构，使离合器快速分离和平稳接合，达到起步与换挡平顺舒适，同时避免了空油与熄火；通过语音提示引导驾驶员正确操作，在保持手动挡车型驾驶乐趣的同时，达到减轻驾驶疲劳，降低汽车油耗，保护发动机的目的。结构如图 2-2-18 所示。

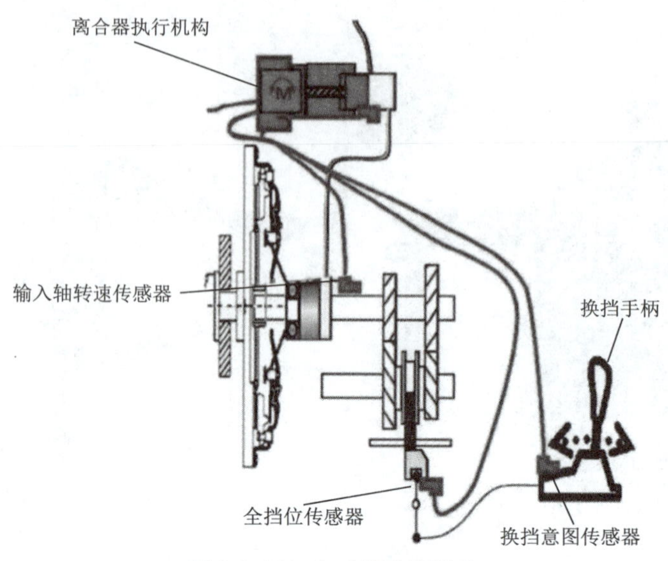

图 2-2-18　自动离合器结构

2. 代表车型

五菱宏光 S3（见图 2-2-19）的长、宽、高为 4 655 mm、1 740 mm、1 780 mm，轴距为 2 799 mm，是一款紧凑级 SUV，价格区间为 5 万～ 8 万元。该车的 2019 款也已上市，最低价格在 6 万 ~ 7.68 万元，匹配自动离合器装置。自动离合器则是单纯地完成离合器总成的自动分离与接合。这套系统的操作方式仍旧是手动挡，因为升级点仅限于离合器踏板而已。相比 AMT 机械自动变速器，自动离合器系统缺少的是成本更高的机械操作换挡结构，所以这是目前等级最低的，且为真正“半自动”定义的传动系统操作结构。

图 2-2-19　五菱宏光 S3

思政讲堂

查阅资料，以传动系统中最小传动单元离合器的结构和重要性等知识点为载体，将“颗颗螺钉连着航天事业，小小按钮维系民族尊严”的伟大中国航天事业，以纪实的手段，结合图片、视频资源展现出来。树立责任感、使命感，为国家奉献的精神。即使在平凡的岗位，也要努力创造出不平凡的人生，做社会主义事业建设的新时代“螺丝钉”。

任务三　手动变速器的认知

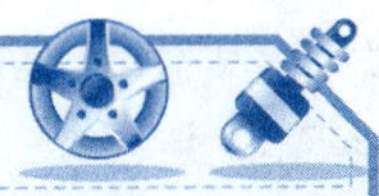

学习目标

完成本任务学习后，应当达到以下目标：

① 了解手动变速器的功用、分类、工作原理。

② 掌握二轴式手动变速器的结构及挡位传递路线。

③ 掌握三轴式手动变速器的结构及挡位传递路线。

④ 了解变速器操纵机构及工作原理。

⑤ 能够对手动变速器进行维护检查。

⑥ 激发对祖国强大的认同感和自豪感。

⑦ 培养对事物的认识能力、理解能力和动手改造能力。

任务引入

变速器是汽车传动系统的一个重要组成部分，位于发动机的后部。汽车需要在不同行驶状态下行驶，一个固定传动比是无法满足要求的。为此，在汽车中加装了变速器来解决这一问题。手动变速器的功用及基本组成是什么？手动变速器的工作原理是怎样的？手动变速器的动力是如何传递的？下面具体介绍。

知识准备

一、变速器的作用

1. 实现变速、变矩

改变传动比，扩大驱动轮转速的变化范围，以适应汽车在不同工况下所需的牵引力和合适的行驶速度。同时，通过不同的传动比使汽车适应经常变化的行驶条件。

2. 实现倒车

变速器中设置了倒挡，在发动机旋转方向不变的情况下利用变速器中的倒挡，可以实现汽车的倒向行驶。

3. 实现中断动力传动

变速器中设有空挡，利用变速器中的空挡来中断发动机向驱动轮的动力传递，使发动机能起动和怠速运转，满足汽车暂时停车或滑行的需要。

二、变速器的分类

1. 按传动比划分

变速器按照传动比变化方式分为有级式变速器、无级式变速器、综合式变速器（自动变速器）。

（1）有级式变速器

采用齿轮传动。通常有三至六个前进挡和一个倒挡；重型货车则有更多挡位，有的还装有副变速器或轮边减速器。所谓变速器挡数即指其前进挡个数。

（2）无级式变速器

无级式变速器简称CVT，如图2-3-1所示，传动比的变化是连续的。CVT具有操作简单、油耗小、动力损失小、加速快等优点，在中、高级轿车上应用越来越多。

图2-3-1　无级式变速器

（3）综合式变速器（自动变速器）

综合式变速器（自动变速器）是指由液力变矩器和行星齿轮式有级变速器组成的液力机械式变速器。一般都由计算机来实现自动换挡，目前应用较多，如图2-3-2所示。

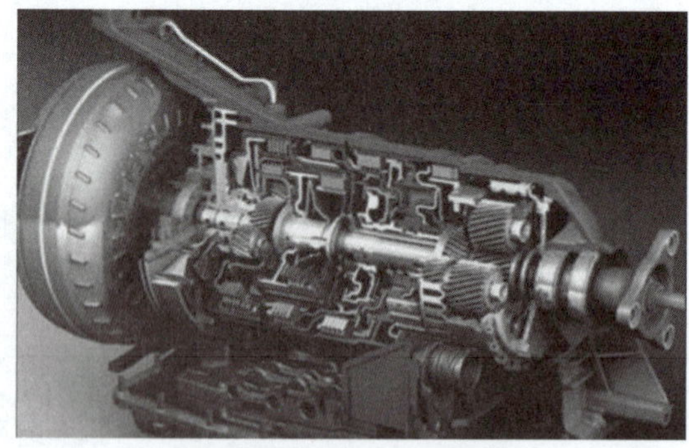

图2-3-2　综合式变速器

2. 按操纵方式划分

变速器按操纵方式划分为手动变速器、自动变速器、手动自动一体变速器。

（1）手动变速器

手动变速器简称MT，通过驾驶员用手直接操纵换挡机构进行挡位变换。齿轮式有级变速器大多都采用此种操纵方式。手动变速器按照变速轴的数目可分为三轴式和两轴式，如图2-3-3所示。

（2）自动变速器

自动变速器简称 AT，它的传动比选择和换挡是自动进行的。所谓“自动”，指自动控制系统能根据发动机负荷和车速的信号变化情况来自动地选定挡位，并进行挡位变换。驾驶员只需操纵加速踏板以控制车速。自动变速器按变速机构的不同可分为平行轴式和行星齿轮式，如图 2-3-4 所示。

图 2-3-3　手动变速器

图 2-3-4　平行轴式自动变速器

（3）手动自动一体变速器

手动自动一体变速器在高档轿车上采用较多。它的挡位设计与自动挡相仿，只不过将前进挡（D 挡）往旁边一拨，可以通过前推后拉，实现自动的挡位切换，驾驶员可以享受到把握换挡时机的操控感。其换挡机构如图 2-3-5 所示。

图 2-3-5　手自一体变速器换挡机构

三、普通齿轮传动的基本原理

普通齿轮变速器是利用不同齿数的齿轮啮合传动来实现转矩和转速的改变 . 变速变矩原理如下：

一对啮合传动的齿轮，如图 2-3-6 所示，设小齿轮齿数 Z_1=12，大齿轮齿数 Z_2=24，在相同的时间内小齿轮转过一圈时，大齿轮转过半圈。显然，当小齿轮是主动齿轮时，它的转速经大齿轮输出时就降低了一半，在不考虑机械损失的情况下，转矩则增加了

图 2-3-6　一对啮合传动的齿轮

一倍。如果大齿轮是主动齿轮，它的转速经小齿轮输出时就提高了一倍，在不考虑机械损失的情况下，转矩则减小了一倍。齿轮传动变速原理如图 2-3-7 所示。

主动齿轮转速与从动齿轮转速之比称为传动比，即

$$传动比=\frac{主动轮转速\ N_1}{从动轮转速\ N_2}=\frac{从动轮齿数\ Z_2}{主动轮齿数\ Z_1}$$

图 2-3-7　齿轮传动变速原理

四、手动变速器的结构与原理

手动变速器包括变速传动机构和操纵机构两大部分。变速传动机构是变速器的主体部分，主要由一系列相互啮合的齿轮副及其支承轴以及作为基础的壳体组成，其主要作用是改变传动比和旋转方向。操纵机构的作用是实现换挡。

手动变速器按工作轴的数量（不包括倒挡轴）可分为两轴式变速器和三轴式变速器。

1. 两轴式变速器

两轴式变速器（见图 2-3-8）只有输入轴和输出轴（不包括倒挡轴），无中间轴，且输入轴与输出轴平行。在任何前进挡工作时，只有一对齿轮副啮合。两轴式变速器用于发动机前置前轮驱动的汽车，如桑塔纳、捷达、宝来、奥迪、花冠、威驰等。

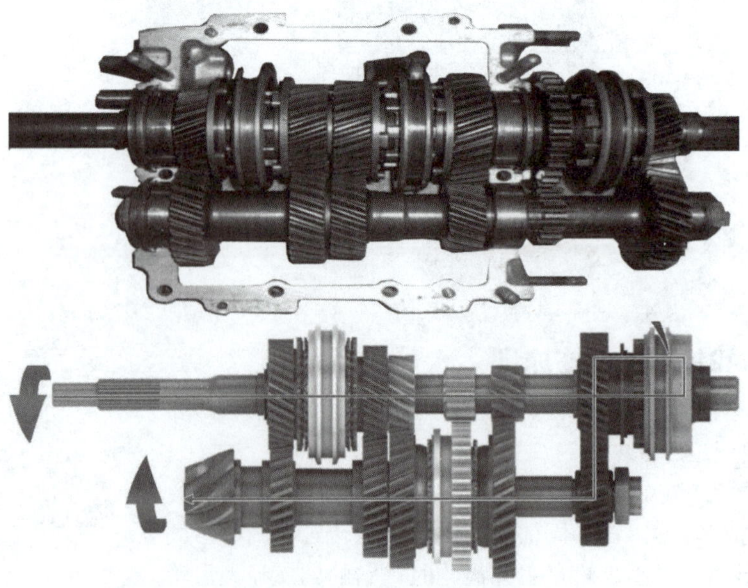

图 2-3-8　两轴式变速器结构

它有五个前进挡和一个倒挡，全部采用同步器换挡。输入和输出轴上齿轮是常啮合斜齿轮，所有换挡齿轮都在滚针轴承上移动，以获得最大的换挡平顺性。倒挡为直齿轮，选择倒挡时，倒挡惰齿轮在输入和输出轴之间的独立轴上啮合，因此输出轴旋转方向改变。所有前进挡都有同步装置，一挡和二挡都配有双面同步器。一、二挡齿轮在输出轴上啮合。其余前进挡齿轮在输入轴上啮合。

桑塔纳汽车手动变速器挡位标示如图 2-3-9 所示。

图 2-3-9　桑塔纳汽车手动变速器挡位标示

动力传递路线分述如下：

（1）一挡

操纵换挡装置使一、二挡同步器左移，发动机动力经一挡主动齿轮→一挡从动齿轮→同步器接合套和花键毂传至从动轴输出。

（2）二挡

操纵换挡装置使一、二挡同步器右移，发动机动力经二挡主动齿轮→二挡从动齿轮→同步器接合套和花键毂传至输出轴输出。

（3）三挡

操纵换挡装置使三、四挡同步器左移，发动机动力经三挡主动齿轮→三挡从动齿轮→同步器接合套和花键毂传至输出轴输出。

（4）四挡

操纵换挡装置使三、四挡同步器右移，发动机动力经四挡主动齿轮→四挡从动齿轮→同步器接合套和花键毂传至输出轴输出。

（5）五挡

操纵换挡装置使五挡同步器右移，发动机动力经五挡主动齿轮→五挡从动齿轮→同步器接合套和花键毂传至输出轴输出。

（6）倒挡

操纵换挡装置使倒挡轴上的倒挡齿轮移向与处于空挡位置的一、二挡同步器接合套外壳上的直齿轮啮合，发动机动力经倒挡主动齿轮→倒挡中间齿轮（倒挡惰轮）→倒挡从动齿轮→一、二挡同步器花键毂传至输出轴输出。因为相对于其他前进挡多出一个倒挡中间齿轮（倒挡惰轮），改变了方向，所以得到了反向输出效果。

2. 三轴式变速器

三轴式变速器除了设有输入轴、输出轴、倒挡轴之外，还另设了中间轴。在发动机前置后轮驱动（FR 型）的汽车上，常采用三轴式变速器，如丰田皇冠、日产公爵等轿车，各类皮卡、面包车等。其特点是传动比范围较大，有直接挡，传动效率高。三轴式变速器结构如图 2-2-9 所示。

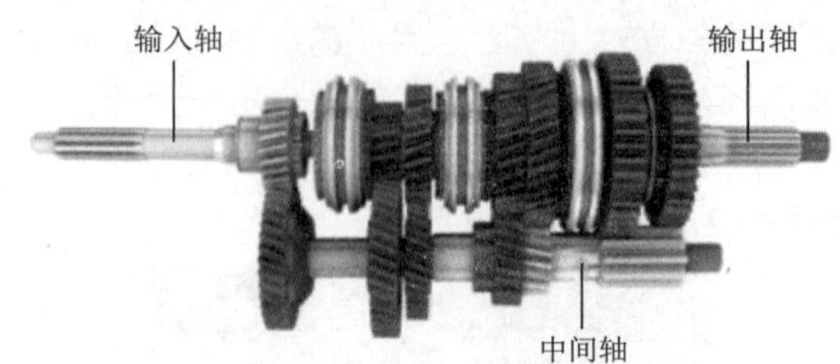

图 2-3-10　三轴式变速器

动力传递路线如下：

（1）一挡

选择一挡时操纵机构通过一、二挡拨叉将一、二挡同步器接合套右移，经过同步后，同步器啮合套将一挡从动齿轮和同步器齿毂连为一体。

离合器传递的动力经输入轴→中间轴常啮合主动齿轮→中间轴常啮合从动齿轮→中间轴→中间轴上的一挡主动齿轮→输出轴一挡从动齿轮→一、二挡同步器→输出轴。

（2）二挡

离合器传递的动力经输入轴→中间轴常啮合主动齿轮→中间轴常啮合从动齿轮→中间轴→中间轴上的二挡主动齿轮→输出轴二挡从动齿轮→一、二挡同步器→输出轴。

（3）三挡

离合器传递的动力经输入轴→中间轴常啮合主动齿轮→中间轴常啮合从动齿轮→中间轴→中间轴上的三挡主动齿轮→输出轴三挡从动齿轮→三、四挡同步器→输出轴。

（4）四挡

选择四挡时，三、四挡拨叉推动同步器接合套向左移动，推动四挡同步环与四挡齿轮锥面接触，两者达到同一转速后，啮合套在拨叉的作用下继续向左移动，将四挡同步环与四挡齿轮锁为一体。动力通过主动轴四挡齿轮传递给三、四挡同步器接合套，再传递给同步器齿毂，经同步器齿毂花键传递给输出轴。

即输入轴动力直接传递给输出轴，输出轴以输入轴转速旋转，传动比是 1，没有减速增扭的效果，所以，通常将四挡称为直接挡。

（5）五挡

五挡主动齿轮与中间轴制为一体，从动齿轮与输出轴之间装有滚针轴承。选择五挡时，离合器传递的动力经输入轴→中间轴常啮合主动齿轮→中间轴常啮合从动齿轮→中间轴→中间轴上的五挡主动齿轮→输出轴五挡从动齿轮→五挡同步器→输出轴。五挡的传动比小于 1，属于超速挡。

（6）倒挡

倒挡时，需要输出轴转动方向与输入轴相反。在结构上，一般是通过倒挡惰轮实现的。倒挡惰轮空套在倒挡轴上，并可在操纵机构的作用下滑动。

变速器挂倒挡时，汽车必须处于静止状态，此时变速器不输出动力。拨叉推动倒挡惰轮与倒挡主、从动齿轮啮合，发动机动力经过与中间轴制为一体的倒挡主动齿轮传给倒挡惰轮，惰轮再将动力传给从动齿轮，然后经与输出轴用花键配合的一、二挡同步器齿毂将动力传递给输出轴实现汽车倒挡。

五、同步器

由于变速器输入轴与输出轴以各自的速度旋转，变换挡位时如果让两个速度不一样的齿轮强行啮合，必然会发生冲击碰撞，损坏齿轮。为实现换挡时同步，现代轿车中采用了同步器。同步器的功用是使接合套与待啮合的齿圈迅速同步，缩短换挡时间，且防止在同步前啮合而产生换挡冲击。同步器有常压式、惯性式和自行增力式等，目前应用广泛的是惯性式同步器。

惯性式同步器按锁止装置不同，可分为锁环式惯性同步器和锁销式惯性同步器，如图 2-3-11 所示。轿车和轻、中型货车广泛采用锁环式惯性同步器。锁环式惯性同步器主要由接合齿圈、青铜锁环、滑块、花键毂、接合套等零部件组成，如图 2-3-12 所示。

图 2-3-11　惯性式同步器

图 2-3-12　锁环式惯性同步器

同步器齿毂与二轴用花键连接，用垫圈、卡环作轴向定位。同步器齿毂两端与二挡从动齿轮和一挡从动齿轮之间各有一个青铜制成的锁环（即一挡同步环和二挡同步环）。锁环上有短花键齿圈，其花键的尺寸和齿数与同步器齿毂、二挡从动齿轮和一挡从动齿轮的外花键齿（接合齿圈）相同。两个齿轮和锁环上的花键齿靠近接合套的一端都有倒角（锁止角），与接合套齿端的倒角相同。锁环有内锥面，与二挡从动齿轮和一挡从动齿轮的外锥面锥角相同。在环锁内锥面上制有细密的螺纹（或直槽），当锥面接触后，它能及时破坏油膜，增加锥间的摩擦力。锁环内锥面摩擦副称为摩擦件，外沿带倒角的齿是锁止件，锁环上还有三个均布的缺口。三个滑块分别装在同步器齿毂上均布的轴向槽内，沿槽可以轴向移动。滑块被两个卡簧的径向力压向接合套，滑块中部的凸起部位压在接合套中部的环槽内。滑块和卡簧是推动件。滑块两端伸入二挡同步环的缺口中，滑块窄缺口宽，两者之差等于环的花键齿宽。锁环相对滑块顺转和逆转都只能转动半个齿宽，且只有当滑块位于锁环缺口的中央时，接合套与锁环才能接合。

六、变速器操纵机构

变速器操纵机构的作用是保证驾驶员根据使用条件，准确可靠地将变速器换入所需要的挡位。变速器操纵机构按照变速操纵杆（变速杆）位置的不同，可分为直接操纵式和远距离操纵式两种类型，如图 2-3-13 所示。

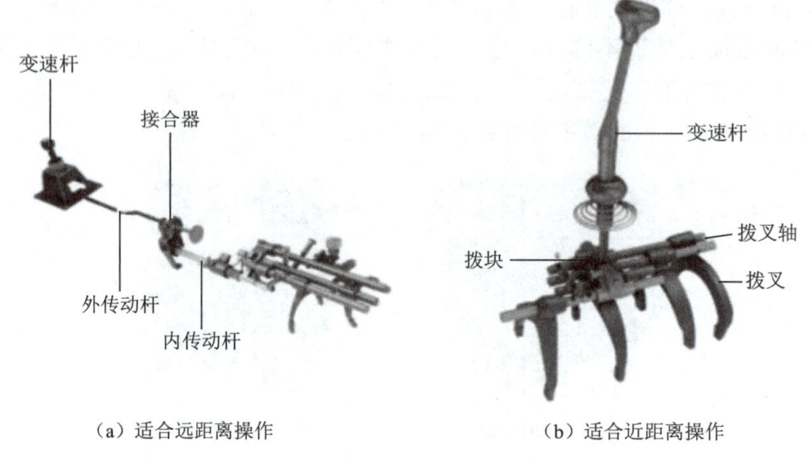

（a）适合远距离操作　　（b）适合近距离操作

图 2-3-13　变速器操纵机构

1. 直接操纵式

变速器的位置在驾驶员附近，变速杆由驾驶室底板伸出，驾驶员可直接操纵。这种操纵机构具有换挡位置容易确定，换挡快速、平稳等特点，主要应用于发动机前置后轮驱动的汽车。

直接操纵式机构一般由变速杆、拨块、拨叉、拨叉轴以及安全装置等组成。工作原理：变速器处于空挡时，各凹槽在横向平面内对齐，叉形拨杆下端的球头，即伸入这些凹槽中。选挡时可使变速杆绕其中部球形支点横向摆动，则其下端推动叉形拨杆绕换挡轴的轴线摆动，从而使叉形拨杆下端球头对准与所选挡位对应的拨块凹槽，然后使变速杆纵向摆动，带动叉轴及拨叉向前或向后移动，即可实现挂挡。

2. 远距离操纵式

在有些汽车上，由于变速器离驾驶员座位较远，则需要在变速杆与拨叉之间加装一些辅助杠杆或一套传动机构，构成远距离操纵机构。这种操纵机构多用于发动机前置前轮驱动及后置后轮驱动的汽车。

远距离操纵机构可分为杆件式操纵机构、拉索式操纵机构和柱式换挡操纵机构上三种形式。

（1）杆件式操纵机构

它主要由支承杆、换挡杆接合器、外换挡杆、倒挡保险挡块、变速杆等组成。支承杆确定了换挡杆接合器底部的位置，换挡杆接合器起杠杆作用，使内换挡杆挂挡时移动距离变小。在变速杆支承中装有上、下半球和半轴瓦以及橡皮套等零件，起到防松、防振作用。变速杆手柄通过变速杆、换挡杆接合器与变速器内换挡机构连接，从而实现换挡操纵。

（2）拉索式操纵机构

换挡用两根拉索分别控制。变速杆以球形轴承为支点，可以直接左右、前后摆动。当换挡操纵手柄左右摆动时，便操纵换挡拉索；当换挡操纵手柄前后移动时，便操纵换挡拉索。拉索的运动传动到变速器内便进行挡位的变换。

（3）柱式换挡操纵机构

有些轿车和轻型货车的变速器，将变速杆安装在转向柱管上， 在变速杆与变速器之间也是通过一系列的传动件进行传动。它具有变速杆占据驾驶室空间小、乘坐方便等优点。

3. 换挡锁止装置

为了保证变速器在任何情况下都能准确、安全、可靠地工作，变速器操纵机构一般都具有换挡锁止装置，包括自锁装置、互锁装置和倒挡锁装置。

（1）自锁装置

自锁装置的作用：对各挡拨叉轴进行轴向定位锁止，用于防止变速器自动脱挡或挂挡，并保证相互啮合的轮齿以全齿宽啮合。

自锁装置的结构：变速器盖中钻有深孔，孔中装入自锁弹簧与自锁钢球，其位置正处于拨叉轴的正上方，每根拨叉轴设有三个凹槽，如图 2-3-14 所示。

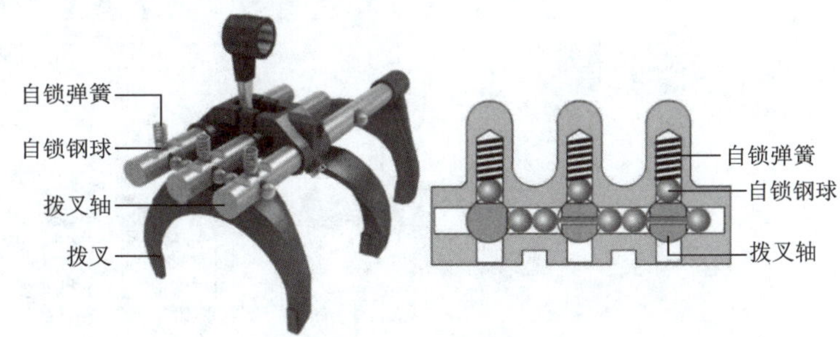

图 2-3-14　自锁装置机构

中间的凹槽对正自锁钢球时为空挡位置，相邻凹槽之间的距离保证齿轮处于全齿长啮合。

自锁装置的工作原理：凹槽对正自锁钢球时，自锁钢球便在自锁弹簧的压力作用下嵌入该凹槽内，拨叉轴的轴向位置便被固定，不能自行挂挡或脱挡。需要换挡时，驾驶员通过变速杆给拨叉施加一定的轴向力，克服自锁弹簧的压力而将自锁钢球从拨叉轴凹槽中挤出并推回到孔中，拨叉轴便可滑过自锁钢球进行轴向移动，并带动拨叉及相应的接合套或滑动齿轮轴向移动。

（2）互锁装置

互锁装置的作用：用于阻止两个拨叉轴同时移动，即当拨动一根拨叉轴轴向移动时，其他拨叉轴都被锁止，防止同时挂上两个挡位。

互锁装置的结构：互锁装置由互锁钢球（销）与互锁销组成，如图 2-3-15 所示，在变速器盖前端三根拨叉轴之间的孔道中装有两个互锁钢球（一个互锁销），每根拨叉轴朝向互锁钢球的一侧面上都制有一个深度相等的凹槽。

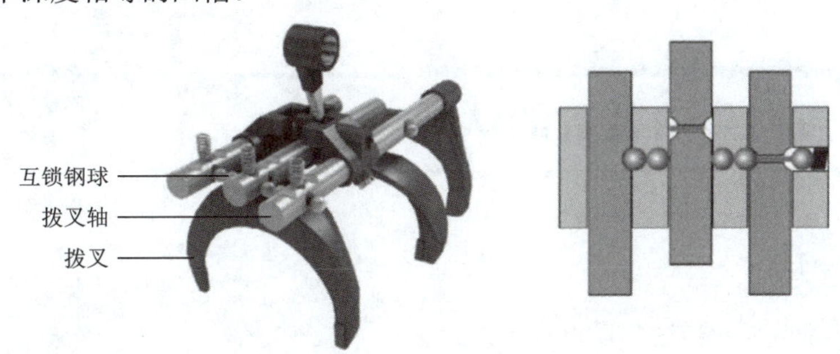

图 2-3-15　互锁装置机构

互锁装置的工作原理：当变速器处于空挡位置时，所有拨叉轴的侧面凹槽同互锁钢球、互锁销都在同一直线上。在移动中间拨叉轴时，拨叉轴两侧的互锁钢球从其侧面凹槽中被挤出，两侧面外互锁钢球分别嵌入另外的两根拨叉轴的侧面凹槽中。

（3）倒挡锁装置

倒挡锁装置的作用：防止汽车在前进中误挂倒挡，而造成极大的冲击而使零件损坏，并防止汽车在起步时误挂倒挡而造成安全事故。

倒挡锁装置结构与原理：倒挡锁装置有弹簧锁销式、锁片式、扭簧式、锁簧式等多种形式，应用最多的是弹簧锁销式，如图 2-3-16 所示。当驾驶员想挂倒挡时，必须用较大的力使变速杆倒挡锁弹簧下端压缩倒挡锁弹簧，将锁销推入锁销孔内，才能使变速杆下端进入倒挡拨块的凹槽中进行换挡。由此可见，倒挡锁的作用是使驾驶员必须对变速杆施加更大的力才能挂入倒挡，起到警示注意作用，以防误挂倒挡。

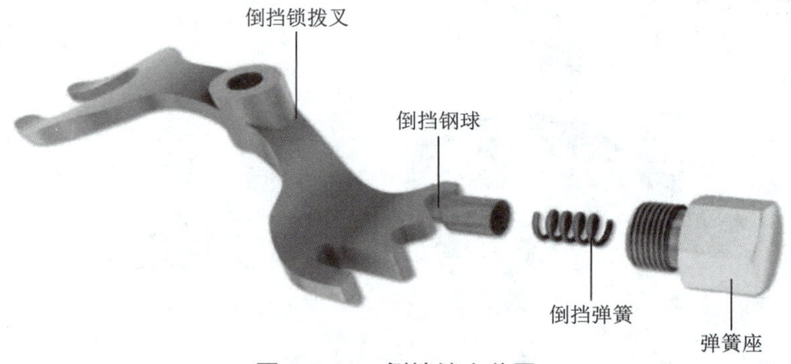

图 2-3-16　倒挡锁止装置

思政讲堂

查阅资料，了解国外变速器（采埃孚、爱信）到国内自主研发变速器（长安、吉利双离合变速器、奇瑞 CVT）等变速器发展，作为载体，阐述国产汽车品牌崛起的道路，认识到技术创新作为企业发展的突破点的重要性，使学生明白中国汽车工业正走在创新发展的道路上。激发对祖国强大的认同感和自豪感，勉励学生要不断学习先进技术，努力做到有理想、有道德、有文化、有责任的四有好青年。

同时以理实一体实训环节（手动变速器实训）的实操为载体，学生手绘变速器的结构图、动力传递线路图，通过动手作图理解手动变速器工作过程，逐渐提高学生对事物的认识能力、理解能力和动手改造能力。激发对事物的创新和批判能力，培养学生具有一定哲学思考能力，提高学生对事物认知和意识形态的正确判断能力。

任务四　万向传动装置的认知

学习目标

完成本任务学习后，应当达到以下目标：

① 掌握万向传动装置的功用和组成。

② 了解万向节的结构及工作原理。

③ 掌握万向传动装置的布置形式。

④ 能够再实车中找到使用万向传动装置的部位并说明其作用。

⑤ 了解汽车维修工的岗位职责和职业道德，提高爱岗敬业、遵守规章制度的工作精神。

任务引入

在汽车运行过程中，汽车总会与路面形成上下颠簸的状态，车辆行驶系统零部件相对于车架要发生一定位置和角度的变化，会使得传动系统的动力传递过程发生变化。万向传动装置的功用就是在轴线相交且相对位置经常发生变化的两轴间顺利传递动力，一般由万向节和传动轴组成。下面就具体介绍万向传动装置。

知识准备

一、万向传动装置的功用与组成

1. 万向传动装置的功用

万向传动装置的功用是使在轴线相交且相对位置经常变化的两转轴间传递动力，如图 2-4-1 所示。

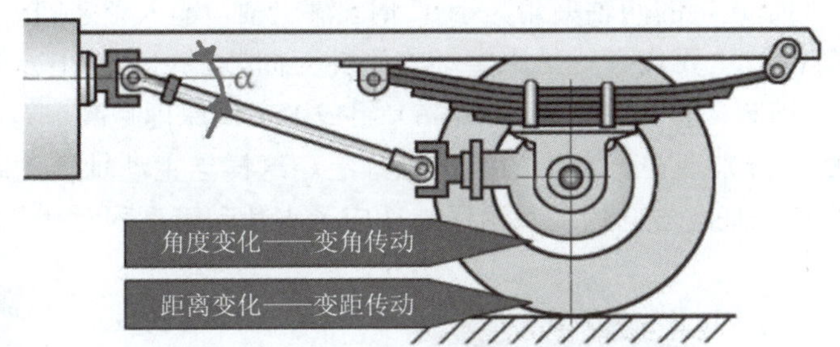

图 2-4-1　万向传动装置的动力传递过程

2. 万向传动装置的组成

万向传动装置的结构和作用有些像人体四肢上的关节。例如，手臂有六个关节，能够在不同角度之间的变化过程中，完成作业任务。在发动机前置后轮驱动的车辆上，万向传动装置安装在变速器的输出轴与驱动桥主减速器输入轴之间进行动力传递，如图 2-4-2 所示；而发动机前置前轮驱动的车辆省去了长长的传动轴，从驱动桥、半轴、车轮架，只需要等速万向节的安装，既负责驱动车轮（过程中车轮中心线与驱动桥壳会在多个运动平面运动），又负责转向的前桥半轴与车轮之间距离的变化，而顺利完成动力传递。

万向传动装置一般由万向节和传动轴组成，对于传动距离较远的分段式传动轴，为了提高传动轴的刚度，还设置有中间支承。

二、万向节

万向节是实现变角度动力传递的机件，与传动轴共同组合，形成万向传动装置。万向节用于需要改变传动轴轴线方向的位置和夹角的动力传递过程中。

按照万向节刚度（刚度是指材料或结构在受力时抵抗弹性变形的能力）大小，万向节可分为刚性万向节和挠性万向节（见图 2-4-3）。

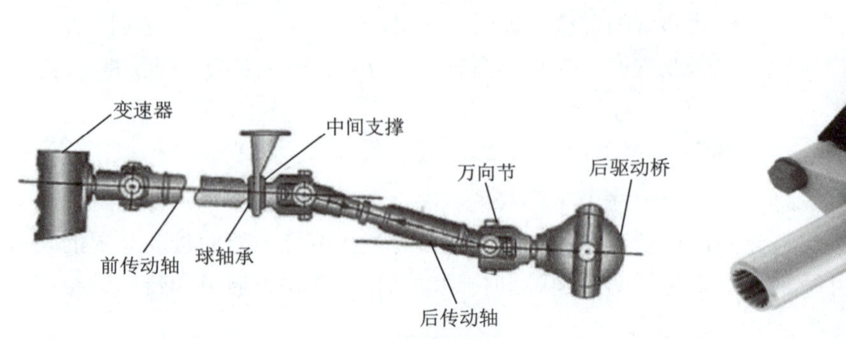

图 2-4-2　万向传动装置的组成

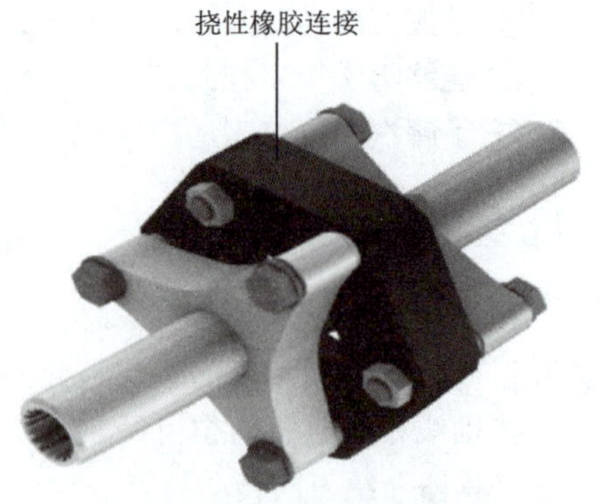

图 2-4-3　挠性万向节

刚性万向节按其速度特性分为不等速万向节（常用的为十字轴式刚性万向节，如图 2-4-4 所示）、准等速万向节（如双联式和三销轴式万向节）和等速万向节（如球笼式、自由三枢轴式万向节）。目前在汽车上应用较多的是十字轴式刚性万向节和等速万向节。十字轴式刚性万向节主要用于发动机前置后轮驱动的变速器与驱动桥之间；等速万向节主要用于发动机前置前轮驱动的半轴与驱动桥和车轮连接之间。

1. 不等速万向节

不等速万向节（万向节连接的两轴夹角大于 0° 时，输出轴与输入轴之间的瞬时角速度不一致，但是平均角速度是相等的）主要代表就是十字轴式刚性万向节。它主要由万向节叉、十字轴（见图 2-4-5）、滚针轴承、挡圈、套筒等（见图 2-4-6）组成。工作原理是两个万向节叉分别与主、从动轴相连，其叉形上的孔分别套在十字轴的四个轴颈上。这样当主动轴转动时，从动轴既可随之转动，又可绕十字轴中心在任意方向摆动，这样就适应了夹角和距离同时变化的需要。

图 2-4-4　十字轴式刚性万向节　　　图 2-4-5　十字轴

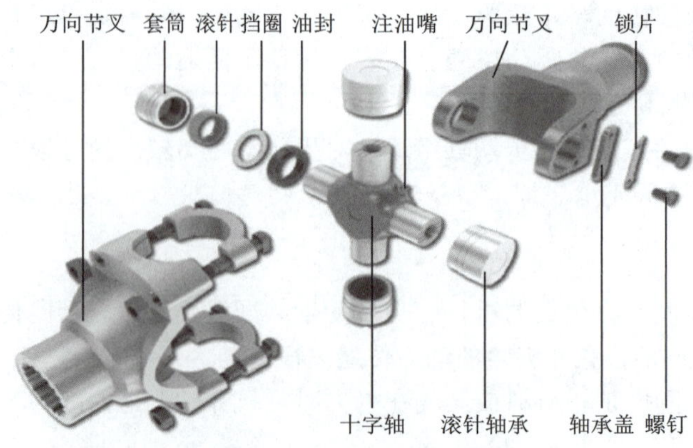

图 2-4-6　十字轴式刚性万向节

在转动过程中滚针轴承可以承受转运时产生的部分摩擦。在输入轴和输出轴之间角速度不一致时候，会导致在动力传递过程中，输入 / 输出部件之间会产生一定的扭转振动，影响部件使用寿命。因此在布置十字轴式刚性万向节到时候，需要满足以下两个条件（见图 2-4-7）。

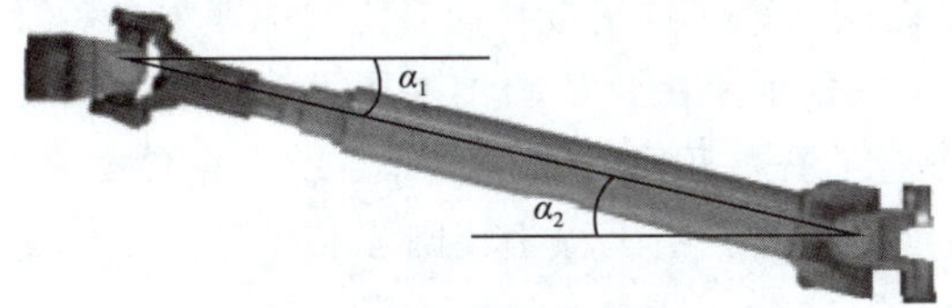

图 2-4-7　满足条件

① 第一个万向节的两轴间的夹角与第二个万向节的两轴间的夹角相等。

② 传动轴两端的万向节叉处于同一平面内。

在汽车上采用满足以上两个条件的十字轴式刚性万向节，且中间以传动轴相连，利用第二个万向节的不等速效应来抵消第一个万向节的不等速效应，从而实现输入轴与输出轴之间的等角速度传动，提高其使用寿命。

十字轴式刚性万向节允许相邻两轴的最大交角为 15°～20°（交角过大，容易使两个万向节叉运动干涉）。十字轴式刚性万向节工作可靠、结构简单、维护成本低，因此在汽车上广泛使用。

2. 等速万向节

等速万向节多用于采用断开式驱动桥汽车上的半轴之间传递动力。常用的等速万向节包括球叉式、球笼式、三枢轴式万向节。

（1）球叉式万向节

球叉式万向节允许轴间最大交角为 32°～38°。其构造如图 2-4-8 所示，由主动叉、从动叉、四个传动钢球、一个定心钢球、定位销及锁止销组成。主、从动叉分别与内、外半轴制成一体，叉内各有四条曲面凹槽，装合后形成两条相交的环形槽，作为钢球的滚动轨道，四个传动钢球装于槽中，定心钢球装在两叉中心凹槽内，以确定中心。

球叉式万向节通常用于中小型越野汽车转向驱动桥。球叉式万向节在工作中，只有两个钢球进行传力，反转时，则有另外两个钢球传力。因为在传力过程中，只有两个钢球在传力，因此承受的单位压力较大，磨损较快，因此应用不是很广泛。

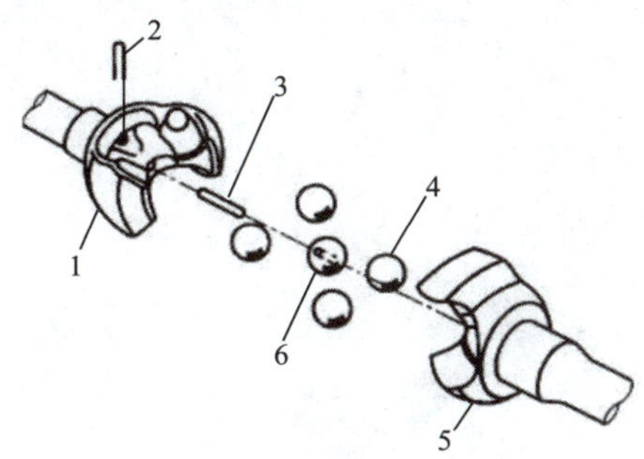

图 2-4-8　球叉式万向节

1—从动叉；2—锁止销；3—定位销；4—传动钢球；5—主动叉；6—定心钢球

（2）球笼式万向节

其构造如图 2-4-9 所示。它主要由星形套（又称内球座或内滚道）、保持架（又称球笼）、球形壳（又称外球座或外滚道）、主动轴和钢球等组成。星形套通过花键与内半轴相连。星形套的外表面有六条曲面凹槽，形成内滚道。球形壳与带外花键的外半轴制成一体，内表面制有相应的六条曲面凹槽，形成外滚道。六个钢球分别装于六条凹槽中，并用球笼使之保持在一个平面内。

其工作原理是当动力由内半轴传至星形套，经六个钢球、球形壳、外半轴输出。当内轴（主动轴）和球形壳轴（从动轴）之间的夹角发生变化时，传力钢球中心始终位于两轴交角的平分面上，并且到两轴线的距离相等，从而保证了主、从动轴以相等的角速度旋转。

这种球笼万向节允许的轴间最大夹角为42°，并且所有钢球都参与受力，所以承载能力强、磨损小、结构紧凑、拆装方便，广泛应用于汽车转向驱动桥之间，传递动力。

（3）三枢轴式万向节

三枢轴式万向节又称三叉销式等速万向节（见图2-4-10）。主要由外座圈、滚轮、三叉销（带内花键轴）等组成。三个枢轴在同一平面内成120°，它们的轴线垂直于传动轴并且与传动轴轴线交于同一点。当输出轴与输入轴交角为0°时，由于三枢轴的自动定心作用，能自动使两轴轴线重合；当输出轴与输入轴交角不为0°时，滚子轴承既可沿枢轴轴线移动，又可沿槽形轨道滑动，这样就保证了输入轴和输出轴之间始终可以传递力。因滚动轴承外表面为球面（减少摩擦，降低损耗），与之配合的轨道为圆柱面，所以可以保证枢轴轴线与相应槽形轨道的轴线始终相交，并且三枢轴式万向节是等速传动的。

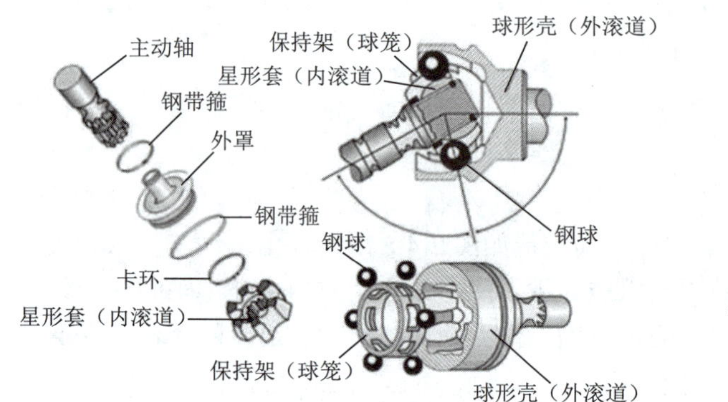

图2-4-9　球笼万向节

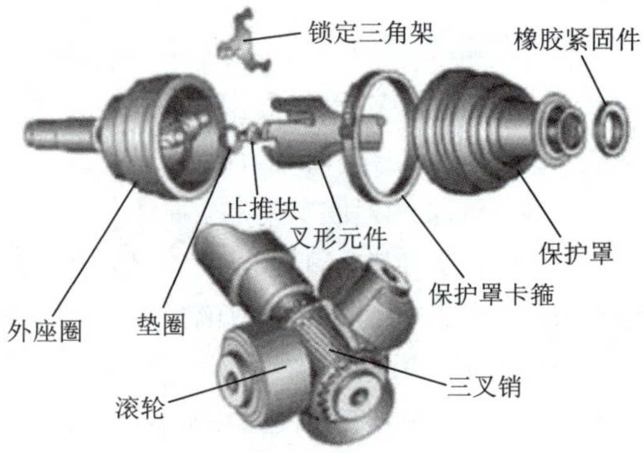

图2-4-10　三枢轴式万向节

三枢轴式万向节结构简单、磨损小，可以轴向伸缩，在汽车上使用广泛。

三、传动轴

1. 传动轴的作用

在有一定距离的两部件之间采用万向传动装置传递动力时，一般需要在万向节之间安装传动轴。传动轴（见图2-4-11）是传递动力的部件。

图2-4-11　传动轴

有些轿车没有传动轴，由变速器输出轴直接驱动左、右半轴。有些汽车的传动轴是两段式的，在连接处装有中间支承，这种类型的传动轴可有效避免因共振造成的破坏。

2. 传动轴的类型

常见的传动轴有空心传动轴和实心传动轴两种之分。空心传动轴质量小，应用较广，一般用 1.5 ～ 3.0 mm 无缝钢管或低碳钢板焊接而成。若传动轴仅为一根高转速长轴时，当转速高达某一数值时就会受到破坏，此时转速为该轴临界转速（危险转速）。而临界转速高低取决于轴的长度、断面尺寸、轴间夹角、大小、形状及轴平衡情况。所以，传动轴一般为两段且有平衡要求。

而实心传动轴多采用在断开式驱动桥进行动力传递过程中，也就是驱动桥中的组成部件——半轴（见图 2-4-12）。

传动轴（半轴）的连接状态如图 2-4-13 所示。

图 2-4-12　半轴

图 2-4-13　传动轴（半轴）的连接状态

汽车行驶过程中，变速器与驱动桥的相对位置会发生变化，随着传动轴角度的改变，其长度也会改变，而万向节又没有伸缩功能时，则还要将传动轴做成两段，用滑动花键相连接，以实现传动轴长度的变化。为减小传动轴花键连接部分的轴向滑动阻力和磨损，需加注润滑脂进行润滑，也可以对花键进行磷化处理或喷涂尼龙层，或是在花键槽内设置滚动元件。

3. 传动轴的特点

作为一种旋转传递动力的部件，在出厂之前，一定要保证在传动轴旋转工作过程中，处于动平衡状态。使用动平衡试验（见图 2-4-14），对不平衡的传动轴加上平衡块（见图 2-4-15），保证其动态平衡。

图 2-4-14　动平衡试验

图 2-4-15　传动轴上的平衡块

四、中间支承

传动轴分段时需加中间支承。中间支承通常装在车架横梁上，能补偿传动轴轴向和角度方向的安装误差，以及汽车行驶过程中因发动窜动或车架变形等引起的位移。

中间支承（见图 2-4-16）是由支承座、球轴承等组成的，轴承固定在中间传动轴后部的轴颈上。带油封的支承盖之间装有弹性元件橡胶垫环，用螺栓紧固。橡胶缓冲垫可以补偿车身（或车架）变形和发动机振动对于传动轴位置的影响。紧固时，橡胶垫环会径向扩张，其外圆被挤紧于支架的内孔。

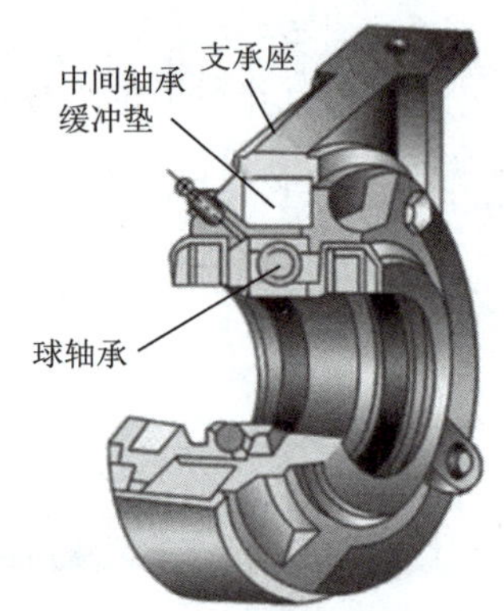

图 2-4-16　中间支承

五、万向传动装置的布置形式

1. 变速器与驱动桥之间

在发动机前置后轮驱动的汽车中，变速器的输出轴与驱动桥输入轴之间采用万向节和传动轴组成的万向传动装置。

2. 变速器与分动器、分动器与驱动桥之间

在多轴传动的汽车上，在变速器与分动器之间、分动器与驱动桥之间或驱动桥与驱动桥之同也需用万向传动装置传递动力，如图 2-4-17 所示。

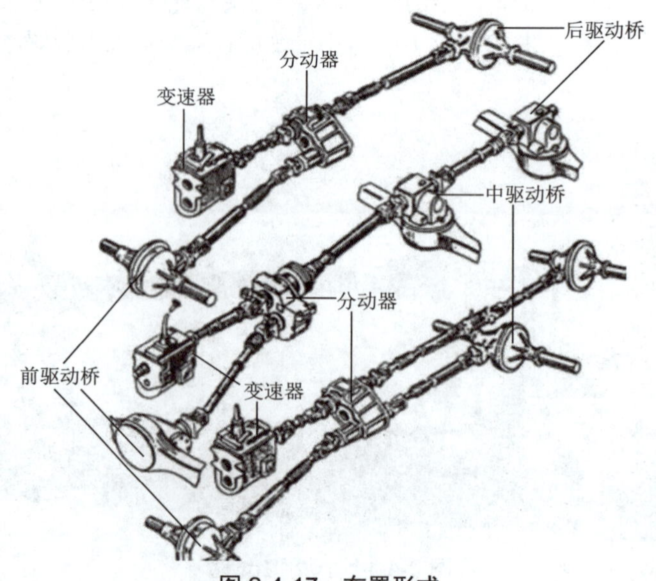

图 2-4-17　布置形式

3. 转向驱动桥内、外半轴之间

在发动机前置前轮驱动的汽车中，转向驱动桥的前轮既是转向轮，也是驱动轮，因此前轮在偏转时传递动力。通常半轴是分段的，转向时两端半轴轴线相交且交角变化，因此要用万向传动装置。

4. 断开式驱动桥的半轴之间

在与独立悬架配合使用的断开式驱动桥中，由于左、右驱动轮存在相对跳动，则在差速器与车轮之间装有万向传动装置。

5. 转向机构中的转向轴与转向器之间

有些汽车的转向操纵机构，由于受整体布置的限制，转向盘轴线与转向器输入轴轴线不能重合，也常设置万向传动装置。

思政讲堂

以万向传动装置在传动过程中力的传递环境，是要克服变角度、变力矩的情况下，安全传递动力，并插入因万向节、传动轴传动失效形式或操作不当，导致安全事故的案例，突出强调汽车维修工的岗位职责和职业道德，引导学生在工作中要爱岗敬业、遵守职责。勉励学生在做人做事方面要有高尚的品德，学习技术要踏实认真，以精益求精的工匠精神去做好本职工作。

任务五　驱动桥的认知

学习目标

完成本任务学习后，应当达到以下目标：

① 掌握驱动桥的作用及组成。

② 掌握主减速器的功用、组成结构与工作原理。

③ 掌握差速器的组成结构与工作原理。

④ 了解半轴和桥壳的作用。

⑤ 了解二级主减速器的结构。

⑥ 能够画出驱动桥的动力传递线路图。

⑦ 能够感受汽车工程师克服技术瓶颈的钻研精神，激发创新创意的潜能。

任务引入

驱动桥是汽车传动系统中的重要组成部分，对于发动机前置后轮驱动的动力布置驱动形式，驱动桥将变速器经万向传动装置传来的驱动力矩进行减速增扭，并改变旋转方向后传递给驱动轴，从而带动车轮转动，实现车辆的行驶。下面具体介绍驱动桥。

知识准备

一、驱动桥的作用

驱动桥的作用（见图 2-5-1）是将由万向传动装置传来的发动机的扭矩，经过降速增矩，并改变动力传递方向（发动机纵置时改变 90°），把转矩传递给左、右驱动轮，并允许左、右驱动轮以不同的转速旋转。具体来说，主减速器的功用为降速增矩，改变动力传递方向；差速器的功用是允许左、右驱动轮以不同的转速旋转，实现差速；半轴的功用是将动力由差速器传给驱动轮；桥壳的作用主要是保护驱动桥零部件，并存储润滑油。

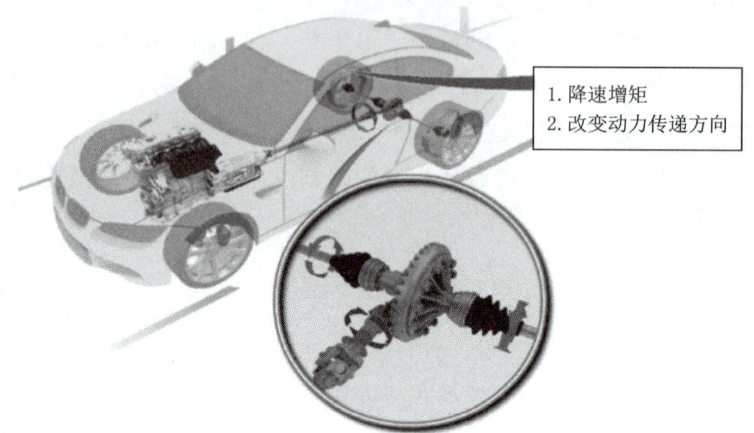

图 2-5-1　驱动桥的作用

二、驱动桥的组成

驱动桥一般是由主减速器（单级主减速器主要是主动锥齿轮和从动锥齿轮）、差速器、半轴、桥壳等组成的，如图 2-5-2 所示。

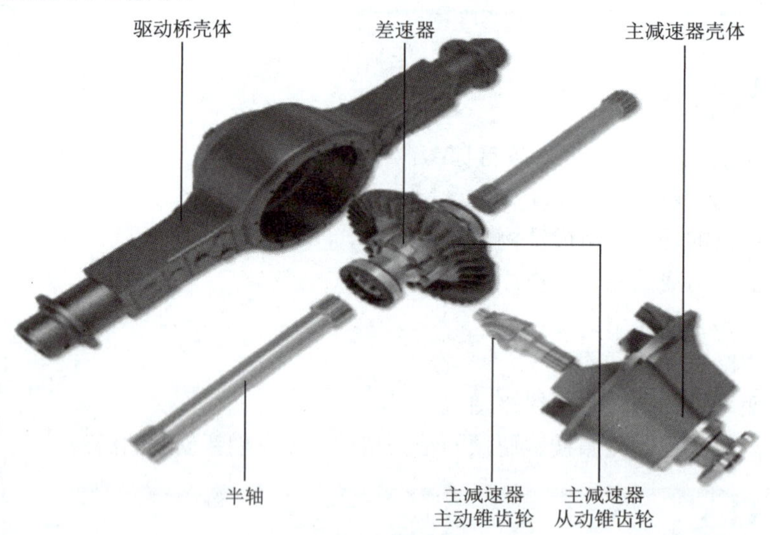

图 2-5-2　驱动桥的组成

驱动桥的外观如图 2-5-3 所示。

图 2-5-3　驱动桥的外观

驱动桥是传动系统的最后一个总成，发动机的动力传到驱动桥后，首先传到主减速器，在这里将扭矩放大并降低转速后，经差速器分配给左、右半轴，最后通过半轴外端的凸缘传到驱动轮的轮毂。驱动桥的主要零部件都装在驱动桥的桥壳中。桥壳由主减速器壳和半轴套管组成。在发动机前置前轮驱动的汽车中，驱动桥壳和变速器壳体做成一个整体。

因此，驱动桥的动力传递路径为：驱动桥→差速器→半轴→轮毂。

三、驱动桥的分类

按照悬架结构的不同，驱动桥可以分为整体式驱动桥和断开式驱动桥。整体式驱动桥又称非断开式驱动桥。

（1）整体式驱动桥

整体式驱动桥如图 2-5-4 所示，它与非独立悬架配合使用。其驱动桥壳为一刚性的整体，驱动桥两端通过悬架与车架或车身连接，左、右半轴始终在一条直线上，即左、右驱动轮不能相互独立地跳动，当某一侧车轮通过地面的凸出物或凹坑升高或下降时，整个驱动桥及车身都要随之发生倾斜，车身波动变大。整体式驱动桥大多用于越野（四驱）汽车、货车中。

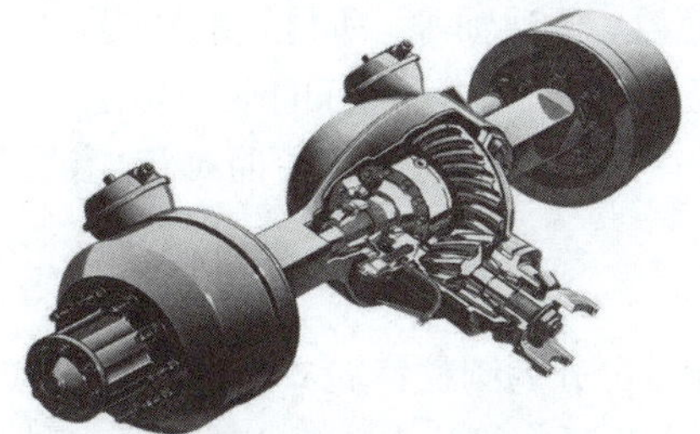

图 2-5-4　整体式驱动桥

（2）断开式驱动桥

断开式驱动桥如图 2-5-5 所示，它与独立悬架配合使用。其主减速器固定在车架或车身上。驱动桥壳分段并用铰链连接，半轴（半轴露在外面）也分段并用万向节连接。两侧驱动轮及桥壳可以彼此独立地相对于车架或车身上下跳动。

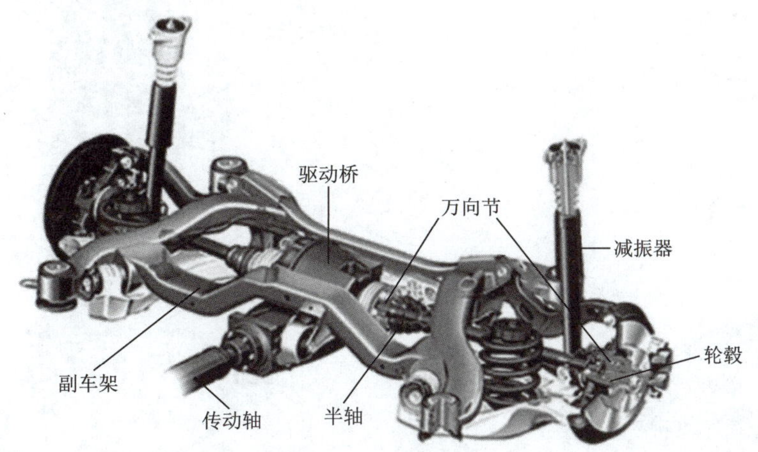

图 2-5-5　断开式驱动桥

断开式驱动桥大多数用于发动机前置前轮驱动的轿车、城市 SUV 中。

四、驱动桥的主要部件及工作原理

1. 主减速器

（1）主减速器的作用

① 将万向传动装置传来的转矩传递给差速器。

② 在动力的传动过程中要按照传动比设计要求，将转矩增大，转速降低，来满足汽车行驶需要。

③ 对于纵置发动机，主减速器还要将转矩的旋转方向改变 90°。

（2）主减速器的结构组成

主减速器由一对大小啮合的双曲面锥齿轮，以及支撑调整装置（前后轴承、轴承座、凸缘）等组成。其中，小齿轮与输出轴（万向传动轴）制成一体，大齿轮使用铆钉与差速器的外壳连接在一起，如图 2-5-6 所示。

（3）主减速器的工作原理

主减速器是依靠齿数少的主动锥齿轮带动齿数多的从动锥齿轮来实现减速增矩的。采用锥齿轮传动可以改变转矩旋转方向。将主减速器布置在动力向驱动轮分流之前的位置，有利于减小其前面的传动部件（如离合器、变速器、传动轴等）所传递的转矩，从而减小这些部件的尺寸和质量。

应用准双曲面锥齿轮进行连接，可以实现更好的动力传递效果、噪声低、传动更加平稳，并且可以降低汽车底盘重心。但是，需要特殊的准双曲面锥齿轮油进行润滑，而且在维修更换中也需要整体更换。

（4）主减速器的分类

① 按减速齿轮副结构形式分，可分为圆柱齿轮式、圆锥齿轮式和准双曲面锥齿轮式等形式。

② 按参加减速传动的齿轮副数目分，可分为单级主减速器（结构简单、尺寸小、质量小、传动效率高，广泛应用于轿车和轻型货车中）和双级主减速器（由两对常啮合齿轮组成，第一对为锥齿轮啮合，第二对为圆柱斜齿轮传动，一般应用于中、重型货车或越野四驱汽车），如图 2-5-7 所示。

图 2-5-6　主减速器

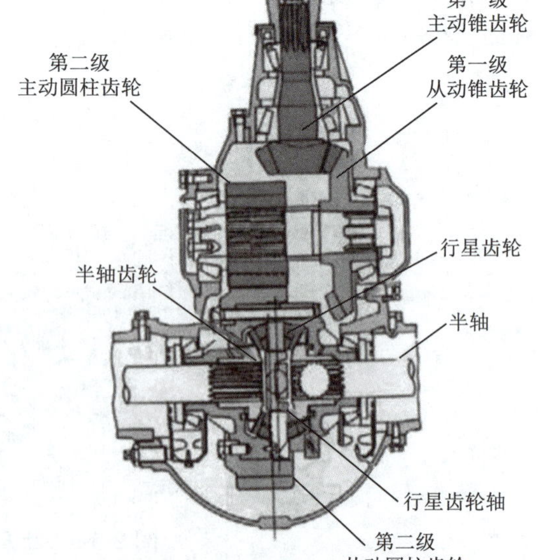

图 2-5-7　双级主减速器

③ 按主减速器传动比挡数分，可分为单速主减速器（传动比只有一个）和双速主减速器（传动比有两个）两种类型。

2. 差速器

（1）差速器的作用

差速器（见图 2-5-8）的作用是将主减速器传来的动力传给左、右半轴，并在必要时允许左、右半轴以不同转速旋转，使左、右驱动轮相对地面做纯滚动而不是滑动，满足左、右驱动轮的差速需求。

图 2-5-8 差速器

车辆直线行驶时，两侧车轮的行驶距离是完全相同的，并无转速差异。但在转弯时，如果继续保持这种无转速差行驶状态，将会对车辆造成严重的损伤，并且无法顺利通过弯道。从汽车转向时驱动轮的运动示意图（见图 2-5-9）可以看出，转向时外侧车轮滚过的路程长，内侧车轮滚过的路程短（可以参考军训走正步时的场景），由于通过的时间相等，要求外侧车轮转速快于内侧车轮，即希望内、外侧车轮转速不同。差速器（法国雷诺公司的创始人路易斯•雷诺，在 1937 年发明了差速器这个在汽车上不可或缺的装置）的出现巧妙地解决了这一问题，它安装于两侧驱动轮之间，并与传动轴相连接，发动机输出的动力通过它传递给两侧驱动轮。当车辆转弯时，差速器可以自动调节两侧车轮的转速，从而使车辆平稳前进。

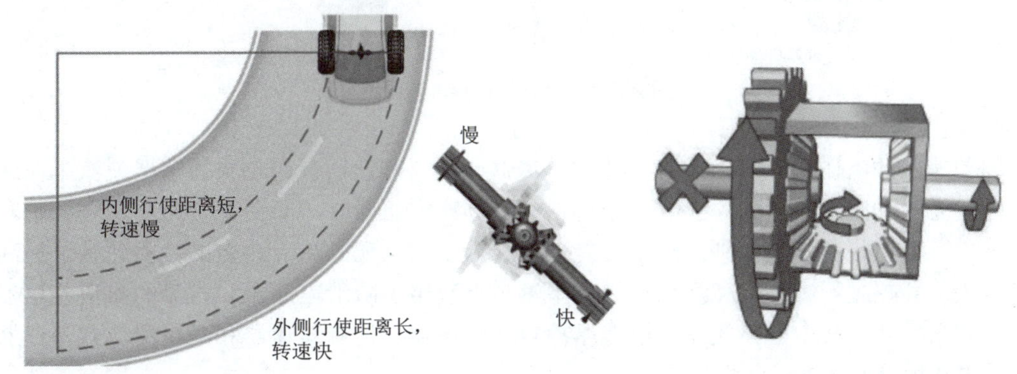

图 2-5-9 汽车转向时驱动轮的运动示意图

（2）差速器的结构组成

差速器的结构基本由四个行星齿轮、一个十字轴式行星齿轮轴、两个半轴齿轮、差速器壳、垫片等组成，如图 2-5-10 所示。

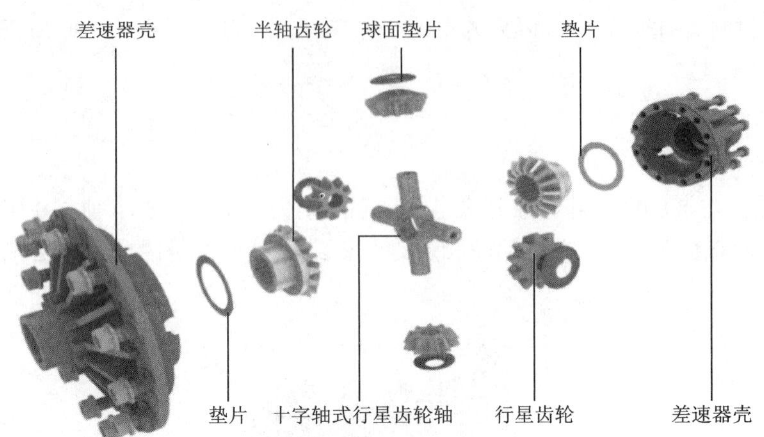

图 2-5-10　差速器结构示意图

（3）差速器的工作原理

主减速器的从动锥齿轮通过螺栓固定在差速器壳上，十字轴式行星齿轮轴的四个轴颈嵌在差速器壳相应的孔内，每个轴颈上浮套着一个行星齿轮，它们均与两个半轴齿轮啮合。而半轴齿轮分别支承在差速器壳相应的左右座孔中，并用花键与半轴相连。动力自主减速器从动锥齿轮依次经差速器壳→十字轴→行星齿轮→半轴齿轮→半轴输出给左、右驱动轮。若两侧车轮阻力相同时，两侧车轮以相同转速转动，此时行星齿轮绕半轴轴线转动即实现公转。当两侧车轮阻力不一致时（例如，汽车转弯过程中），此时行星齿轮以半轴的轴线为中心线做公转的同时，还要绕自身轴线做转动，即自转。所以，两个半轴齿轮可带动两侧车轮以不同的转速转动，如图 2-5-11 所示。

（a）直线行驶状态　　（b）转弯行驶状态

图 2-5-11　差速器运动示意图

（4）差速器的类型

按照差速器的工作特性可以分为齿轮式差速器和防滑差速器。齿轮式差速器使汽车在通过坏路的行驶能力受到限制。例如，当一个驱动轮接触到冰雪路面时，即使另一驱动轮是在附着力较好路面上，汽车往往也不能行驶，这是由差速器转矩平均分配的特点决定的。因此为了提高汽车的通过能力，某些越野汽车、高级轿车和轻型汽车上装用了防滑差速器。常见的防滑差速器有强制锁止式和自锁式，其中自锁式差速器有摩擦自锁差速器、托森差速器和凸轮滑块式差速器等。下面对其中几种差速器进行介绍。

① 齿轮式差速器。普通齿轮式差速器应用最广泛。包括行星锥齿轮式和圆柱齿轮式两种。其中，行星锥齿轮式差速器在齿轮式差速器中应用最广泛。

行星锥齿轮式差速器主要由四个行星锥齿轮、十字轴、两个半轴锥齿轮和差速器壳和垫片等组成，如图 2-5-12 所示。两行星锥齿轮式差速器适用于传递转矩较小的、中型以下的货车或轿车上，如图 2-5-13 所示。

图 2-5-12　行星锥齿轮式差速器

图 2-5-13　两行星锥齿轮式差速器

② 强制锁止式差速器。强制锁止式差速器（见 2-5-14）就是在行星锥齿轮式差速器上装设了一个差速锁。当需要时，由驾驶员操纵差速锁，使差速器不起差速作用，相当于把左、右半轴连成一整体，破坏了差速器平分转矩的特性，达到所需要的行驶要求。

图 2-5-14　强制锁止式差速器

③ 托森差速器。图 2-5-15 所示为托森差速器。奥迪 A4、奥迪 TT 等全轮驱动轿车前、后驱动桥之间采用的是新型托森差速器。它是一种轴间自锁式差速器，装在变速器后端。转矩由变速器输出轴传给托森差速器，再由托森差速器直接分配给前驱动桥和后驱动桥。

当前、后驱动桥无转速差时，蜗轮绕自身轴线自转。各蜗轮、蜗杆与差速器壳一起等速转动，即差速器不起差速作用。

当前、后驱动桥需要有转速差时，例如，汽车转弯时，因前轮转弯半径大，故要求差速器起差速作用。此时蜗轮除公转传递动力外，还要自转。直齿圆柱齿轮的相互啮合，使前、后蜗轮的自转方向相反，从而使前轴蜗杆轴的转速增加，后轴蜗杆轴的转速减小，实现了差速。

图 2-5-15　托森差速器

3. 半轴与桥壳

（1）半轴

半轴的作用是将差速器传来的动力传给驱动轮。因其传递的转矩较大，半轴常制成实心轴。

半轴的内侧通过花键与半轴齿轮相连，外侧用凸缘与驱动轮的轮毂相连。半轴的外形如图 2-5-16 所示。

半轴因为传递转矩比较大，所以制成实心轴，其结构因驱动桥结构形式不同而异。整体式驱动桥中的半轴为一刚性整轴。断开式驱动桥中，使用的半轴，内外使用等速万向节进行连接，如图 2-5-17 所示。

图 2-5-16　半轴的外形

图 2-5-17　断开式驱动桥中的半轴

（2）桥壳

① 桥壳的作用。主要用来支承并保护主减速器、差速器和半轴等；与从动桥一起支承车架及其上的各总成质量；汽车行驶时，承受由车轮传来的路面反作用力和力矩，并经悬架传给车架。

由于桥壳承受较为复杂的载荷，因此要求桥壳（见图 2-5-18）应具有足够的强度和刚度，质量小，还要便于主减速器的拆装和调整。

② 桥壳的分类。从结构上可分为整体式桥壳和分段式桥壳两类。

a. 整体式桥壳。桥壳与主减速器壳分开制造，二者用螺栓连接在一起，如图 2-5-19 所示。为增加强度和刚度，两端压入无缝钢管制成的半轴套管。特点：强度、刚度较大，且检查、拆装和调整主减速器、差速器方便，它广泛应用于轿车和轻型货车中。

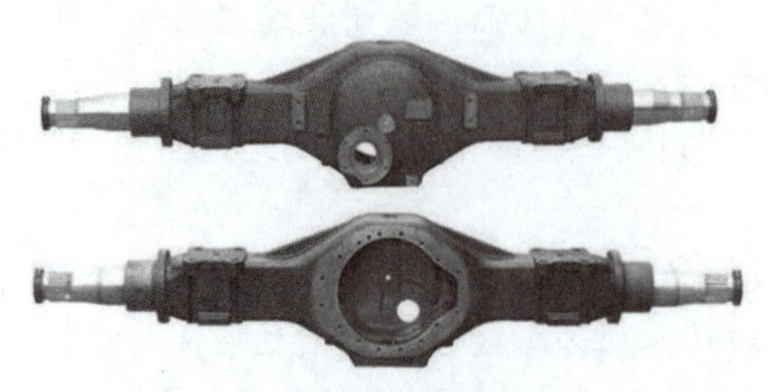

图 2-5-18　桥壳

图 2-5-19　整体式驱动桥中的桥壳

b. 分段式桥壳。一般分为两段，由螺栓连成一体。特点：易于铸造、加工方便，但维护不便，当拆检主减速器时，必须把整个驱动桥从汽车整体式桥壳车上拆卸下来，目前已很少采用。

思政讲堂

查阅资料，以主减速器（提高扭矩）、差速器（差速作用）、半轴（传力）等驱动桥整体部件的功用和工作原理为载体，将汽车起步需要克服阻力、增加驱动力等知识点进行深入讲解，表达出工程师在对技术瓶颈钻研过程中，不断克服技术瓶颈，实现汽车运行的安全可靠的技术进步和革新。激发学生对生活中出现的各种瓶颈的观察和克服瓶颈的能力，培养学生创新思维和创新能力。

创新创造拓展内容　变速驱动　努力人生——二级变速器工作原理展示科教装置

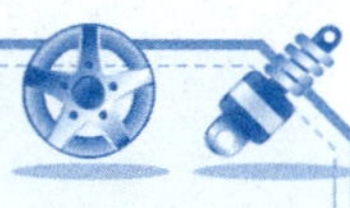

创意作品概况

下面介绍的作品，称之为“变速驱动　努力人生——二级变速器工作原理展示科教装置”。该作品是由创新创业协会的武已胜、丁可鑫，根据“汽车底盘构造”课程知识的学习，精心制作的一件作品。作品指导老师是郝魁。

该作品诞生在创新创业协会工作室中。通过该作品的设计制造过程，能够培养学生的创新创造能力，使青年学生学好本领，着眼于未来发展，为国家做出贡献。在讲到手动变速器相关内容的时候，通过组织学生动手制作变速器相关的结构示教装置，使学生能够主动去理解课程的理论知识。学生通过课程的图片、视频、动画，去理解汽车底盘的结构，然后通过动手制作底盘变速机构，能够加强对底盘结构整体设计制造环节的认知。

团队成员在指导老师的指导下，共同使用零部件，亲手打造一个关于变速器变速机构的手工制品，来主动动手学习变速器的工作原理，既提高了学生动手思考能力，也培养了学生对于复杂难题的突破的能力。还提高了学生创新创业能力，增加了学生的创新思维能力和自信心。

图 1 是创新创业协会成员的学生团队自制作品介绍海报。该作品荣获第七届全国青年科普创新实验暨作品大赛内蒙古赛区创意作品单元未来教育命题组三等奖。

图 1　创新创业协会成员的学生团队自制作品介绍海报

项目三 3

汽车底盘行驶系统

汽车行驶系统是保证汽车安全行驶的一个重要系统，包括汽车车轮、支撑车身的悬架、承受各种载荷的车架和车桥等。

汽车行驶系统的作用是接受汽车传动系统输出的转矩，通过驱动轮与路面的接触，转化为路面对汽车的驱动力，以保证汽车正常行驶。在汽车行驶过程中还要承受并传递路面对汽车产生的各种反力及由此形成的力矩。汽车拥有了传动系统，想要行驶的更加安全、舒适，就需要通过行驶系统的悬架等零部件，改善、提高汽车行驶的安全性和舒适性。

本项目主要介绍轮式汽车行驶系统的基本构造。通过学习，了解行驶系统的相关知识，掌握行驶系统各部件的组成、类型、工作原理。

任务一 行驶系统的认知

学习目标

完成本任务学习后，应当达到以下目标：

① 了解汽车行驶系统的功用及基本类型。
② 掌握汽车行驶系统的基本组成。
③ 了解汽车行驶系统对汽车行驶的重要性。
④ 能够识别车辆行驶系统的类型。
⑤ 能够说出行驶系统中各个部件的位置及名称。
⑥ 认识到自主开发创造的重要性，提高创新创造的能力。

任务引入

汽车行驶在道路上，尤其是行驶在崎岖的山路，由于路面的不平，会造成汽车颠簸，这样会影响汽车的行驶平顺性、操纵稳定性，使驾驶员的行车舒适性变差，严重的会影响汽车行驶安全。因此汽车底盘装有行驶系统，可缓解路面不平引起的冲击和振动。行驶系统的基本组成和功用有哪些？行驶系统有哪些类型？下面具体介绍。

知识准备

一、行驶系统的作用

行驶系统的作用主要有以下几点：

① 支撑汽车的总质量。

② 接受由发动机经传动系统传来的转矩，并通过驱动轮与路面之间的附着作用，产生驱动力，保证汽车正常、安全、舒适地行驶。

③ 传递并承受路面作用于车轮上的各种反力及其所形成的力矩。

④ 尽可能地缓和不平路面对车身造成的冲击和振动，保证汽车行驶的平顺性和舒适性。

⑤ 与转向系统配合使用，以正确地控制汽车行驶方向的稳定性。

二、行驶系统的组成

汽车行驶系统一般由车架、车桥、车轮和悬架四部分组成，其中承载式车身的汽车行驶系统如图 3-1-1 所示，非承载式车身的汽车行驶系统如图 3-1-2 所示。

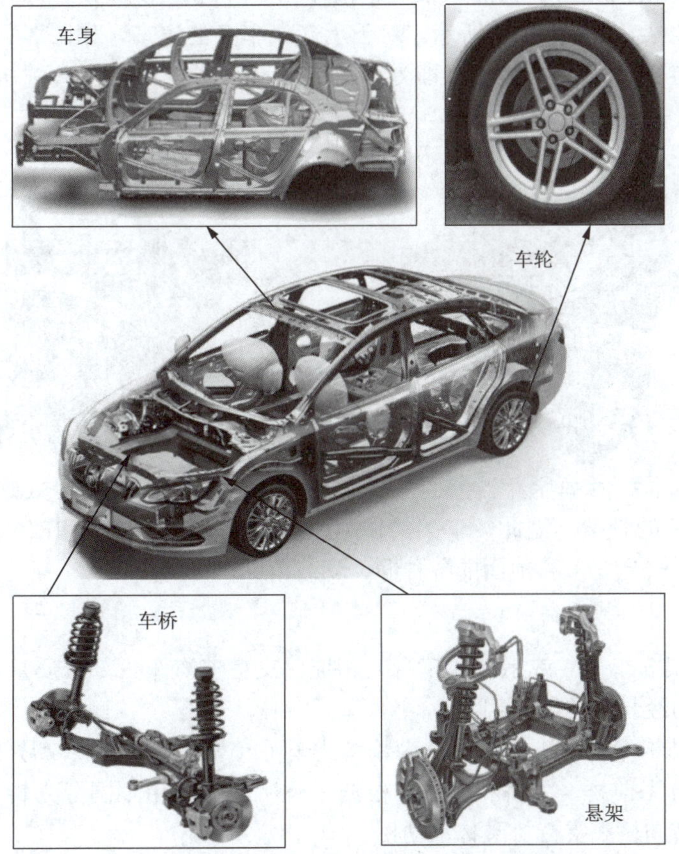

图 3-1-1　承载式车身的汽车行驶系统

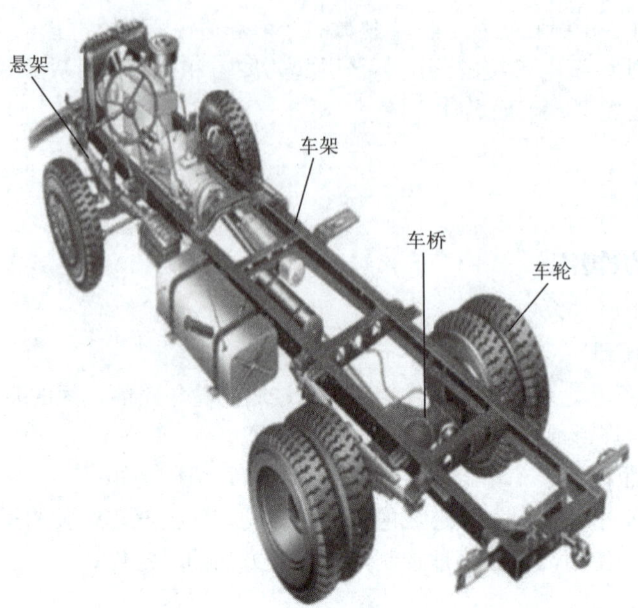

图 3-1-2　非承载式车身的汽车行驶系统

1. 车架

在非承载式车身的汽车中，它的车架是连接在各车桥之间形似桥梁的一种结构，是整个汽车的安装基础，俗称大梁，如图 3-1-3 所示。对于承载式车身的汽车，如图 3-1-4 所示，例如道路上常见的小轿车、城市 SUV 等，它的车架即为车身结构。

图 3-1-3　车架　　　　图 3-1-4　承载式车身

车架相当于人体的骨架。因此，车架的作用是安装汽车的各总成和部件，并使它们保持正确的相对位置，并承受来自车上和地面的各种静、动载荷。

2. 车桥

车桥是通过悬架与车架（或承载式车身）相连，支撑着汽车大部分质量，并将车轮的牵引力或制动力以及侧向力经悬架传给车架。

车桥根据悬架结构形式的不同，可分为整体式车桥（见图 3-1-5）和断开式车桥。根据车桥在车上的位置不同，分为前桥、中桥和后桥。根据车桥所起的作用不同分为转向桥、驱动桥、转向驱动桥和支持桥。转向桥和支持桥又称从动桥。

图 3-1-5　整体式车桥

大部分承载式车身结构的汽车，它的车桥结构主要是由钢制副车架组成的，如图 3-1-6 所示。

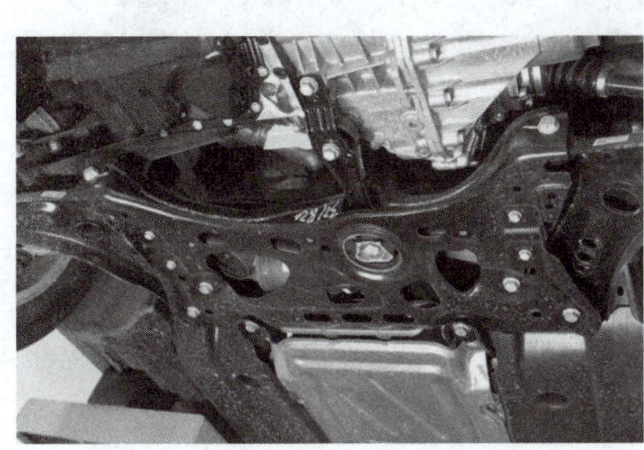

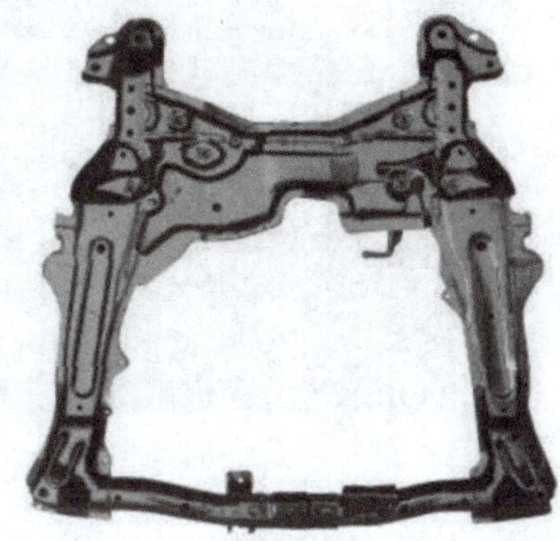

图 3-1-6　副车架

3. 车轮

车轮是介于轮胎和车轴之间承受负荷的旋转组件。车轮用于安装轮胎，传递和承受轮胎、车桥之间的各种作用力和力矩，通常由轮辋、轮辐和轮毂三部分组成，如图 3-1-7 所示。

图 3-1-7　车轮

4. 悬架

悬架（见图 3-1-8）是汽车的车架与车桥或车轮之间的一切传力连接装置的总称。其作用是传递作用在车轮和车架之间的力和力矩，并且缓冲由不平路面传给车轮或车身的冲击力，并衰减由此引起的振动，以保证汽车能平顺地行驶。

悬架是汽车底盘中非常重要的结构。常听到的对汽车底盘进行调校，其中非常重要的一项就是悬架系统的调校。

图 3-1-8　双叉臂式前悬架

三、行驶系统的类型

汽车行驶系统的基本类型主要有轮式、履带式、半履带式（车轮–履带式）和水陆两用汽车等几种形式。

汽车行驶在比较坚实的道路上，其行驶系统中直接与路面接触的部分是车轮，这种行驶系统称为轮式行驶系统，这样的汽车便是轮式汽车。常见的汽车基本都是轮式汽车，如图 3-1-9 所示。

图 3-1-9　轮式战车

行驶系统中直接与路面接触的部分是履带的汽车称为履带式汽车，如图 3-1-10 所示。行驶系统中直接与路面接触的部分既有车轮又有履带的汽车称为半履带式汽车或车轮–履带式汽车，如图 3-1-11 所示。水陆两用汽车除具有一般轮式汽车的行驶系统外，还备有一套在水中航行的行驶机构，如图 3-1-12 所示。

图 3-1-10　履带式汽车

图 3-1-11　半履带式汽车

图 3-1-12　水陆两栖坦克

四、底盘调校

底盘调校是对车轮、悬架、车身结构设计、制动系统调校的总称。通常说的底盘调校更多的是对轮胎以及悬架的调校。悬架调校，针对车辆底盘的“软硬”、空间、成本进行不断调整校核。

在进行第一轮调校之前一般要进行 K&C（悬架的运动学特性和柔性特性）试验和操稳试验，摸底车辆底盘的基本性能。和调校性能目标相比较，指明调校优化方向，为后面的几轮调校做准备。底盘调校各维度评价如图 3-1-13 所示。其中每个评价特性都有其所占分值，从 3.0 至 10.0 进行各维度评分。

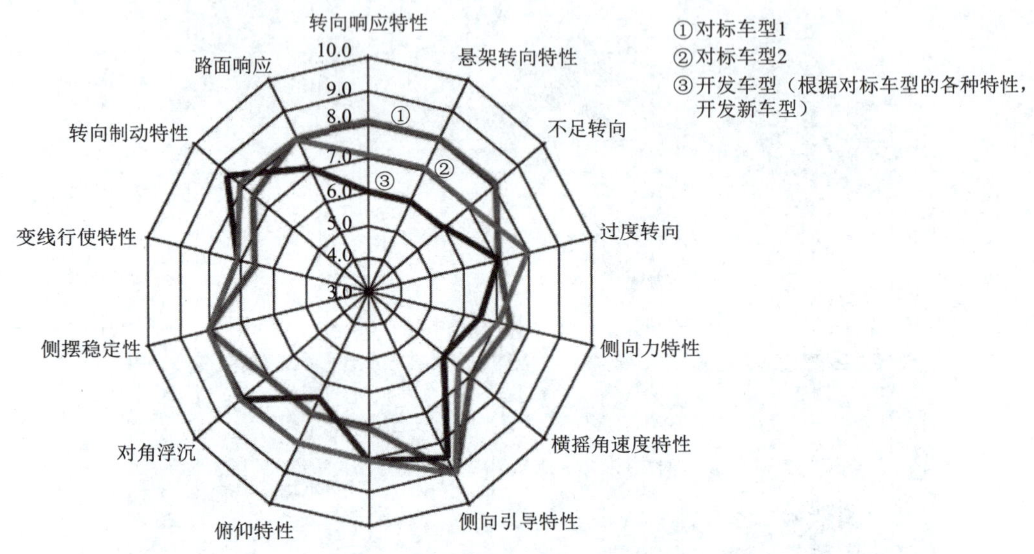

图 3-1-13　底盘调校各维度评价

底盘调校效果最明显的是对悬架的调校。悬架的形式是最能决定车辆特性的因素。经常说的“这辆车底盘很硬”就是对悬架调校的一种体现。厂家会根据车辆特性去调节悬架的软硬。通过减振器的布置、阻尼大小和行程、弹簧的长度、悬架的运动学特性（如阻尼、刚度、侧倾系数等）可以对底盘的滤振性能起到重要的影响。

另外，根据车型的卖点，悬架结构和材质也会影响这辆车的多项数据。在中低端市场，厂商为了顾及成本以及车内空间，会选择扭力梁悬架。而很多性能车或者豪华轿车则会使用双横臂式悬架，材质也会升级为质量更轻的铝合金，这样车辆操控反应就能更快、更灵巧。

底盘调校的另一项重要任务就是车身结构的设计。副车架是影响车辆安全的重要部位，全框式副车架就比半框式更安全，吸能效果更出色。车身所使用的材料越轻（比如铝合金），车辆越灵活，自然越好开，不过成本也就更高。一些加强件的数量和布置也会影响一辆车的特性，比如防倾杆这样的加强件，可以让在用比较软的悬架的时候牵制车身过弯倾侧，能提高过弯极限。一些追求舒适的轿车为了弥补操控性能的不足，就会增加防倾杆。

一辆车的操控好坏是由多种因素所决定的，而底盘调校也要综合多项数据，降低它们之间的相互影响达到最完美的平衡。

思政讲堂

查阅资料，了解中国汽车工业的成长阶段（1965—1980 年）这段历史时期，以这段时期我国汽车的发展状况为载体进行介绍。例如，二汽的建造，与一汽靠苏联援建不同，二汽是完全靠中国人自己的力量建设的大型汽车制造厂。通过自主开发，我国形成了以“卡车为主”的汽车产业布局。使用图片资源，通过故事叙述形式，将我国汽车工业成长时期的故事展现出来。激发对汽车的学习兴趣，加深学生对中国汽车工业成长壮大阶段历史的认识，使学生深刻认识到自主开发创造的重要性，即使再苦再难，也尽量不依靠外人，打造自己的品牌，这对于我国汽车工业发展具有重要意义。

任务二　车架和车桥的认知

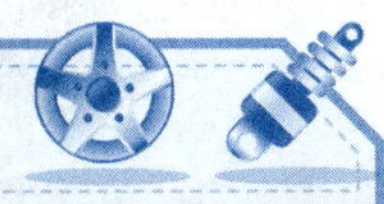

学习目标

完成本任务学习后，应当达到以下目标：

① 掌握汽车车架的功用及基本类型。

② 掌握汽车车桥的功用及基本类型。

③ 了解转向定位参数的类型、功用。

④ 能够识别实训车辆的车架和车桥的类型。

⑤ 培养吃苦耐劳、无私奉献的精神。

任务引入

对于非承载式车身的汽车，车架是汽车的基体（也可以称为汽车的骨架），一般由两根纵梁和若干根横梁组成，然后与悬架、车桥支撑在车轮上。车架必须要具有足够的强度和刚度以承受汽车的载荷和从车轮传来的冲击。车桥的作用是承受汽车的载荷，保证汽车在道路上的正常行驶。汽车车桥 (又称车轴、车梁) 通过悬架与车架 (或承载式车身) 相连接，其两端安装车轮。

下面具体介绍不同类型汽车的车架和车桥。

知识准备

一、车架

1. 车架的作用

汽车的车架就像人的骨架，人的身体用骨架来支持，附着人体器官。汽车也必须要有一副“骨架”, 这就是车架。对于承载式车身，车架俗称“大梁”, 它是汽车的装配基体，汽车绝大多数的零部件、总成都要安装在车架上。另外，车架不仅承受各部件、总成的载荷 , 还要承受汽车行驶时来自各种路面的交变载荷，如汽车的加速、制动时的纵向力，汽车转弯、侧向行驶时的侧向力，不良路面传来的冲击等。

所以，车架的作用可以概括为两点：① 支撑、连接汽车各零部件、总成；② 承受车内、车外各种载荷（静载荷和交变载荷）的作用。

从车架的作用可以看出，车架是一个形状复杂、强度和刚度要求较高的刚性结构。汽车车架如图 3-2-1 所示。

图 3-2-1　汽车车架

2. 车架的类型

目前汽车的结构形式主要有四种：边梁式车架、脊梁式车架、综合式车架和无梁式车架（承载式车身）。

（1）边梁式车架

边梁式车架（见图 3-2-2）由两根位于两边的纵梁和若干根横梁组成，用铆接法或焊接法将纵梁与横梁连接成坚固的刚性构架，是最早出现的车架类型。

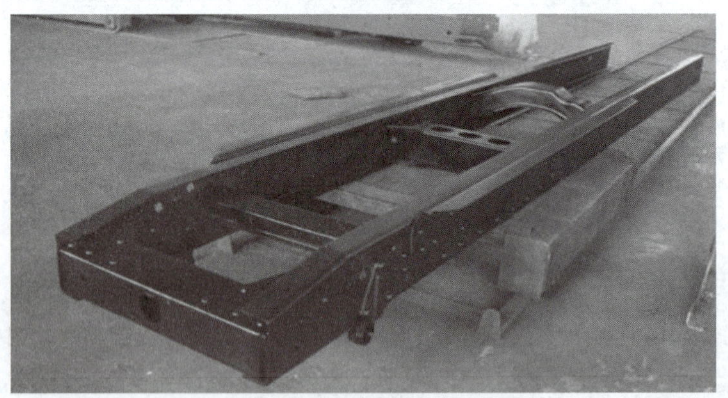

图 3-2-2　边梁式车架

纵梁常用低碳合金钢板冲压而成，采用抗弯能力较强的槽形断面，也有的制成工字形或箱形断面。根据车型不同及总成结构布置的要求，纵梁可以制成在水平面内或纵向垂直平面内弯曲的形状，或不等高的形状。其横断面可以是等断面的，也可以是不等断面的。

横梁用来连接左、右两个纵梁，保证车架的扭转刚度和承受一定的纵向载荷，而且还可以支撑发动机、散热器、蓄电池、油箱等主要部件。因此，横梁的数量、结构形式、在纵梁上的布置应该满足汽车总体布置的需要和车架刚度、强度的要求。

由于边梁式车架承载能力和抗扭刚度强，结构简单，工艺要求较低，所以多用于大型载货汽车。另外，有些汽车对车架刚度要求很高，例如中大型SUV的奔驰G、兰德酷路泽（见图3-2-3）等。

（2）脊梁式车架

脊梁式车架如图3-2-4所示。脊梁式车架又称中梁式车架，它由一根贯穿汽车纵向的中央纵梁和若干根横向悬伸出的托架构成。脊梁式车架制造工艺复杂，精度要求高，总成安装比较困难，维修也不方便，故目前应用不多。

图3-2-3 边梁式车架

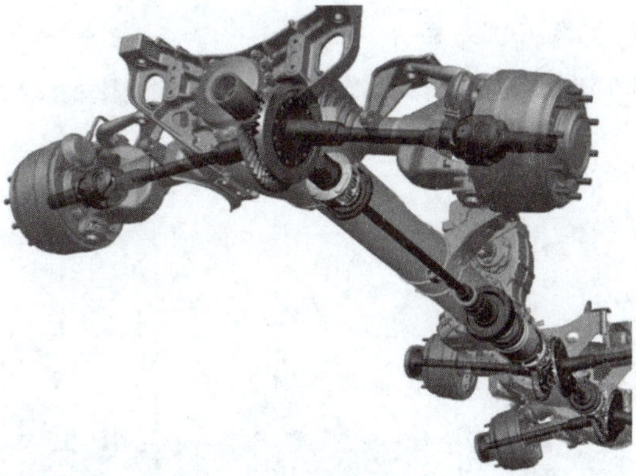

图3-2-4 脊梁式车架

（3）综合式车架

综合式车架如图3-2-5所示。综合式车架是由边梁式和脊梁式车架结合而成的。车架前段或后段近似边梁式结构，便于分别安装发动机或驱动桥。车架中部采用脊梁式结构，传动轴从脊梁中间穿过。这种结构制造工艺复杂，目前应用不多。

（4）无梁式车架（承载式车身）

无梁式车架如图3-2-6所示。无梁式车架没有实体的车架，而以车身兼作车架来承受传递的载荷。因为这种结构将车架和车身合二为一，质量小、可利用空间大、重心降低，同时通过冲压、焊接成形的制造工艺十分适合现代化的大批量生产。因此无梁式车架（承载式车身）利用较为广泛，例如普通家用汽车哈佛H6、长安cs75 PLUS、吉利帝豪等。

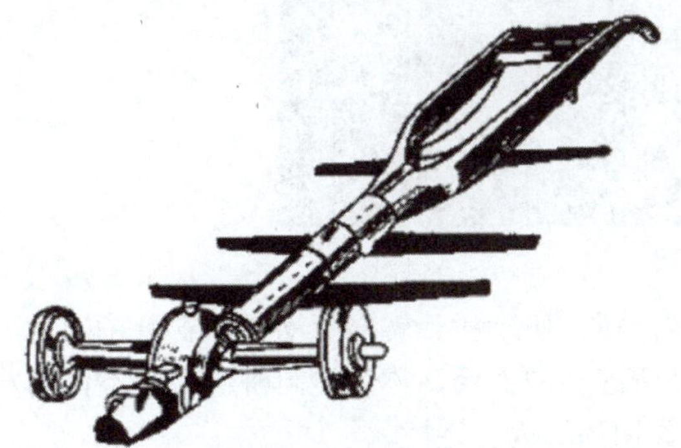

图3-2-5 综合式车架

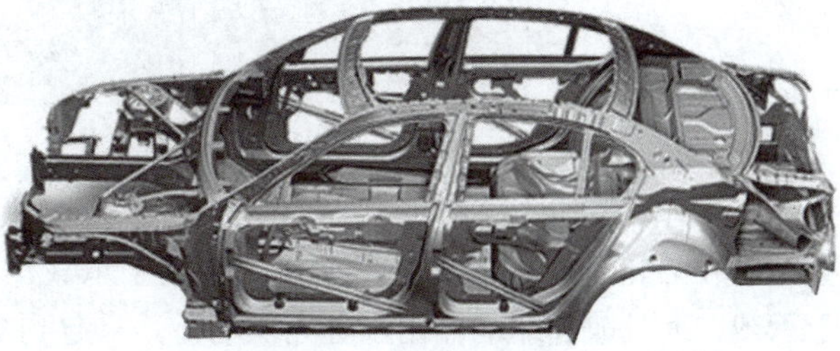

图3-2-6 无梁式车架

二、车桥

1. 车桥的作用

车桥通过悬架与车架相连接，两端安装汽车车轮。车架所受的垂直载荷通过车桥传到车轮。当汽车行驶时，车轮上的滚动阻力、驱动力、制动力和侧向力及其弯矩、转矩都通过车桥传递给悬架和车架，与此同时，车架的载荷也通过车桥传递给车轮。

所以车桥的作用是传递车架与车轮之间的各向作用力及其所产生的力矩。

2. 车桥的类型

根据配合使用不同的悬架的结构形式，车桥可分为整体式（见图3-2-7）和断开式（见图3-2-8）两种。断开式车桥为活动关节式结构，与独立悬架配用。大部分现代轿车左、右车轮之间实际上没有车桥，而是通过各自的悬架与车架（称为副车架，见图3-2-9）相连接，然而习惯上仍将它们称为断开式车桥。

图3-2-7　整体式车桥

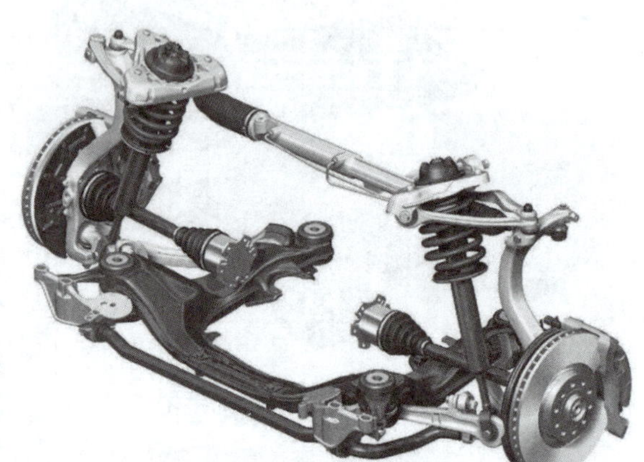

图3-2-8　断开式车桥

图3-2-9　副车架

按照车桥上车轮的运动方式和作用，车桥可分为转向桥、驱动桥、转向驱动桥和支持桥四种类型。在后轮驱动的汽车中，前桥不仅用于承载，而且兼起转向作用，称为转向桥；后桥不仅用于承载，而且兼起驱动作用，称为驱动桥。只起到支撑作用的称为支持桥。

四驱汽车和前轮驱动汽车的前桥，除了具有承载和转向作用外，还兼起驱动作用，所以称为转向驱动桥。挂车的后桥就是支持桥。

3. 转向桥

安装转向轮的车桥称为转向桥。转向桥通常位于汽车前部，能使装在其两端的车轮偏转一定的角度，以实现汽车转向。同时，还要承受车架与车轮之间的作用力及其产生的弯矩和转矩。转向桥主要由前轴、转向节、主销和轮毂四部分组成，如图3-2-10所示。

① 前轴是转向桥的主体，一般由中碳钢模锻而成，如图 3-2-11 所示。其端面采用工字形断面以提高抗弯强度。接近两端逐渐过渡为方形，以提高抗扭刚度。中部加工出两处用以支撑钢板弹簧的弹簧座，其上钻有四个安装 U 形螺栓的通孔和两个位于中心的钢板弹簧定位凹坑。中部向下弯曲，使发动机位置得以降低，从而降低汽车重心，扩展驾驶员视野。前轴两端各有一个加粗部分，呈拳形称为拳部，其中有通孔，主销插入此孔内可将前轴与转向节铰接。

图 3-2-10 转向桥

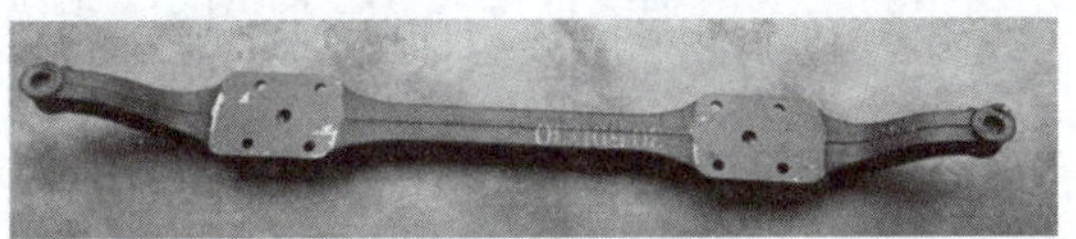

图 3-2-11 前轴

② 转向节是用中碳钢锻造而成的叉形部件，形似羊角，故称为“羊角”，如图 3-2-12 所示。转向节与前轴通过主销采用铰接连接方式，上、下两叉制有同轴销孔，通过主销与前轴的拳部相连，使前轴可以绕主销偏转一定角度而使汽车转向。为了减小磨损，转向节销孔内压入青铜衬套，衬套上的润滑油槽在上面端部是连通的，用装在转向节上的油嘴注入润滑脂润滑。

③ 主销的作用是铰接前轴与转向节，使转向节绕着主销摆动以实现车轮转向。常见的主销形式有实心圆柱形、空心圆柱形、圆锥形和阶梯形四种，如图 3-2-13 所示。主销中部一般都切有回槽，通过带螺纹的楔形销将主销固定在前轴拳部孔内，使之不能转动。

④ 轮毂用于连接制动鼓和半轴凸缘，它通过内外两个圆锥滚子轴承装在转向节轴颈上。轴承的松紧度可通过调整螺母加以调整，调整后用锁紧垫圈锁紧。在轮毂外侧装有端盖，以防止泥水和尘土浸入；内侧装有油封、挡油盘，以防止润滑油进入制动器。

图 3-2-12 转向节

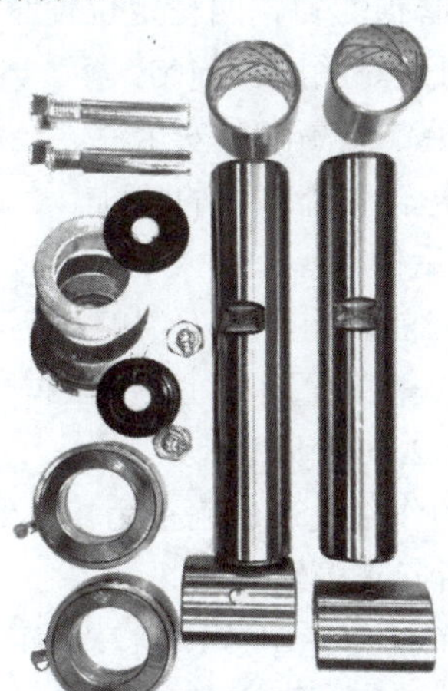

图 3-2-13 主销及其部件

4. 转向驱动桥

转向驱动桥位于发动机前置前轮驱动的汽车上，是能同时实现车轮转向和驱动功能的车桥。转向驱动桥如图 3-2-14 所示。

转向驱动桥的结构和一般驱动桥一样，由主减速器、差速器、半轴和桥壳组成，也有一般转向桥所具有的转向节壳体、主销和轮毂等。由于需要转向，半轴被分成两段（内半轴和外半轴），其间用等速万向节连接。转向驱动桥为活动关节式结构，与独立悬架配合使用。

5. 转向车轮定位

车轮定位是指车轮、转向节和车桥与车架的安装应保持一定的相对位置。通常车轮定位主要是指前轮（转向车轮）定位。现在有许多车辆除前轮定位外还需要对后轮定位，即四轮定位。车轮定位参数有主销后倾、主锁内倾、前轮外倾和前轮前束四个参数。

对于两端装有主销的转向桥，汽车转向时，转向车轮会围绕主销轴线偏转。

但在大多数断开式转向桥中没有主销，采用上、下球头销代替主销。上、下球头销球头中心的连线相当于主销轴线，如图 3-2-15 所示。由此可见，主销可以理解为在转向时，转向车轮所围绕转动的一条轴线。

图 3-2-14　转向驱动桥

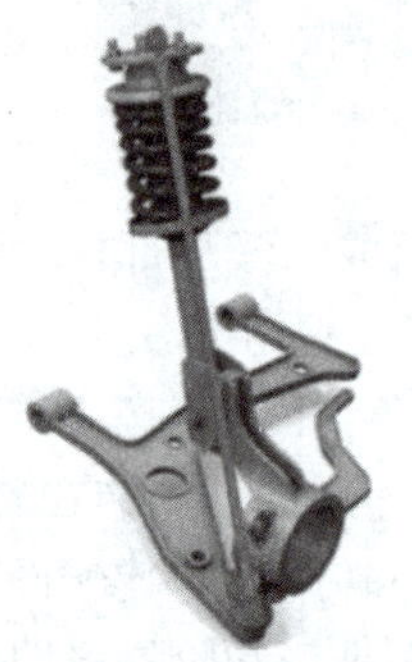

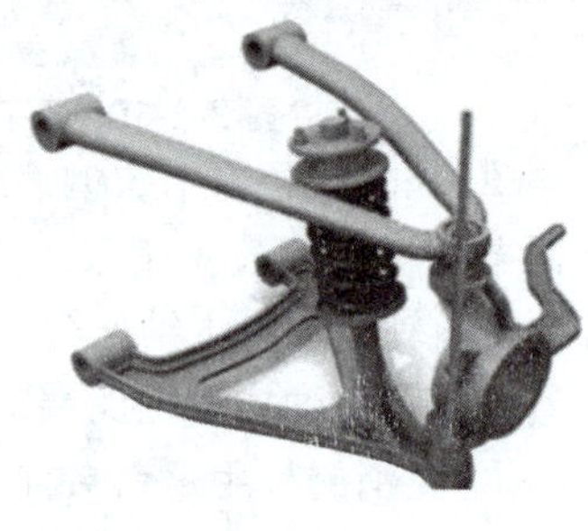

图 3-2-15　主销轴线

（1）四轮定位的作用

① 自动回正。当转向轮在偶遇外力作用或转向后发生偏转时，在外力消失后，应能立即自动回到直线行驶的位置。

② 使轮胎磨损均匀。四轮定位使车轮轮胎尽量与地面接触，并尽量保证车轮轮胎与地面发生纯滚动，这样可使轮胎磨损均匀。

③ 转向轻便。提高汽车安全性、经济性，降低驾驶员的疲劳强度。

④ 减轻车轮轮毂外轴承的负荷。

（2）主销后倾

主销安装在前轴上，其上端略向后倾斜，这种结构形式称为主销后倾。在纵向垂直平面内主销轴线与垂线之间的夹角 γ 称为主销后倾角，如图 3-2-16 所示。

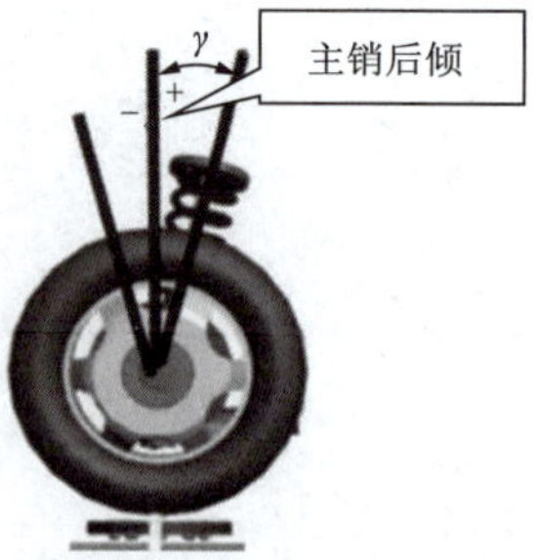

图 3-2-16　主销后倾

主销后倾的作用是形成回正力矩，保证汽车直线行驶的稳定性，并使汽车转向后回正操纵轻便。

主销后倾角越大、车速越高，回正力矩越大，转向轮偏转后自动回正的能力也越强。但主销后倾角也不宜过大，一般不超过 2°～3°；否则，在转向时为了克服此力矩，驾驶员需在转向盘上施加较大的力，使转向变得沉重。

（3）主销内倾

主销安装在前轴上，其上端略向内侧倾斜，这种结构形式称为主销内倾。在横向垂直平面内，主销轴线与垂线之间的夹角 β 称为主销内倾角，如图 3-2-17 所示。主销内倾的作用是使转向轮转向后能自动回正，并使转向操纵轻便。主销内倾角是在前轴制造加工时，使主销孔向内倾斜而成的。

主销内倾角既不宜过大，也不宜太小。在一些发动机前置前轮驱动的轿车上，为了使汽车具有良好的行驶稳定性，特别是制动稳定性，其主销内倾角均较大。

要注意，主销后倾和主销内倾都具有使转向轮自动回正及转向操纵轻便的作用，但其区别在于主销后倾的回正作用与车速有关，而主销内倾的回正作用与车重有关。

（4）前轮外倾

当汽车升起时，从汽车前方看前轮，轮胎并非垂直于路面，而是稍微倾斜。把安装在前桥的车轮上端略向外部倾斜的现象称为前轮外倾。在横向垂直平面内，前轮中心线与垂线之间的夹角 α 称为前轮外倾角，如图 3-2-18 所示。轮胎呈现“八”字形张开时称为负外倾，而呈现 V 形张开时称为正外倾。

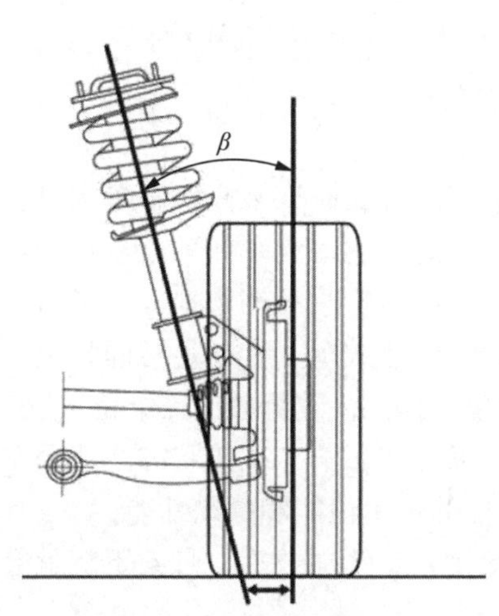

图 3-2-17　主销内倾

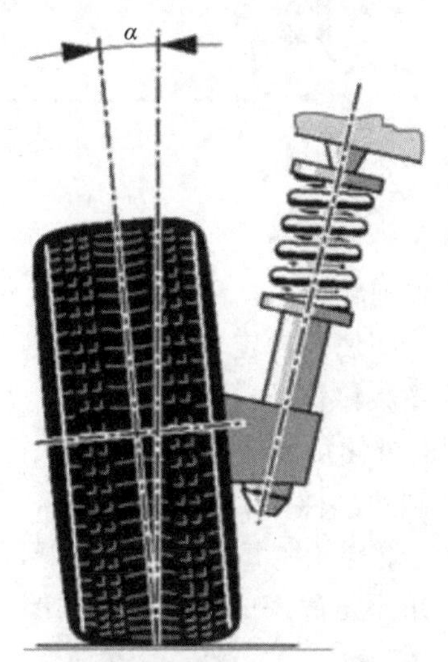

图 3-2-18　前轮外倾

前轮外倾的作用是提高车轮工作的安全性和转向操纵的轻便性。如果空车时车轮的安装正好垂直于路面，则满载时车桥将因承载变形而可能出现车轮内倾，这样将加速轮胎的偏磨损。另外，路面对车轮的垂直反作用力沿轮毂的轴向分力将使轮毂压向轮毂外端的小轴承，加重了外端小轴承及轮毂紧固螺母的负荷，降低了它们的使用寿命，严重时会损坏外端的紧固螺母而使车轮外脱，造成交通事故。现在的汽车一般都将外倾角设定为 1° 左右。

（5）前轮前束

俯视两前轮，会看到两前轮的中心线不平行，其前端略向内侧收束，这种现象称为前轮前束。两前轮后端距离 A 大于前端距离 B，其差值 $A-B$ 称为前轮前束值，如图 3-2-19 所示。

前轮前束的作用是消除因前轮外倾使汽车行驶时车轮向外张开的趋势，减少轮胎磨损和燃油消耗。由于前轮外倾，在汽车行驶时，两个车轮的滚动类似于两个锥体的滚动，其轨迹不再是直线，而是逐渐向各自的外侧滚开。但因受车桥和转向横拉杆的约束，两侧车轮不可能向外滚开，车轮在路面上滚动行驶的同时又被强制地拉向内侧产生向内的侧滑，从而加剧轮胎的磨损。有了前束，车轮滚动的轨迹是向内侧偏斜，只要前束值与车轮外倾角配合适当，车轮向内、外侧滚动的偏斜量就会相互抵消，使车轮每一瞬间的滚动方向都朝着正前方，从而消除了侧滑，减轻了轮胎的磨损。前轮前束值可以通过改变转向横拉杆的长度来调整。

需要注意，采用非独立悬架的车轮，其主销内倾和前轮外倾均不可调，部分车型的主销后倾可调，而所有车型的前轮前束均可调。采用独立悬架的车轮，其前轮外倾和前轮前束均可调，部分车型的主销后倾和主销内倾也可调。

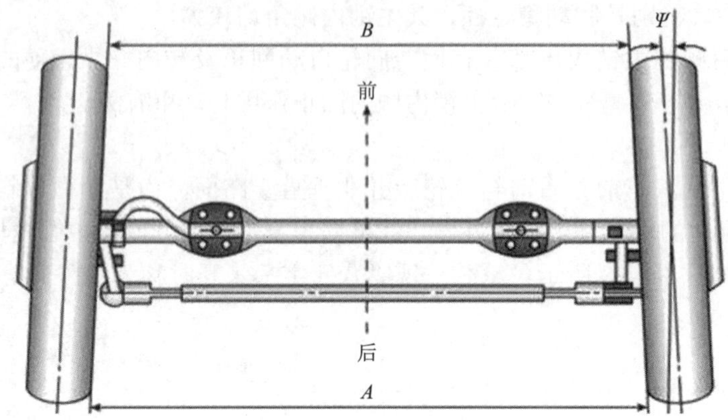

图 3-2-19　前轮前束

（6）后轮定位

随着道路条件的改善，现代轿车的行驶速度越来越高。现在有许多高级轿车都设置了四轮定位，即不仅要求前轮定位，还需要后轮定位。其原因是对前轮驱动汽车和独立后悬架汽车，如果后轮定位不当，即使前轮定位良好，仍然会有不良的操纵性和轮胎早期磨损。为了防止高速行驶时汽车出现的“激转”及自动转向现象，在结构设计上应确保汽车具有不足转向特性。汽车后轮具有一定程度的外倾角和前束可使后轮获得合适的侧偏角，提高高速行驶的操纵稳定性。

像前轮外倾角一样，后轮外倾角也对轮胎磨损和操纵性有影响。理想状态是四个车轮的运动外倾角均为零，这样轮胎和路面接触良好，从而得到最佳的牵引性能和操纵性能。

车轮外倾角不是静态的，它随悬架的上下移动而变化。车辆加载后，悬架下沉就会引起车轮外倾角改变。

为了对载荷进行补偿，采用独立后悬架的大多数车辆常有一个较小的后轮正外倾角，以保护外轴承和外端锁紧螺母，避免后轮飞脱的危险及轮胎磨损。

新车一般在驾驶 3 个月后，就要做四轮定位，如图 3-2-20 所示。之后根据底盘使用情况和车辆使用情况，每年对四轮定位进行一次检查。当更换轮胎与减振器，或者发生严重碰撞后都应该及时做四轮定位。

图 3-2-20　四轮定位

思政讲堂

查阅资料，以汽车底盘的车架为载体，进行思政探讨。大家都知道车架俗称汽车的“骨架”，具有支撑、安装汽车总成和部件，并承受各种动静载荷的作用，来引喻做人要能吃苦耐劳，能够承受挫折，不怕苦不怕累，做一名有骨气的年轻人。激发学生吃苦耐劳，不怕挫折，向抗战在一线的军人、医务工作者、科研工作者等为国家强大而无私奉献的榜样努力学习。

任务三　悬架的认知

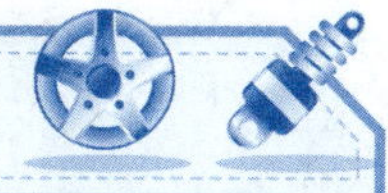

学习目标

完成本任务学习后，应当达到以下目标：

① 掌握悬架的功用及基本组成。

② 掌握悬架的基本类型和特点。

③ 掌握液压式减振器的工作原理。

④ 能够识别不同车型的悬架结构类型。

⑤ 培养积极的处事态度，勇敢克服困难的精神。

⑥ 培养对民族品牌的热爱和自豪感，加深对中国特色社会主义“四个自信”的理解、认知、实践。

任务引入

悬架是汽车中的一个重要总成，它把车架与车轮弹性地联系起来，关系到汽车的多种使用性能。从外表上看，轿车悬架仅由一些杆和弹簧组成，但千万不要以为它很简单，相反汽车悬架是一个很难达到完美要求的汽车总成。这是因为悬架既要满足汽车的舒适性要求，又要满足其操纵稳定性的要求，而这两方面又是互相对立的。比如，为了取得良好的舒适性，需要大大缓冲汽车的振动，这样弹簧就要设计得软些（刚度小些），但弹簧软了又容易使汽车发生制动点头、加速抬头、以及左右侧倾严重的不良倾向，不利于汽车的转向，容易导致汽车操纵不稳定等问题；相反弹簧设计过硬（刚度太大），虽然支撑性、稳定性提高了，但是舒适性下降了。

悬架的基本结构和类型有哪些？什么是弹性元件？减振器的工作原理是怎样的？下面具体介绍。

知识准备

一、悬架的作用

悬架是汽车的车架与车桥之间一切传力连接装置的总称。悬架的作用主要是以下三点：

① 把车桥和车架弹性地连接起来，并用它来吸收和缓和行驶中因路面不平引起的车轮跳动，而传给车架的冲击和振动。

② 保持车架和车轮之间正确的运动关系，从而保证汽车的行驶平顺性和操纵稳定性。

③ 传递路面作用于车轮的支持力、驱动力、制动力和侧向力及其产生的力矩。

二、悬架的组成

汽车的悬架有不同的结构形式，但根据悬架的作用来看，悬架一般都由弹性元件、减振器和导向装置三部分组成，如图 3-3-1 所示。为防止车身在转向等情况下发生过大的横向倾斜，有的车辆上还设有辅助弹性元件——横向稳定杆。

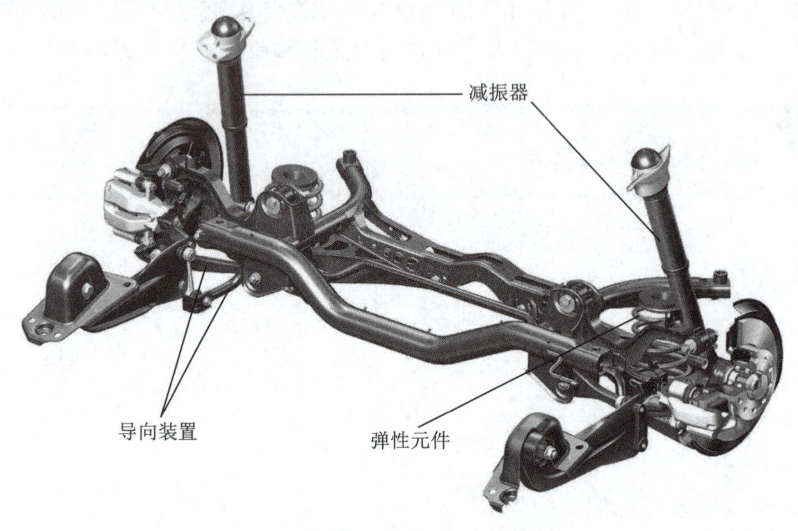

图 3-3-1　悬架

弹性元件使车架（或车身）与车桥（或车轮）之间做弹性连接，可以缓和由于不平路面带来的冲击，并承受和传递垂直载荷。减振器可以衰减由于路面冲击产生的振动，使振动的振幅迅速减小。导向机构包括纵向推力杆和横向推力杆，用于传递纵向载荷和横向载荷，并保证车轮相对于车架（或车身）的运动关系。

1. 弹性元件

汽车上常用的弹性元件包括钢板弹簧、螺旋弹簧、扭杆弹簧和气体弹簧等。

（1）钢板弹簧

钢板弹簧又称叶片弹簧，其结构如图 3-3-2 所示。在车桥靠近车架或车身时靠钢板弹簧的弹性变形来起缓冲作用，并在车桥靠近和离开车架或车身的整个过程中，通过各片相互之间的滑动摩擦，部分衰减路面的冲击作用。

图 3-3-2　钢板弹簧

一副钢板弹簧通常由很多曲率半径不同、长度不等、宽度一样、厚度相等的弹簧钢板片叠成。在整体上近似等强度的弹性梁。第一片最长的钢板弹簧，称为主片，其两端或一端弯成卷耳状在钢板弹簧全长内装有二至四个钢板夹。钢板弹簧的中部过 U 形螺栓和压板与车桥刚性固定，两端用销子铰接在车架的支架和吊耳上。

（2）螺旋弹簧

螺旋弹簧广泛应用于独立悬架，有些轿车的后轮非独立悬架也采用螺旋弹簧做弹性元件。螺旋弹簧如图 3-3-3 所示，由特殊的弹簧钢棒卷制而成，可以制成圆柱形或圆锥形，也可以制成等螺距或不等螺距。圆柱形等螺距螺旋弹簧的刚度是不变的，圆锥形或不等螺距螺旋弹簧的刚度是可变的。

图 3-3-3　螺旋弹簧

螺旋弹簧与钢板弹簧相比，无须润滑，防污能力强，质量小，单位质量的能量吸收率较高。但是螺旋弹簧本身减振作用很差，因此螺旋弹簧架中必须另装减振器。

另外，螺旋弹簧只能承受垂直载荷，不能承受其他方向载荷，必须加装导向装置，以传递各种力和力矩。

（3）扭杆弹簧

扭杆弹簧是一根由铬钒弹簧钢制成的扭杆，如图 3-3-4 所示，扭杆一端固定在车架上，另一端固定在悬架的摆臂上，摆臂则与车轮相连。当车轮跳动时，摆臂便绕着扭杆轴线而摆动，使扭杆产生扭转导致弹性变形，以保证车轮与车架的弹性联系。

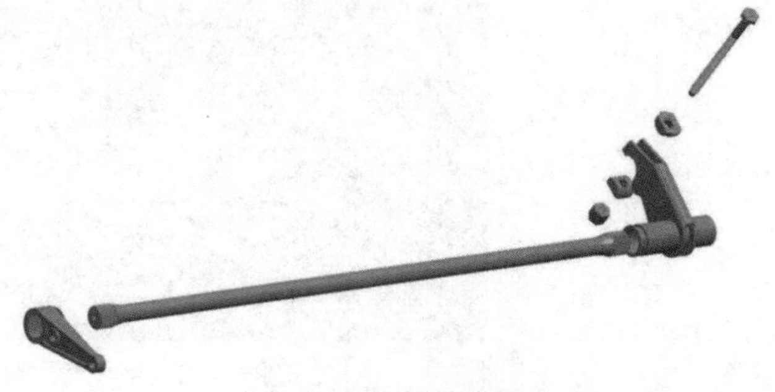

图 3-3-4　扭杆弹簧

扭杆弹簧在制造时，经热处理后预先施加一定的扭转力矩，使之产生一个永久的扭转变形，从而使其具有一定的预应力。左、右扭杆的预加扭转的方向都与扭杆安装在车上后承受工作载荷时扭转的方向相同，目的是减少工作时的实际应力，以延长使用寿命。如果左、右扭杆换位安装则将导致扭杆弹簧的实际工作应力加大，缩短使用寿命。因此，左、右扭杆弹簧刻有不同的标记，不可互换。

（4）气体弹簧

气体弹簧主要有空气弹簧和油气弹簧。

空气弹簧以空气作为弹性介质，即在一个密闭的容器内装入压缩空气 (气压为 0.5 ～ 1 MPa)，利用气体的可压缩性实现弹簧的作用，如图 3-3-5 所示。

油气弹簧以气体氮（惰性气体）作为弹性介质，用油液作为传力介质。图 3-3-6 所示为单气室式油气弹簧。油气弹簧的球形室固定在工作缸上，室的内腔用橡胶油气隔膜隔开，充入高压氮气的一侧为气室，与工作缸相通并充满油液的一侧为油室。工作缸内装有活塞、阻尼阀及其阀座。

图 3-3-5　空气弹簧

图 3-3-6　油气弹簧

当载荷增加且车架与车桥相互靠近时，活塞上移，工作缸内容积减小，油压升高，油液顶开阻尼阀进入球形室，推动隔膜向气室方向移动，使气室容积（见图 3-3-7）减少，氮气压力升高，油气弹簧的刚度增大。当载荷减小时，在高压氮气的作用下隔膜向油室方向移动，室内油液经阻尼阀流回工作缸，推动活塞下移。这时气室容积增大，氮气压力下降，弹簧刚度减小。当氮气压力通过油液传递作用在活塞上的力与载荷平衡时，活塞便停止移动。随着载荷的变化，气室内氮气也随之变化，相应地活塞处于工作缸中不同位置。可见，油气弹簧具有变刚度的特性。

（5）横向稳定杆

横向稳定杆又称防倾杆、平衡杆，是汽车悬架中的一种辅助弹性元件。它的作用是防止车身转弯时发生过大的横向侧倾，尽量使车身保持平衡。目的是减少汽车横向侧倾程度和改善平顺性如图 3-3-8 中白色框内部的杆件均为横向稳定杆。

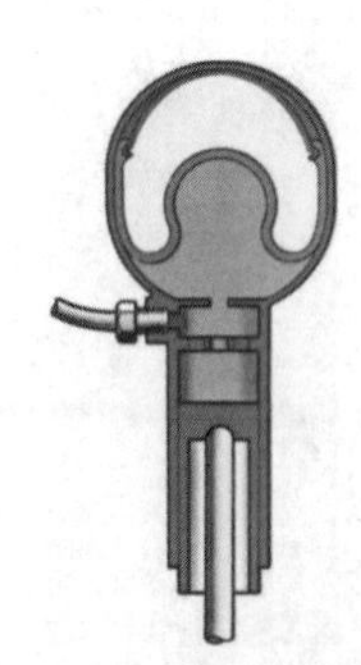

图 3-3-7　油气弹簧结构图

图 3-3-8　横向稳定杆

当两侧悬架变形不等，车身相对路面发生侧向倾斜时，车架的一侧移近弹簧下支座，稳定杆的同侧末端就相对车架向上抬起，而另一侧车架远离弹簧座，相应一侧横向稳定杆的末端应相对车架下移。同时，横向稳定杆中部对于车架没有相对运动，而稳定杆两边的纵向部分向不同方向偏转，于是稳定杆被扭转。弹性的稳定杆所产生的扭转的内力矩就阻止了悬架弹簧的变形，因而减小了车身的横向倾斜和横向角振动。

2. 减振器

弹性系统受到冲击会产生振动，持续的振动容易使乘员感到不舒适或疲劳，为了尽快使弹性系统的振动迅速衰减，改善汽车行驶平顺性，悬架中安装有减振器。

汽车减振器有液力式、充气式和阻力可调式几种。这里主要介绍液力式减振器，如图3-3-9所示。

目前汽车广泛采用筒式液力式减振器。其在压缩和伸张两个行程内均起减振作用，故又称双向作用式减振器，其结构如图3-3-10所示。它一般具有四个阀：压缩阀、伸张阀、流通阀和补偿阀。流通阀和补偿阀是一般的单向阀，其弹簧作用很弱，当阀上的油压作用力与弹簧力同向时，阀处于关闭状态；而当油压作用力与弹簧力反向时，只要有很小的油压，阀便能开启。压缩阀和伸张阀是卸载阀，其弹簧作用较强，预紧力较大，只有当油压升高到一定程度时，阀才能开启。

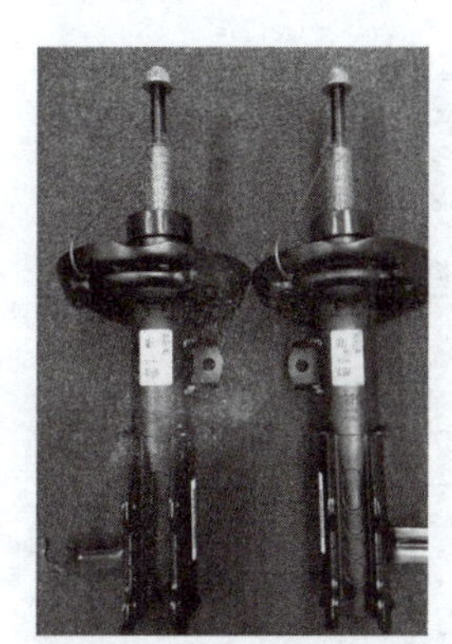

图3-3-9　液力式减振器

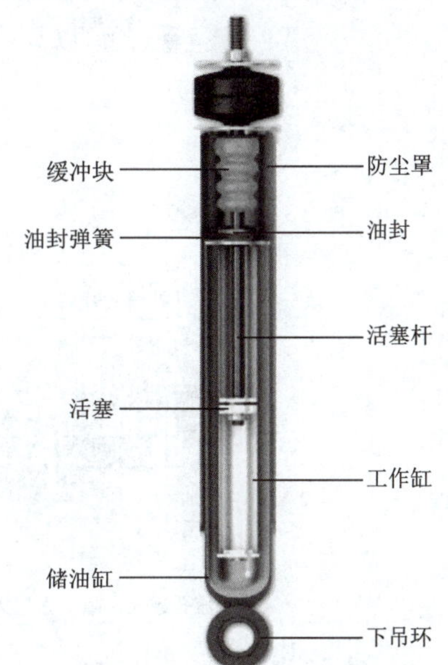

图3-3-10　双向作用式减振器结构

双向作用式减振器的工作原理如下：

（1）压缩行程

压缩行程如图3-3-11所示。当汽车车轮滚上凸起地面和滚出凹坑时，车轮移近车架（或车身），减振器受压缩，减振器活塞下移。活塞下面的腔室（下腔）容积减小，油压升高，油液经流通阀流到活塞上面的腔室（上腔）。由于上腔被活塞杆占去一部分空间，上腔内增加的容积小于下腔减小的容积，故还有一部分油液推开压缩阀，流回储油缸。这些阀对油液的节流作用，产生对悬架压缩运动的阻尼力。

（2）伸张行程

伸张行程如图3-3-12所示。当车轮滚进凹坑或滚离凸起地面时，车轮相对车身移开，减振器受拉伸，此时减振器活塞向上移动。活塞上腔油压升高，流通阀关闭，上腔内的油液便推开伸张阀流入下腔。同样，由于活塞杆的存在，自上腔流来的油液还不足以充满下腔所增加的容积，下腔内产生一定的真空度，这时储油缸中的油液便推开补偿阀流入下腔进行补充。这些阀的节流作用产生对悬架伸张运动的阻尼力。

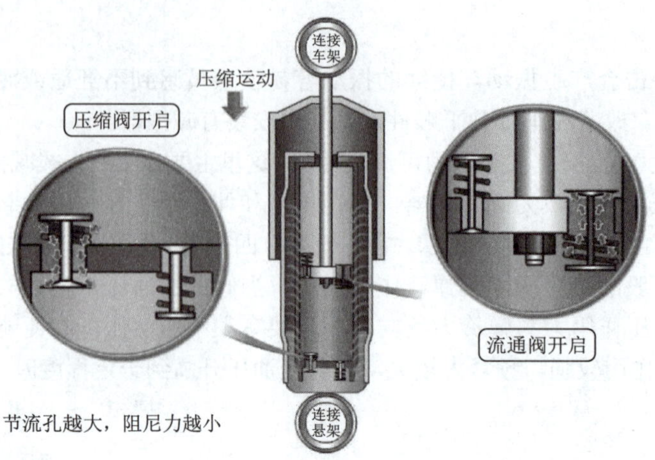

图 3-3-11　压缩行程

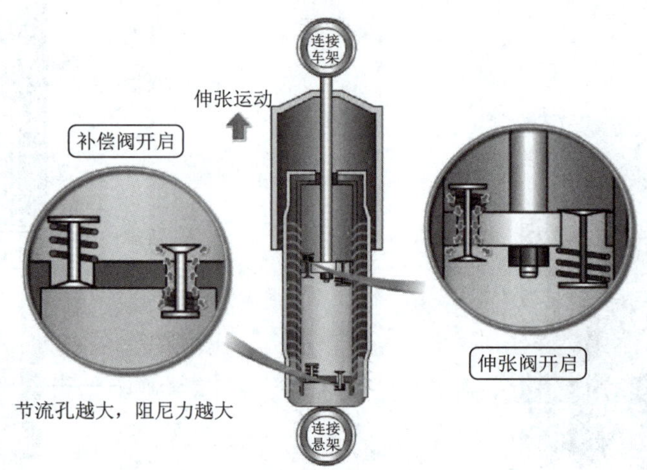

图 3-3-12　伸张行程

3. 导向机构

独立悬架上的弹性元件，大多只能传递垂直载荷而不能传递纵向力和横向力，必须另设导向机构，以承受车轮传递过来的纵向力、力矩以及侧向力。悬架导向机构决定着车轮定位参数及其动态性能，是悬架的关键部件之一，导向机构如图 3-3-13 所示。

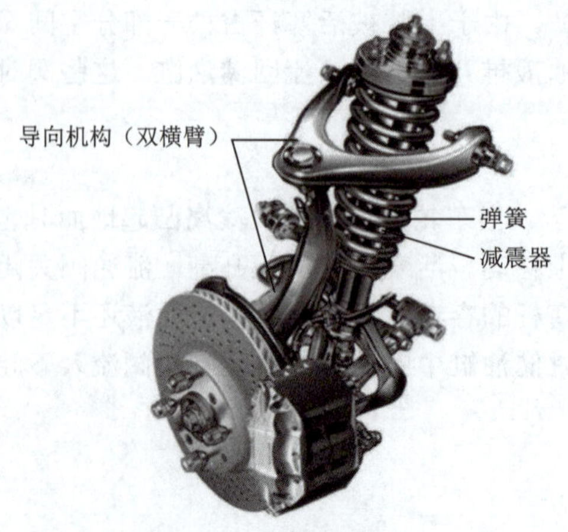

图 3-3-13　导向机构

导向机构的主要功用如下：

① 当车轮与车身产生相对运动时，保证轮距变化在一定的范围之内，以免轮胎过早磨损。

② 当车轮上下跳动时，前轮定位参数要有合理的变化特性。

③ 汽车转弯时，应使车轮与车身倾斜方向相同，增加汽车的不足转向效应。

④ 车辆加速和制动时能保持车身稳定，减少车身纵倾的可能性。

⑤ 制动时，悬架导向机构的运动应使车身具有抗点头的作用。

⑥ 加速时有抗俯仰的作用。

⑦ 行程恰当的侧倾中心，保证悬架有足够的侧倾刚度。

⑧ 各铰接点处受力尽量小，减少橡胶元件的弹性变形，以保证导向精度。

⑨ 导向杆系使悬架系统具有足够的强度、刚度和疲劳强度。

三、悬架的类型

1. 根据悬架结构不同分类

根据悬架结构不同，汽车悬架可分为非独立悬架与独立悬架两大类。

非独立悬架是左右两侧的车轮装在一个整体式车桥上，车轮连同车桥一起通过悬架与车架相连接，当一侧车轮因路面不平原因相对于车架的位置发生变化时，另一侧车轮的位置也随之发生变化。这样，自然不会得到较好的操纵稳定性及舒适性，同时由于左、右两侧车轮的互相影响也容易影响车身的稳定性，在转向的时候较易发生侧翻。非独立悬架如图 3-3-14 所示。

独立悬架是两侧车轮各自独立地通过悬架与车架相连接，其配备的车桥都是断开式的，每个车轮都能独立地上下运动。因此，从使用过程来看，当一侧车轮受到冲击、振动后可通过弹性元件自身吸收冲击力，这种冲击力不会波及另一侧车轮，使得厂家可在车型的设计之初通过适当地调校，使汽车在乘坐舒适性、稳定性、操纵稳定性三方面取得合理的配置。独立悬架如图 3-3-15 所示。

独立悬架与非独立悬架示意图如图 3-3-16 所示。

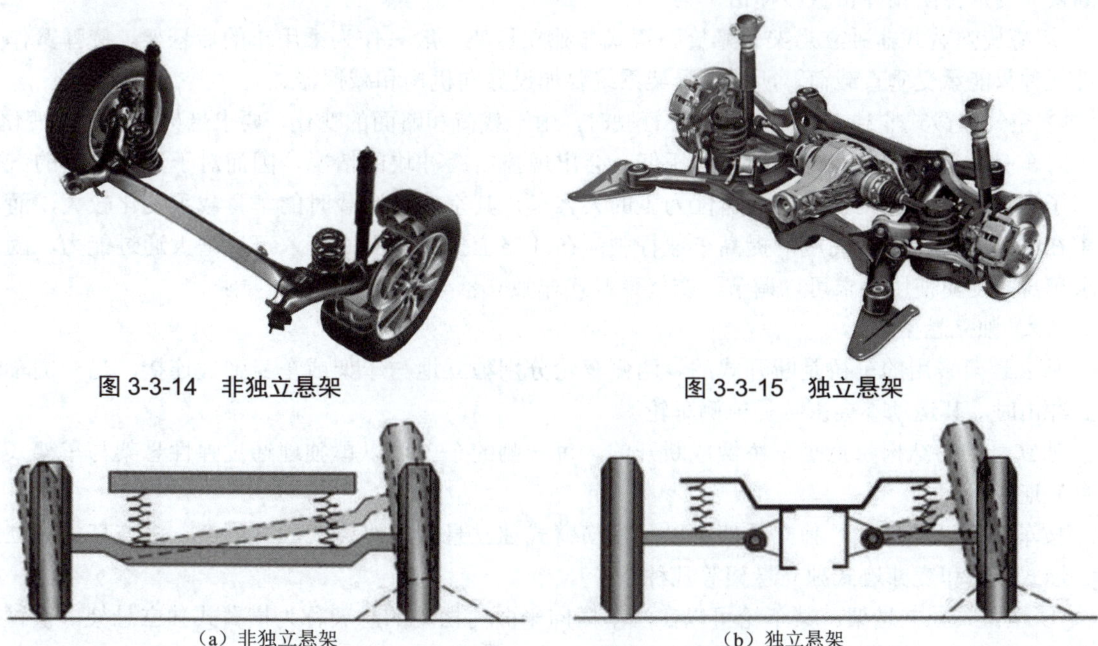

图 3-3-14　非独立悬架

图 3-3-15　独立悬架

（a）非独立悬架

（b）独立悬架

图 3-3-16　独立悬架与非独立悬架示意图

（1）非独立悬架

非独立悬架因其结构简单、工作可靠，被广泛应用于货车的前、后悬架。现代乘用车中，很少采用非独立悬架，即使采用也仅是后悬架采用非独立悬架，按采用的弹性元件不同，可分为钢板弹簧式、螺旋弹簧式、空气弹簧式、油气弹簧式。在此主要介绍钢板弹簧式、螺旋弹簧式、空气弹簧式三种常见的非独立悬架。

① 钢板弹簧式非独立悬架。图 3-3-17 所示为钢板弹簧式非独立悬架结构，钢板弹簧在载荷作用下变形时，各片之间有相对滑动而产生摩擦，可以促使车架振动的衰减。为减少弹簧片的磨损，在装配钢板弹簧时，各片间必须涂上较稠的润滑剂（石墨润滑脂），并定期进行保养。为了在使用期间长期存储润滑脂和防止污染，有时将钢板弹簧装在护套内。

图 3-3-17　钢板弹簧式非独立悬架结构

减振器的上、下吊环通过橡胶衬套和减振器连接销，分别与固定在车架和车桥上的上、下支架相连接，以衰减振动，改善驾驶员的乘坐舒适性。在前板簧盖板上装有橡胶缓冲块，以限制弹簧的最大变形并防止弹簧直接撞击车架。

② 螺旋弹簧式非独立悬架。螺旋弹簧式非独立悬架一般只作为乘用车的后悬架。旋弹簧作为弹性元件只能承受垂直载荷，所以其悬架系统要加设导向机构和减振器。

③ 空气弹簧式非独立悬架。汽车在行驶时，由于载荷和路面的变化，要求悬架刚度随之变化。空车时车身被抬高，满载时车身则被压低，会出现撞击缓冲块的情况。因而对于不同类型的汽车提出了不同的要求，比如追求舒适性为主的大客车，其空车与满载时的车身载重变化较大，而且要求在好路上降低车身高度，提高车速行驶；在坏路上提高车身高度，可以增大通过能力。因而要求车身高度随使用要求可以调节，空气弹簧式非独立悬架可以满足这一要求。

（2）独立悬架

独立悬架采用的车桥是断开式的。两侧车轮分别独立地与车架或车身弹性连接，当一侧车轮受到冲击时，其运动不会影响另一侧车轮。

独立悬架的结构特点是车桥做成断开的，每一侧的车轮可以单独地通过弹性悬架与车架（或车身）连接。

按车轮的运动形式，独立悬架可以分为横臂式独立悬架、纵臂式独立悬架、多连杆式独立悬架、烛式悬架和麦弗逊式独立悬架等几种。

① 横臂式独立悬架。其车轮可以在汽车横向平面内摆动的悬架称为横臂式独立悬架。横臂式独立悬架可分为单横臂式和双横臂式。

单横臂式独立悬架结构简单，多应用在后悬架上，但由于不能适应高速行驶的要求，目前已应用不多。

双横臂式独立悬架，按上、下横臂是否等长，又分为等长双横臂式和不等长双横臂式两种。

等长双横臂式独立悬架在车轮上下跳动时，能保持主销倾角不变，但轮距变化大（与单横臂式独立悬架相类似），造成轮胎磨损严重，现已很少用。两臂长度选择适当，可以使车轮和主销的角度以及轮距的变化都不太大，不大的轮距变化在轮胎较软时可以由轮胎变形来适应。不等长双横臂式独立悬架在轿车前轮上的应用较为广泛。

② 纵臂式独立悬架。车轮可以在汽车纵向平面内摆动的悬架称为纵臂式独立悬架。纵臂式独立悬架可分为单纵臂式独立悬架和双纵臂式独立悬架。

单纵臂式独立悬架：转向轮采用单纵臂式独立悬架时，车轮上下跳动将使主销后倾角产生很大变化。因此，一般多用于不转向的后轮。单纵臂式独立悬架的弹性元件为螺旋弹簧。

双纵臂式独立悬架：它的两个纵臂长度一般相等，形成平行四连杆机构。这样在车轮上下跳动时，主销的后倾角保持不变，故这种形式的悬架适用于转向轮。双纵臂式扭杆弹簧前独立悬架的转向节和两个等长的纵臂铰链连接。在车架的两根管式横梁内部都装有若干层矩形断面的薄弹簧钢片叠成的扭杆弹簧。两根扭杆弹簧的内端用螺钉固定在横梁的中部，而外端则插入摆臂轴的矩形孔内，摆臂轴用衬套支撑在管式横梁内，另一侧车轮的悬架与之完全相同而且对称。

③ 多连杆式独立悬架。多连杆式独立悬架（见图 3-3-18）是使车轮可以在由摆臂、推力杆等多杆件共同决定的斜向平面内摆动的悬架。多连杆式独立悬架能使车轮绕着与汽车纵轴线成一定角度的轴线摆动，是横臂式独立悬架和纵臂式独立悬架的综合方案，能满足不同的使用性能要求。其不足之处是汽车高速时有轴摆动现象。

④ 麦弗逊式独立悬架。麦弗逊式独立悬架又称滑柱摆臂式独立悬架，目前广泛应用于发动机前置前轮驱动轿车前悬架。这种悬架如图 3-3-19 所示。由减振器、螺旋弹簧、横摆臂和横向稳定杆等组成。减振器与螺旋弹簧装于一体，作为引导车轮跳动的滑柱，有的还兼起转向主销作用。采用这种悬架的汽车前端空间大，有利于发动机布置，并可降低整车的重心。

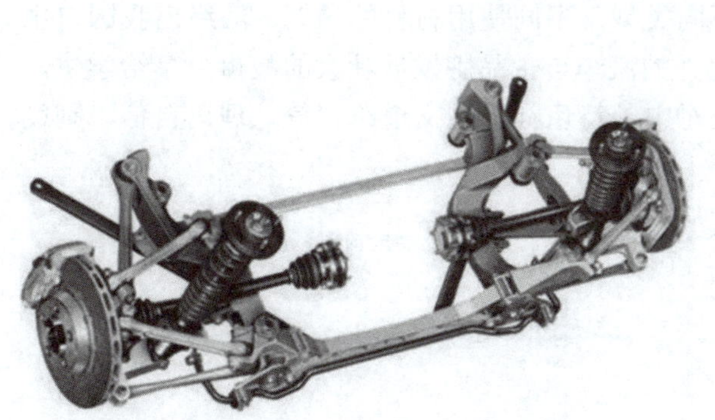

图 3-3-18　多连杆式独立悬架

图 3-3-19　麦弗逊式独立悬架

2. 根据控制方式不同分类

根据控制方式不同，汽车悬架可分为被动悬架与主动悬架两大类。

被动悬架是指汽车姿态（状态）只能被动地取决于路面、行驶状况和汽车的弹性元件、导向装置以及减振器这些机械零件。图 3-3-18、图 3-3-19 所示均为被动悬架。

主动悬架是指汽车可以根据路面和行驶工况自动调整悬架刚度和阻尼，从而使车辆能主动地控制垂直振动及其车身或车架的姿态。目前，使用主动悬架的高级轿车越来越多，一般以空气弹簧作为悬架系统。图 3-3-20 所示为主动悬架。

图 3-3-20　主动悬架

思政讲堂

查阅资料，以汽车底盘悬架系统知识点为载体，对汽车悬架的工作原理和作用进行讲解。以此说明悬架对于汽车舒适性、安全性的重要性，也是汽车底盘调校的关键点，就像悬架的弹簧和减振器，必须要适应外力而不断的伸长、压缩，克服阻力，保证舒适性，延伸到在人生的道路上，会遇到很多困难、很多挫折，希望同学们像悬架一样，能屈能伸，克服困难，勇往直前。上升到祖国在发展过程中，遇到的很多困难，包括技术、安全、经济发展等各种领域，不断地想办法解决、攻克，才会有今天美好的生活。激发学生遇到困难的积极处理态度，不怕困难，不怕苦，勇敢克服。

不同悬架类型，会有不同的结构组成，造就了不同定位的汽车品牌、车型，从简单的麦弗逊式悬架到双叉臂独立悬架、多连杆独立悬架等不同类型，不同使用材料的悬架，演绎出我国自主高端红旗 H 系列的高端车型发展路线。将我国优秀的汽车自主品牌发展壮大的故事分享给学生，激发学生对民族品牌的热爱和自豪感，加深学生对中国特色社会主义道路自信、理论自信、制度自信、文化自信的理解、认知、实践。

任务四　车轮与轮胎的认知

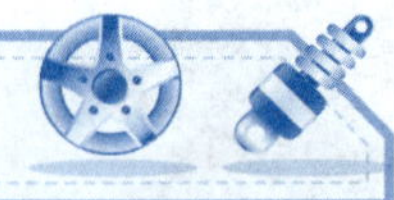

学习目标

完成本任务学习后，应当达到以下目标：

① 掌握车轮的功用和基本组成。

② 掌握车轮的结构和换位方法。

③ 掌握轮胎的结构和基本组成。

④ 掌握轮胎的动平衡检测方法。

⑤ 能够规范拆装车轮总成。

⑥ 能够规范检测车轮总成的动平衡。

⑦ 培养一丝不苟，精益求精的匠人精神。

⑧ 培养重视安全生产意识，具备安全规范操作的职业素养。

任务引入

车轮和轮胎是汽车行驶系统中的重要部件，称为车轮总成，其作用是支撑全车的质量，吸收、缓和路面传来的冲击力。车轮的基本结构是怎样的？怎样对轮胎进行检查？如何正确对车轮总成做动平衡？下面具体介绍。

知识准备

一、车轮总成的功用和组成

汽车车轮总成如图 3-4-1 所示，由车轮和轮胎两大部分组成，是汽车行驶系统的重要部件。其主要作用包括：

① 支撑整车质量。

② 缓和由路面传来的冲击载荷。

③ 通过轮胎和路面之间的附着作用来产生驱动力和制动力。

④ 保证汽车正常行驶的同时，通过轮胎产生自动回正力矩，使汽车保持稳定的直线行驶方向。

总之，车轮和轮胎是汽车重要的安全部件，几乎所有的汽车行驶性能都与轮胎有关。

图 3-4-1　车轮总成

二、车轮

1. 车轮的功用

车轮是介于轮胎和车桥之间承受负荷的旋转部件，其作用是安装轮胎，连接车桥并承受轮胎与车桥之间的各种载荷。

2. 车轮的组成

车轮一般由轮毂、轮辋、轮辐组成。轮毂通过螺栓将车轮固定在车桥上。轮辋用于安装和固定轮胎。轮辐用于将轮毂和轮辋连接起来。 车轮结构如图 3-4-2 所示。

3. 车轮的类型及结构

（1）轮辐

按照轮辐的结构不同，车轮可分为辐板式车轮和辐条式车轮两种。

① 辐板式车轮。车轮中用以连接轮毂和轮辋的钢质圆盘称为辐板，大多是冲压制成的。目前，普通轿车和货车普遍采用辐板式车轮，其结构如图 3-4-3 所示。

图 3-4-2　车轮结构

图 3-4-3　辐板式车轮

② 辐条式车轮。按辐条结构的不同，辐条式车轮又分为钢丝辐条式车轮和铸造辐条式车轮，如图 3-4-4 所示。

钢丝辐条式车轮的结构与自行车车轮完全一样，由于其价格昂贵、维修安装不便，故仅用于赛车和某些高级轿车上。另外，钢丝辐条式车轮还不能与无内胎轮胎组合使用。因此，现代轿车广泛采用铝合金辐条式车轮，即辐条与轮毂铸成一体，其质量小、尺寸精度高、生产工艺好、美观大方，可以明显改善车轮的空气动力学特性，降低汽车油耗。

（2）轮辋

轮辋又称钢圈，按其轮廓结构不同，轮辋的常见形式有深槽轮辋、平底轮辋、对开式轮辋。

① 深槽轮辋。深槽轮辋是一种整体轮辋，如图 3-4-5 所示，其断面中部为一深凹槽，可使轮胎拆装方便。 主要用于轿车及轻型越野汽车。深槽轮辋的结构简单、刚度大、质量较小，适合安装小尺寸、弹性较大的轮胎。深槽轮辋主要应用于乘用车和轻型越野汽车上。

图 3-4-4　辐条式车轮

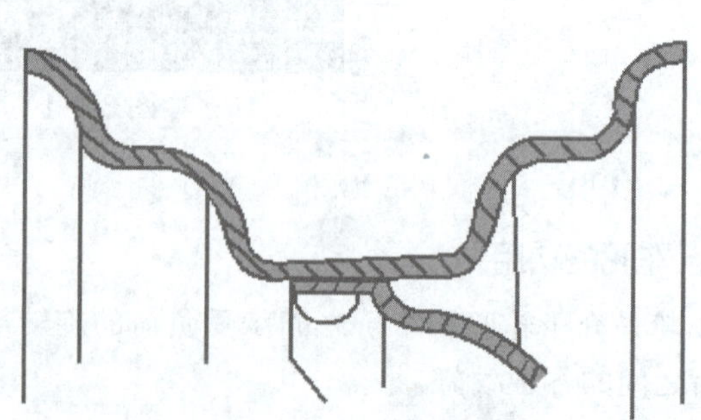
图 3-4-5　深槽轮辋

② 平底轮辋。平底轮辋又称平式轮辋，它的结构形式很多。图 3-4-6 所示的轮辋断面中部是平直的。挡圈是整体的，用一个开口弹性锁圈来将挡圈固定在轮辋上。在安装轮胎时，先将轮胎套在轮辋上，然后套上挡圈，并将它向内推，直至越过轮辋上的环形槽，再将开口的弹性锁圈嵌

入环形槽中。这种轮辋适用于尺寸较大而弹性较小的轮胎，一般用于大、中型货车。

③ 对开式轮辋。对开式轮辋又称可拆式轮辋，如图 3-4-7 所示。它由内外两部分组成，其内外轮辋的宽度可以相等，也可以不等，两者用螺栓连成一体。拆装轮胎时，拆卸螺母即可。

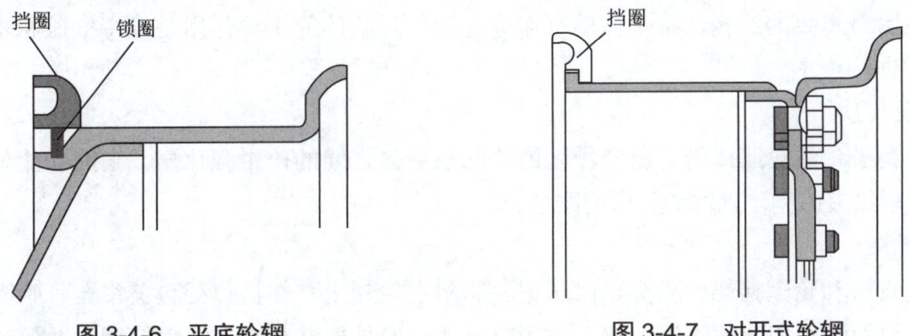

图 3-4-6　平底轮辋　　　图 3-4-7　对开式轮辋

三、轮胎

1. 轮胎的作用

轮胎安装在轮辋上，直接与路面接触，它的主要作用如下：

① 支撑汽车的质量，承受路面传来的各种载荷。

② 和汽车悬架共同来缓和汽车行驶中受到的冲击，并衰减由此而产生的振动，以保证汽车有良好的乘坐舒适性和行驶平顺性。

③ 保证车轮和路面有良好的附着性，以提高汽车的动力性、制动性和通过性。

概括起来，轮胎的作用可以简记为支撑、缓冲、减振和提高附着性。

2. 轮胎的结构

轮胎按结构可分为斜交轮胎和子午线轮胎。两者结构基本一致，只是由于胎体结构帘布层排列上的差异而存在一些差别。子午线轮胎结构与组成如图 3-4-8 所示。

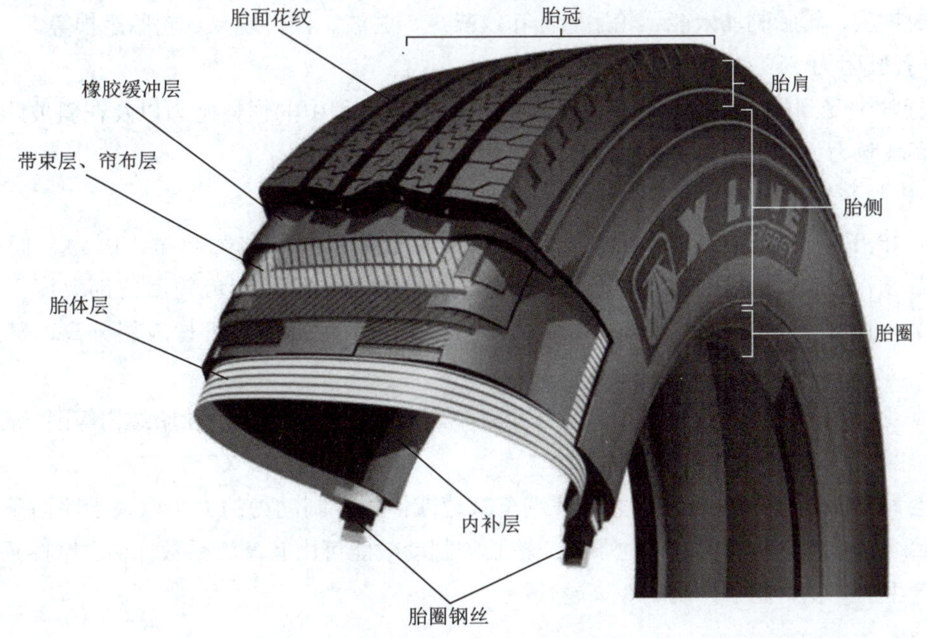

图 3-4-8　子午线轮胎结构与组成

（1）胎面

胎面是直接和路面接触的部分，它是轮胎的外表层，包括胎冠、胎肩、胎侧三部分。

（2）胎体

作为轮胎最重要的结构，整个内层帘布称为胎体。胎体的主要作用是维持气压和垂直负荷，同时吸收振动。

（3）带束层

带束层是子午线轮胎或带束斜交轮胎的胎面与胎体之间的一个强化层。它的功能与缓冲层相似，通过紧紧包裹胎体，以增加胎面的刚性。

（4）胎圈

胎圈是直接和轮辋接触的部分，胎圈把轮胎附在轮辋上，在接口处包覆帘布。胎圈由胎圈钢丝、胎圈、胎圈包布和其他零件组成。胎面的设计一般是能够紧凑地绕着轮辋，并保证万一气压突然膨胀时，轮胎也不会脱离轮辋。

3. 轮胎的类型

按照轮胎内空气压力的大小，轮胎分为高压胎（0.5 ～ 0.7 MPa）、低压胎（0.2 ～ 0.5 MPa）、超低压胎（0.2 MPa 以下）三种。低压胎广泛用于越野汽车和部分高级轿车。

轮胎按照有无内胎，可以分为有内胎轮胎和无内胎轮胎（俗称真空胎）两种。目前轮胎上普遍使用无内胎轮胎。

按照轮胎帘布层帘线层排列方式的不同，轮胎可以分为斜交轮胎和子午线轮胎。其中，子午线轮胎应用较为广泛。

按照轮胎花纹不同，轮胎分为普通花纹轮胎、越野汽车花纹轮胎、混合花纹轮胎。

4. 轮胎的性能

为了正确掌握轮胎的使用方法，有必要了解轮胎的基本性能。轮胎的基本性能包括行驶阻力、轮胎产生的热量、轮胎制动效能、轮胎胎面花纹噪声、驻波、浮滑现象、轮胎磨损等。

（1）行驶阻力

汽车行驶中受到的阻力有传动系统中的摩擦、加速过程中的惯性阻力以及在斜坡路段由重力等造成的爬坡阻力、空气阻力、轮胎的滚动阻力。

（2）轮胎产生的热量

橡胶、帘布层帘线等材料在轮胎变形时吸收能量并将其转化为热量，因为它们都是不良导体，不能使产生的热量快速散发，热量积累在轮胎材料内部，造成轮胎内部温度上升。过量的热量积累，削弱了各橡胶层与轮胎帘线之间的黏合力，最终导致各橡胶层分离，甚至使轮胎爆破。

积累在轮胎之间的热量因充气压力、载荷、车速、胎面纹槽深度及轮胎结构等因素而异。

（3）轮胎制动效能

轮胎与路面之间所产生的制动力可使汽车减速或停车。制动力的大小取决于路面条件、轮胎类型、轮胎结构以及轮胎工作的其他条件。轮胎的制动效能可由其摩擦系数评估。摩擦系数越小，则轮胎所产生的摩擦力越小，制动距离越长。

（4）轮胎胎面花纹噪声

胎面花纹噪声是轮胎最突出的工作声音。与路面接触的胎面纹槽中含有空气，这些空气密封在纹槽与路面之间，并受到压缩。当轮胎离开路面时，受到压缩的空气便从纹槽中突然冲出，产生噪声，这就是胎面花纹噪声。

（5）驻波

车辆行驶过程中，随着胎面新的部分与路面接触，轮胎便不断变形。稍后，当该部分胎面离开路面时，轮胎内的空气压力及轮胎本身的弹性，便要将轮胎恢复原状。当车速较高时，轮胎旋转速度快得没有足够的时间来完成这一复原过程。在如此短暂的时间间隔中，不断地重复这一过程，便会使胎面振动，这些振动称为驻波。驻波在轮胎附近不断传播。存储在驻波中心的能量，大部分转化为热量，使轮胎温度急剧升高。某些情况下，这种存储的热量会导致轮胎爆裂，甚至在几分钟内将轮胎毁坏。一般情况下，轿车轮胎的最大允许速度，由出现驻波时的车速决定。

（6）浮滑现象

如果车速太高，胎面没有足够的时间从路面上排开积水，不能附着在路面上，车辆便会在积水路面上打滑，这种现象称为浮滑现象。这是因为，当车速升高时，水的阻力也相应增大，迫使轮胎“浮”在水面上。

（7）轮胎磨损

轮胎在路面上滑动时所产生的摩擦力，会使胎面和其他橡胶面遭受损失或损坏，这就是轮胎磨损。轮胎磨损与充气压力、载荷、车速、路面条件、温度等因素有关。

5. 轮胎规格的表示方法

以子午线轮胎为例说明其规格，如图 3-4-9 所示。

图 3-4-9　轮胎的规格

国产子午线轮胎的规格用 B、R、d 表示。其中 R 代表子午线轮胎。子午线轮胎的断面宽度 B 已全部改为公制单位（mm），载货汽车轮胎的断面宽度B有英制单位（in）和公制单位（mm）两种。而轮辋直径 d 的单位仍是英寸（in）。

随着使用的轮胎扁平化，轮胎按其扁平率（%），即高宽比 H/B 划分系列。

国际标准中的轿车的轮胎标记：[B]/[H/B][R][d][荷重等级][速度等级符号]。其中，荷重等级所对应的最大载荷质量见表 3-4-1。速度等级所对应的最高车速见表 3-4-2。

表 3-4-1　荷重等级所对应的最大载荷质量

负荷等级	轮胎质量/kg	负荷等级	轮胎质量/kg	负荷等级	轮胎质量/kg	负荷等级	轮胎质量/kg
0	45	40	140	80	450	120	1 400
1	46.5	41	145	81	462	121	1 450
2	47.5	42	150	82	475	122	1 500
3	48.7	43	155	83	487	123	1 550
4	50	44	160	84	500	124	1 600
5	51.5	45	165	85	515	125	1 650
6	53	46	170	86	530	126	1 700
7	54.5	47	175	87	545	127	1 750
8	56	48	180	88	560	128	1 800
9	58	49	185	89	580	129	1 850
10	60	50	190	90	600	130	1 900
11	61.5	51	195	91	615	131	1 950

表 3-4-2　速度等级所对应的最高车速

速度等级代号	最高车速/（km/h）	速度等级代号	最高车速/（km/h）
A1	5	K	110
A2	10	L	120
A3	15	M	130
A4	20	N	140
A5	25	P	150
A6	30	Q	160
A7	35	R	170
A8	40	S	180
B	50	T	190
C	60	U	200
D	65	H	210
E	70	V	240
F	80	W	270
G	90	Y	300
J	100	ZR	240 以上

例如，185/60R13 80H，如图 3-4-10 所示，表示轮胎断面宽度为 185 mm，高宽比为 60%，子午线轮胎，轮辋名义直径为 13 in（1in=2.54 cm），负荷等级为 80，轮胎质量为 450 kg，速度等级为 H，最高车速为 210 km/h。

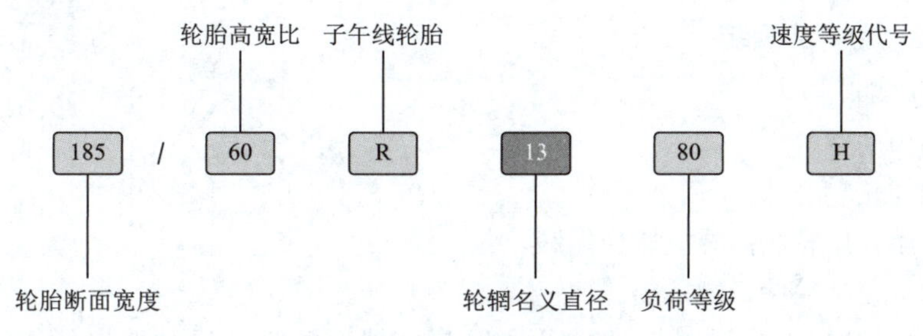

图 3-4-10　轮胎的规格

6. 轮胎的使用与换位

（1）轮胎的使用

① 保持轮胎气压正常。轮胎气压是决定轮胎寿命和工作好坏的重要因素，轮胎气压应按规定要求充足，不宜过高或过低。

② 防止轮胎超载。轮胎承受负荷较小时，使用寿命大大提高，但运输生产效率低；轮胎承受负荷较大时，使用寿命随负荷的增加而缩短。

③ 合理搭配轮胎。合理搭配轮胎的目的是使整个汽车上的轮胎磨损尽量一致，使其寿命相同。

④ 精心驾驶车辆。节胎的驾驶操作要领是：起步平稳，避免轮胎滑转；均匀加速，中速行驶，避免急加速和急减速；选择路面，避免在不良路面上行驶；转弯减速，避免高速转弯引起的轮胎横向滑移。

⑤ 保持良好的底盘技术状况。前轮定位中的前轮外倾与前轮前束配合不当、车轮不平衡、轮辋变形等将引起轮胎的异常磨损。

⑥ 正确使用备胎。由于备胎成本低，其性能不如标准轮胎。当轮胎爆破或漏气时，装上备胎可以保证汽车行驶到维修站。应尽快修复故障轮胎或换上正规轮胎。

（2）轮胎的换位

轮胎换位可使胎面磨损均匀，能充分合理地使用轮胎，并延长轮胎的使用寿命。建议每行驶 8 000 ～ 10 000 km 时需对车辆做轮胎换位。轮胎换位根据轮胎的不同特点采用不同的换位方法。

① 交叉换位法。如图 3-4-11 所示，它适用于经常在拱形路面行驶的汽车。

② 循环换位法。如图 3-4-12 所示，它适用于经常在较平坦道路上行驶的汽车。子午线轮胎的旋转方向应始终不变，推荐使用循环换位法。

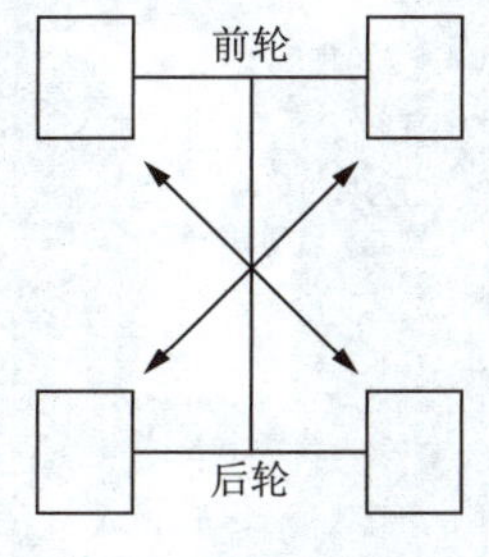

图 3-4-11　交叉换位法

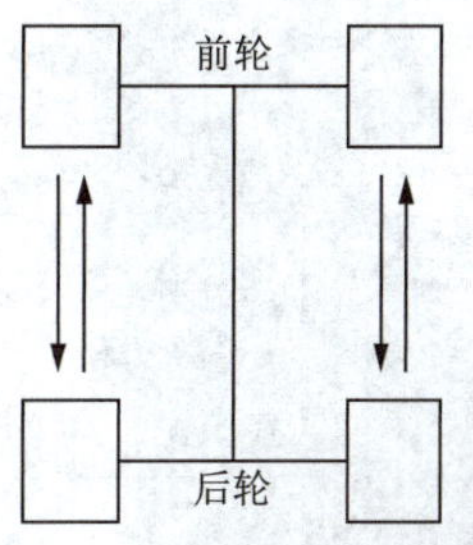

图 3-4-12　循环换位法

7. 轮胎（真空胎）的拆装

（1）轮胎的拆卸

① 释放轮胎内的空气。

② 推松胎圈与轮辋边缘。

③ 固定好轮胎，用轮胎拆装机压住轮毂。

④ 用撬棍的一角把轮胎一侧撬出。

⑤ 转动轮胎拆装机，先逆时针运动一段距离，然后顺时针运动一段距离，轮胎一侧自动脱出。

⑥ 用撬棍将轮胎下部撬出。

⑦ 转动轮胎拆装机，则整个轮胎被拆下。

（2）轮胎的安装

① 先将轮胎与轮毂接触部位涂上润滑油。

② 用手压好轮胎，转动轮胎拆装机。

③ 继续转动轮胎拆装机，将整个轮胎装配到位。

④ 轮胎装配完成后，松开夹具，给轮胎充气，直到达到汽车制造商规定的充气压力，装上气门芯帽。

拆装子午线轮胎应做记号，使安装后的子午线轮胎滚动方向保持不变。轮胎拆装机如图 3-4-13 所示。

8. 轮胎的静、动平衡

车轮与轮胎是高速旋转的组件，如果不平衡，会使其在超过某一速度行驶时产生共振，造成轮胎爆破。不平衡也会引起底盘总成零部件损伤，使转向节上的磨损增加，减振器和其他悬架元件的变形。就车轮本身而言，由于装有气门嘴，同时还与轮胎、传动轴等传动装置旋转部件组装在一起，产生不平衡在所难免，必须进行平衡的检测与调整。车轮动平衡示意图如图 3-4-14 所示。

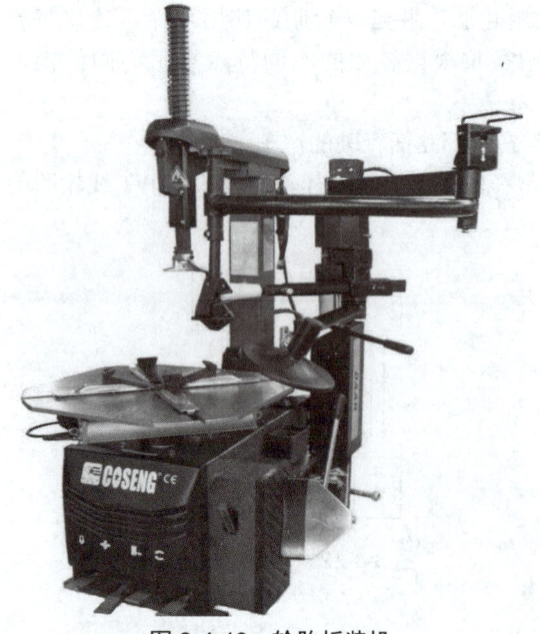

图 3-4-13　轮胎拆装机

图 3-4-14　车轮动平衡示意图

轮胎有两种类型的平衡：静平衡和动平衡。

（1）静平衡

静平衡是质量围绕车轮等量分配。简单地说就是静止时平衡。不管车轮在其轴上处于何位置，都能保持不动，就达到了静平衡。

（2）动平衡

动平衡就是使车轮在运动中平衡。轮胎旋转时，没有从一侧移动到另一侧的现象，就达到了动平衡。

为纠正动不平衡，在不平衡处互成 180° 处放置相等的平衡块，一块在车内侧，一块在车轮外侧。这样可以纠正因不平衡质量而致使车轮摆动的力偶作用。注意，既要达到动平衡，又使静平衡不受影响。

（3）车轮动平衡检测

① 将车轮装上动平衡仪，选择大小合适的固定器。将原先的配重块拆除。

② 将动平衡仪上的尺子拉出来测量，然后输入第一个控制器。

③ 将弯尺拿出，测量轮辋宽度，同样在第二个控制器上输入轮辋宽度。

④ 在控制器输入轮辋半径，按 STRAT 键开始检测。

⑤ 当检测停止后，计算机会测量出轮辋内、外侧需要增加的砝码质量，先装外侧，转动轮胎，根据提示把砝码安装于车轮内侧。

⑥ 平衡块安装完毕。

9. 轮胎的检查

轮胎的检查主要是检查轮胎磨损程度和轮胎气压。轮胎磨损程度的检查包括胎面花纹深度的检查和轮胎异常磨损的检查。

轮胎磨损过甚，花纹过浅，是行车重要的不安全因素。过度磨损的轮胎，除容易爆破外，还会使汽车操纵稳定性变坏。汽车在雨中高速行驶时，由于不能把水全部从胎下排出，轮胎将会出现浮滑现象，致使汽车失控。花纹越浅，浮滑的倾向越严重。而轮胎（包括备胎）气压的检查对于行车也是非常重要的。轮胎气压不足，会导致轮胎过热，并因轮胎的接地面积不均匀，而产生不均匀磨损或胎肩和胎侧快速磨损，缩短轮胎的使用寿命，同时会增加滚动阻力、加大油耗，而且影响车辆的操控，严重时甚至引发交通事故。轮胎气压过高则使车身质量集中在胎面中心上，导致胎面中心快速磨损，不但缩短了轮胎的使用寿命，而且降低了车辆的舒适性。所以，日常维护和各级维护时，对于轮胎的检查是非常必要的。

（1）胎面花纹深度的检查

胎面磨损标记或称防滑标记，如图 3-4-15 所示，即稍微高出胎面花纹沟槽底部的凸台。随着轮胎行驶里程的增加、轮胎磨损、花纹沟槽变浅，此时露出凸台，说明轮胎花纹即将磨尽。若不更换，可能造成行驶中轮胎打滑，引发交通事故。因此，为了方便检查轮胎的磨损，通常在磨损标记对应的胎肩处标出“Δ”等符号，每条轮胎应沿周向等距离地设置不少于四个。

图 3-4-15　磨损标记

（2）轮胎异常磨损的检查

检查轮胎的异常磨损，可以发现故障的早期征兆和原因，以便及时排除影响轮胎寿命的不良因素，防止轮胎早期磨损和损坏。

（3）轮胎气压的检查

轮胎气压可用气压表进行检查。注意，不同的车辆，轮胎的气压值也不同，检查时应参看相应车辆的维修手册。一般轿车前轮的胎压为0.22 MPa，后轮的胎压为0.25 MPa，即通常所说的前轮2.2个大气压，后轮2.5个大气压。

思政讲堂

查阅资料，了解汽车底盘行驶系统中车轮总成的知识，以此知识点为载体，掌握车轮总成支撑、缓和冲击振动等作用。使学生熟知车轮总成是直接和地面接触，对于汽车行驶安全性、舒适性、可靠性至关重要，延伸到做人做事要脚踏实地，一步一个脚印，认真对待自己的工作，在汽车修理或者其他行业都要做到一丝不苟，精益求精的匠人精神。引导学生做事认真负责，做人脚踏实地，以“厚德载物，匠心强技”为思想理念，树立学生责任感、使命感，为国家、为社会奉献的精神品质。

在轮胎拆装调换过程中，涉及很关键的轮胎螺栓拆卸和拧紧的规范和力矩要求，如果操作不规范会引发螺栓脱落、断裂，严重时会影响生命安全，以此告诫学生做事要认真规范，因为维修人员的规范操作是对客户生命的负责，要严格按照维修手册要求的行为准则去操作。要求学生要具备质量意识，重视安全生产意识，具备安全规范操作的职业素养，做事要对客户、对自己负责任，激发、培养学生在岗位上的职业素养，引导学生在工作中爱岗敬业、一丝不苟、精益求精的匠人精神。

创新创造拓展内容　汽车底盘行驶系统工作原理展示科教装置

创意作品概况

本次介绍的作品，称之为“汽行底盘行驶系统工作原理展示科教装置”。该作品是由创新创业协会的同学，根据“汽车底盘行驶系统”内容的学习，精心制作的展示底盘行驶系统工作原理的科教装置。该作品还处于制作过程中。

制作该作品的初衷是为了通过从结构组成的认知，到工作原理的理解，然后通过绘图软件编辑，进行图纸的设计，然后根据相同结构类型的车型进行对比分析，优化软件设计，出图、购买零部件，最后进行组装、调试，找到不合适的地方，对图纸、结构进行优化。经过这一系列的从理念、设计，到组装、优化的学习，培养学生动手实践能力和工程应用能力，同时能够达到汽车科学技术普及教育的目的。

图1是创新创业协会成员的学生团队根据行驶系统的结构和工作原理，初步设计制作的悬架系统，协会成员利用三维软件，设计相关底盘行驶系统的三维图形。最后协会成员采购了部分零部件，对底盘行驶系统进行初步的结构初步装配，如图2所示，为后续打造完整汽车底盘行驶系统，做出了知识和技能的储备。

图 1　汽车底盘行驶系统设计图纸

图 2　汽车底盘行驶系统结构初装

项目四 汽车底盘制动系统

汽车在道路上行驶，由于道路上情况复杂，随时都有可能发生突发事件，这就要求汽车在尽可能短的距离内、尽可能快的时间内减速，甚至停车；根据需要，还需要在斜坡上停车，这都需要制动系统的参与。汽车制动系统就是实现汽车减速、停车、稳定驻车和稳定车速的安全装置。按功能的不同，汽车制动系统可以分为行车制动系统、驻车制动系统、应急制动系统及辅助制动系统等。用在使行驶中的汽车降低速度甚至停车的制动系统称为行车制动系统；用在行车制动系统失效的情况下，保证汽车仍能实现减速或停车的制动系统称为应急制动系统；用在行车过程中，辅助行车制动系统降低车速或保持车速稳定，但不将车辆紧急制停的制动系统称为辅助制动系统。对于新能源汽车，在制动系统中还有制动能量回收的功能。上述各制动系统中，行车制动系统和驻车制动系统是每一辆汽车都必须具备的。

本项目主要介绍汽车制动系统的作用、类型、结构组成和工作原理，与此同时进行了盘式制动器和鼓式制动器的拆装和维护技能的操作学习。

任务一 制动系统的认知

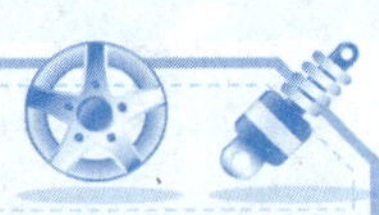

学习目标

完成本任务学习后，应当达到以下目标：

① 了解汽车制动系统的功用及基本类型。

② 掌握汽车制动系统的基本组成及工作原理。

③ 了解汽车制动系统的工作要求。

④ 能够识别车辆中制动系统的类型。

⑤ 能够描述制动系统中各个部件的位置及名称。

⑥ 了解改革开放对于国家、人民的重要意义，培养爱国主义精神和勇于探索创新的能力。

任务引入

汽车行驶过程中会遭遇到复杂多变的路面情况，如进入弯道、行经不平路面、经过障碍物等。为了保证行驶安全，就要求汽车在尽可能短的距离内将车速降低，甚至停车。制动系统作为汽车底盘的四大系统之一，能够有效地控制车速，是汽车安全的主动保障，同时也是无人驾驶技术发展的主要执行机构。

制动系统的功用和分类有哪些？制动系统由哪几部分组成？制动系统的工作原理是什么？下面具体介绍。

知识准备

一、汽车制动系统的作用

汽车制动系统的作用主要包括以下几点：

① 根据行驶中的需要，使汽车减速或在最短距离内停车。

② 使下坡行驶的汽车车速稳定。

③ 使已停驶的汽车在各种道路条件下稳定驻车。

二、制动系统的分类

1. 按制动系统的作用分类

① 行车制动系统：使行驶中的汽车减速或停车（或称为脚刹），如图 4-1-1 所示。

图 4-1-1　行车制动系统

② 驻车制动系统：使停驶的汽车驻留原地不动（或称为手刹），如图 4-1-2 所示。

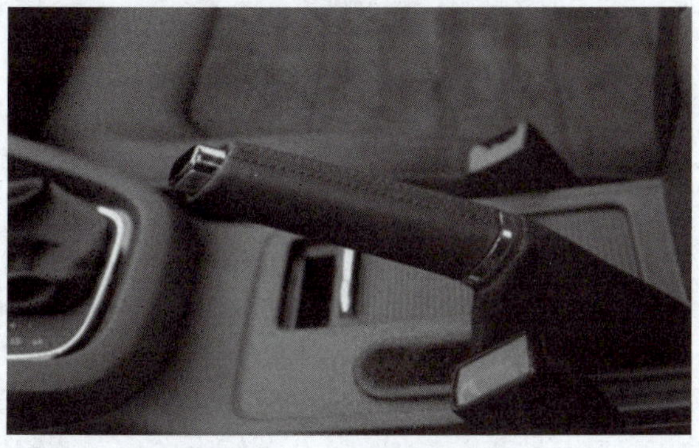

图 4-1-2　驻车制动系统

③ 应急制动系统：在行车制动系统失效后使用的制动系统。

④ 辅助制动系统：增设的制动装置，以适应山区行驶及特殊用途汽车需要。

2. 按制动系统的制动能源分类

① 人力制动系统：以驾驶员的肌体作为制动能源的制动系统。

② 动力制动系统：完全靠发动机的动力转化而成的气压或液压形式的势能进行制动的制动系统。

③ 伺服制动系统：兼用人力和发动机动力进行制动的制动系统。

3. 按制动能量的传输方式分类

① 机械制动系统：以机械传输制动能量的制动系统，例如自行车的制动系统。

② 液压制动系统：以液压传输制动能量的制动系统，例如普通乘用车使用液压制动。

③ 气压制动系统：以气压传输制动能量的制动系统，例如大型公交车、重型汽车使用气压制动系统。

④ 电磁制动系统：以电磁力传输制动能量的制动系统。

⑤ 组合制动系统：多种传输制动能量的综合。

4. 按制动回路分类

（1）单回路系统：全车制动用一条制动回路的制动系统，现在很少见。

（2）双回路制动系统：全车制动用两条制动回路的制动系统，较为常见。

三、制动系统的组成

汽车制动系统一般由供能装置、控制装置、传动装置、制动器等部分组成，每个部分又由不同部件组成，如图 4-1-3 所示。

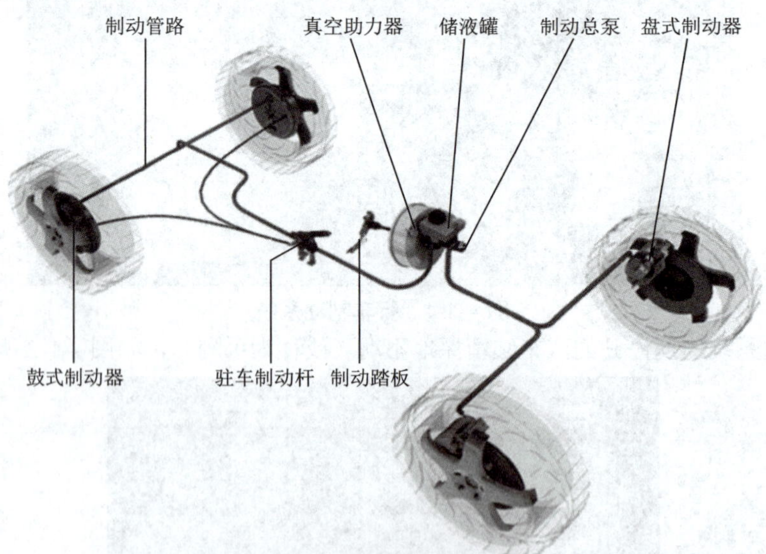

图 4-1-3　汽车制动系统组成

① 供能装置：包括供给、调节制动所需能量以及改善传能介质状态的各种部件。其中，产生制动能量的部分称为制动能源。人的肌体亦可作为制动能源。

② 控制装置：包括产生制动动作和控制制动效果的各种部件，例如制动踏板。

③ 传动装置：包括将制动能量传输到制动器的各个部件，例如制动主缸、制动轮缸、制动管路等。

④ 制动器：是产生阻碍车辆的运动或运动趋势的力（制动力）的部件。

同时还应该包括制动力调节装置、报警装置（见图 4-1-4）、压力保护装置等附加装置。

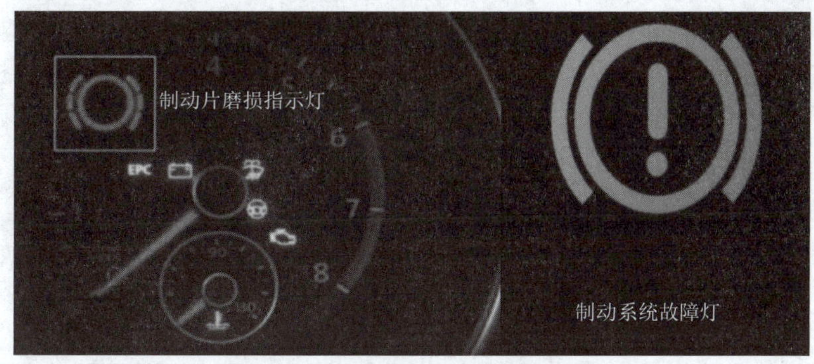

图 4-1-4　汽车制动系统报警装置

四、制动系统的工作原理

以一定速度行驶的汽车，具有一定的动能。要使它按需减速停车，路面必须强制地对汽车车轮产生一个阻止汽车行驶的能力——制动力。这个力的方向与汽车行驶的方向相反。实质上，制动就是将汽车的动能强制地转化成其他形式的能量，即转化为热能，扩散到大气中去。

1. 制动作用力的产生

如图 4-1-5 所示，制动时，驾驶人踩下制动踏板，推杆便推动主缸活塞，迫使制动液经油管进入制动轮缸，推动轮缸活塞克服回位弹簧的拉力，使制动蹄绕支撑销转动而张开，消除制动蹄与制动鼓之间的间隙后压紧在制动鼓上。这样，不旋转的制动蹄摩擦片对旋转的制动鼓就产生了一个摩擦力矩，其方向与车轮旋转方向相反，其大小取决于轮缸的张开力、摩擦系数及制动鼓和制动蹄的尺寸。制动鼓将力矩传至车轮后，由于车轮与地面的附着作用，车轮即对地面作用一个向前的周缘力。同时，地面也会给车轮一个向后的反作用力，这个力就是车轮受到的地面制动力。各车轮上的制动力之和就是汽车受到的总制动力。在制动力的作用下使汽车减速，甚至停车。

放松制动踏板，在回位弹簧的作用下，制动蹄与制动鼓的间隙又得以恢复，从而解除制动，车轮继续旋转。

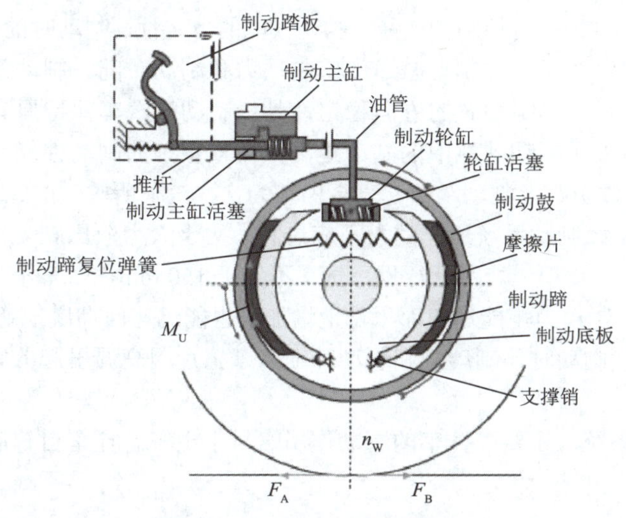

图 4-1-5　汽车制动系统原理

2. 最好的制动条件

制动时车轮上的制动力随踏板力及其产生的摩擦力矩的增加而增加。但受到轮胎与附着情况的限制，制动力不可能超过附着力。当制动力等于附着力时，车轮将被抱死而在路面滑拖。滑拖会使轮胎面局部稀化、磨损，就好像轮胎与路面间被一层润滑剂隔开，使附着系数反而减少。最大制动力和最短制动距离并不是在车轮抱死时出现，而是在车轮将要抱死而又未完全抱死时（制动力接近附着力）出现，即在所谓“临界状态”时，达到最大值。

可见，制动到抱死状态所能达到的制动力与车轮上的垂直载荷成正比，即车轮上的载荷越大，获得的制动力也应越大。为此，应根据各类汽车前后桥车轮所分配的质量不同，从制动器的结构形式上（如张开机构、制动鼓、制动蹄的形式和尺寸大小等方面），合理地分配制动力的大小，来获得较理想的制动工作状态。

实际上，一般结构的制动器在制动过程中，因车轮的载荷及其与地面附着系数不是常数，所以，很难完全避免车轮抱死滑拖。因此，现代车辆基本上都配备了电子控制的防抱死制动系统，即 ABS 系统，能有效控制车轮的抱死现象，如图 4-1-6 所示。

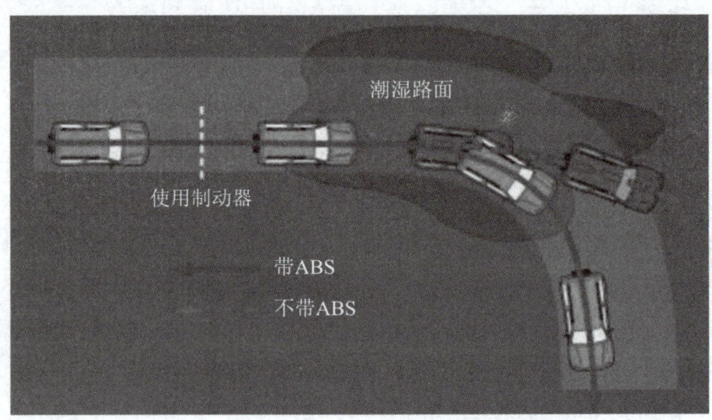

图 4-1-6　有无 ABS 制动系统的对比

五、制动系统要求

为保证汽车能在安全的条件下发挥出高速行驶的能力，制动系统必须满足下列要求：

① 具有良好的制动性能。包括制动效能、制动效能的恒定性、制动时的方向稳定性三个方面。制动效能的评价指标有制动距离、制动减速度、制动力和制动时间。制动效能的恒定性指抗“热衰退”和抗“水衰退”能力。制动时的方向稳定性是指制动时汽车保持原有行驶方向的能力。而在实际使用过程中，往往用制动效能中的制动距离来衡量整车的制动性能。制动距离是以某一速度开始紧急制动，从驾驶员踩上制动踏板起直至停车为止，汽车所驶过的距离。

② 操纵轻便。即操纵制动系统所需的力不应过大。对于人力液压制动系统最大踏板力不大于 500 N（轿车）和 700 N（货车）。踏板行程，货车不大于 150 mm，轿车不大于 120 mm。

③ 制动平顺性好。制动力矩能迅速而平稳地增加，也能迅速而彻底地解除。

④ 散热性好。连续制动时，制动鼓和制动蹄上的摩擦片因高温引起的摩擦系数下降要小，水湿后恢复要快。

⑤ 对挂车的制动系统，还要求挂车的制动作用略早于主车。挂车自行脱挂时能自动进行应急制动。

六、液压制动系统的排气

制动系统检修、更换制动液之后，或者制动踏板无弹力时，需要对制动系统进行排气。排气时可以使用专用的制动液充放机，也可以人工进行排气。下面以人工排气为例进行介绍。

制动系统排气顺序：右后车轮制动轮缸→左后车轮制动轮缸→右前车轮制动钳→左前车轮制动钳。人工排气方法如下：

① 将一根软管一端接到排气螺钉上，一头插入容器中。

② 一人用力迅速踩下并缓慢放松制动踏板，如此反复数次后，踩下制动踏板，并保持一定高度使之不动；另一人拧松排气螺钉，管路中空气随制动液顺着橡胶管排出制动系统，排出空气后再将排气螺钉拧紧。

③ 重复上述步骤多次，直至容器中制动液里无气泡为止。

④ 取下橡胶管，套上防尘罩。观察储液罐制动液面高度，必要时添加制动液，如图 4-1-7 所示。

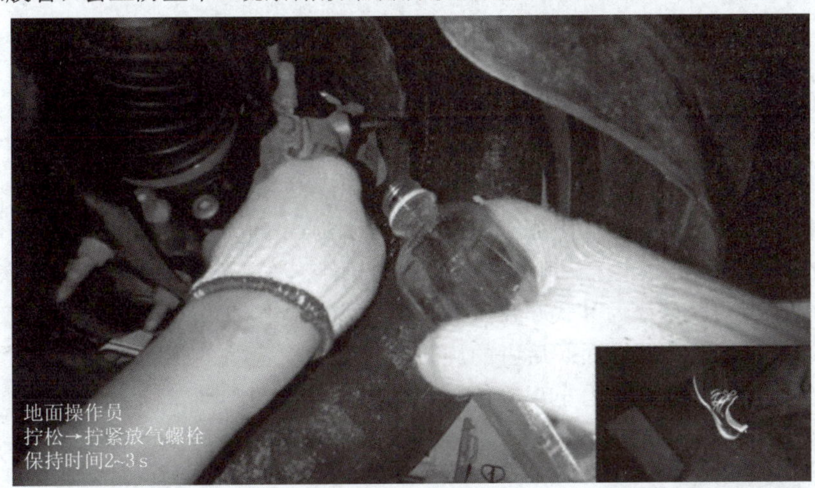

图 4-1-7　制动系统

思政讲堂

查阅资料，了解中国汽车工业的开放合作阶段（1981—1999 年）这段历史时期，以这段历史时期我国汽车的发展状况为载体，在改革开放的大趋势下，涌现出新型汽车企业，使用图片资源，将我国汽车工业开放合作阶段的故事展现给学生介绍引导学生阐述个人观点。激发对汽车的学习兴趣，加深学生对中国汽车工业开放合作阶段历史的认识，使学生深刻认识到改革开放对于国家的发展起到了至关重要的作用。

任务二　制动器的认知

学习目标

完成本任务学习后，应当达到以下目标：

① 掌握制动器的基本结构及组成。

② 了解制动器的功用及分类。

③ 掌握制动器的工作过程和拆装方法。

④ 能够识别不同车型的制动器结构形式。

⑤ 能够规范拆装制动器。

⑥ 培养认真履职、勤勉尽责的社会责任感。

任务引入

制动器的好坏对行车的安全是至关重要的。制动器的磨损、变形、老化和调整不当等，将会导致制动不良、制动跑偏、制动拖滞、制动失效等故障，严重影响行程安全。因此，应高度重视制动器的日常维护保养和检修。

制动器的基本结构和组成有哪些？制动器如何分类？制动器的工作原理是怎样的？下面具体介绍。

知识准备

一、制动器的功用与分类

制动器是制动系统中用来产生阻碍汽车运动或运动趋势的力（制动力）的部件。一般汽车所使用的制动器的制动力矩都是来源于固定元件和旋转元件工作表面之间的摩擦，即摩擦式制动器。

目前，摩擦式制动器可分为鼓式和盘式两大类，它们的区别在于：前者的摩擦副中的旋转元件为制动鼓，其工作表面为圆柱面；后者的旋转元件则为圆盘状的制动盘，以端面为工作表面。旋转元件固装在车轮上，即制动力矩直接作用于两侧车轮上的制动器称为车轮制动器。鼓式制动器与盘式制动器如图 4-2-1、图 4-2-2 所示。

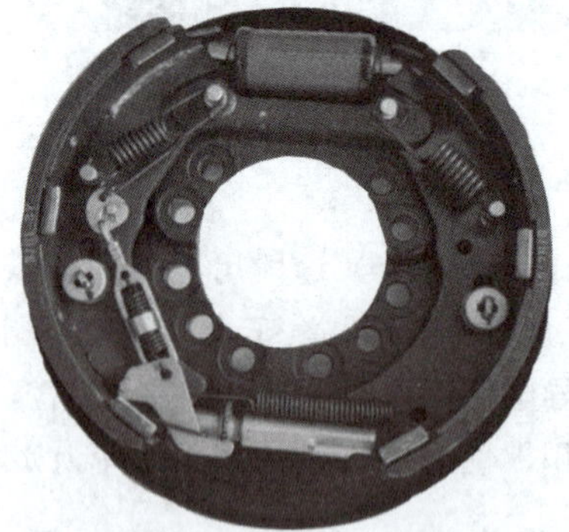

图 4-2-1　鼓式制动器

图 4-2-2　盘式制动器

二、鼓式制动器

鼓式制动器主要由制动底板、制动轮缸、制动蹄、拉力弹簧等组成，如图 4-2-3 所示。鼓式制动器应用在汽车上面已经有近一个世纪的历史了。但是，由于它的可靠性以及强大的制动力，使得鼓式制动器现在仍配置在许多车型上（多使用于后轮）。

鼓式制动器是由液压装置作用于制动鼓内的制动蹄往外推，使制动蹄与随着车轮转动的制动鼓内圆柱面发生摩擦而产生制动效果。

鼓式制动器的制动鼓内圆柱面就是制动装置产生制动力矩的位置。在获得相同制动力和力矩的情况下，鼓式制动器的制动鼓直径可以比盘式制动器的制动盘还要小许多。因此，载货用的车辆为获取强大的制动力，只能在轮圈的有限空间之中安装鼓式制动器。

简单地说，鼓式制动器就是利用制动器内静止的制动蹄去摩擦随着车轮转动的制动鼓，产生摩擦力使车轮转动速度降低的制动装置。在踩下制动踏板时，脚的作用力会使制动主缸内部活塞将制动液往前推，并在油路中产生压力。压力经制动液传送到每个车轮的制动轮缸活塞中，制动轮缸活塞再推动制动蹄向外，使制动蹄和制动鼓的内圆柱面发生摩擦，并产生足够的摩擦力去降低车轮的转速，以达到制动的目的。

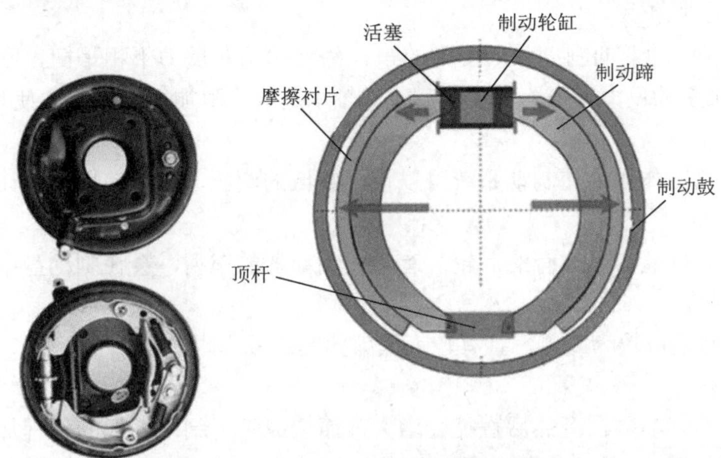

图 4-2-3　鼓式制动器的结构组成

根据制动过程中两制动蹄产生制动力矩的不同，鼓式车轮制动器可分为领从蹄式、双领蹄式、双向双领蹄式、双从蹄式、单向自增力式和双向自增力式等几种形式。

下面介绍领从蹄式制动器的结构。

汽车前进时，如果制动鼓逆时针旋转，制动蹄的支撑点在前端，制动轮缸所加的制动力作用于其后端，因而该制动蹄张开时的旋转方向与制动时的旋转方向相同。具有这种属性的制动蹄称为领蹄。

与此相反，制动蹄的支撑点在后端，制动力加于其前端。其张开时的旋转方向与制动鼓的旋转方向相反，具有这种属性的制动蹄称为从蹄。当汽车倒车时，即制动鼓反向旋转时，领蹄变成从蹄，而从蹄变成领蹄，这种在制动鼓正向旋转和反向旋转时，都有一个领蹄和一个从蹄的制动器即称为领从蹄式制动器。领从蹄式制动器示意图如图 4-2-4 所示。

图 4-2-4　领从蹄式制动器示意图

虽然领蹄和从蹄所受的制动力相等，但所受制动鼓的法向反力却不相等，相应的制动力矩也不一致，故两制动蹄对制动鼓所施加的制动力矩不相等。一般说来，领蹄产生的制动力矩为从蹄制动力矩的 2~2.5 倍。倒车制动时，虽然从蹄变成领蹄，领蹄变成从蹄，但整个制动器的制动效能还是同前进制动时一样。

显然，由于领蹄和从蹄所受的法向反力不等，在两蹄摩擦片工作面积相等的情况下，领蹄摩擦片上的单位压力较大，因而磨损较严重。为了使领蹄和从蹄的摩擦片寿命相近，有些领从蹄式制动器，其领蹄摩擦片的周向尺寸设计得较大。但这样将使两蹄的摩擦片不能互换，从而增加了零件品种数和制造成本。

此外，领从蹄式制动器的制动鼓所受到的来自两蹄的法向反力不相平衡，则两蹄法向反力之和只能由车轮轮毂轴承的反力来平衡，这就对轮毂轴承造成了附加径向载荷，使其寿命缩短。

鼓式制动器的优点：

① 有自动制动增力作用，使制动系统可以使用较低的油压，或是使用直径比制动盘小很多的制动鼓。

② 驻车制动装置安装容易。有的后轮装有盘式制动器的车型，会在制动盘中心部位安装鼓式制动器的驻车制动装置。

③ 零件的加工与组成较为简单，且有较为低廉的制造成本。

鼓式制动器的缺点：

① 鼓式制动器的制动鼓在受热后直径会增大，而造成踩下制动踏板的行程加大，容易发生制动反应不如预期的情况。因此，在驾驶采用鼓式制动器的车辆时，要尽量避免连续制动造成制动蹄因高温而产生热衰退现象。

② 制动系统反应较慢，踏板的踩踏力较不易控制，不利于做高频率的制动动作。

③ 构造复杂，零件多，制动间隙需调整，使得维修不易。

三、盘式制动器

由于车辆的性能与行驶速度与日俱增，为增加车辆在高速行驶时制动的稳定性，盘式制动器已成为当前制动系统的主流。由于盘式制动器的制动盘暴露在空气中，使得盘式制动器有优良的散热性。当车辆在高速状态紧急制动或在短时间内多次制动时，制动性能不易衰退，可以让车辆获得较佳的制动效果，以增进车辆的安全性。并且由于盘式制动器的反应快速，有能力做高频率的制动动作。因此，现代车型采用盘式制动器与 ABS 系统、ESP 系统等搭配，以满足此类系统需要快速动作的需求。

盘式制动器以静止的制动摩擦块夹住随车轮转动的制动盘以产生摩擦力，使车轮转动速度降低的制动装置。当踩下制动踏板时，制动主缸内的活塞会被推动，而在制动油路中建立压力。压力经制动液传送到制动钳体上的制动轮缸活塞上，活塞在受到压力后，会向外移动并推动制动摩擦块去夹紧制动盘，使得制动摩擦块与制动盘发生摩擦，以降低车轮转速，使汽车减速或停止。

盘式制动器主要由制动钳壳体、制动盘、活塞、摩擦块和排气螺钉等组成。盘式制动器摩擦副中的旋转元件是以端面工作的金属圆盘，称为制动盘。其固定元件则有多种结构形式，大体上可分为两类：一类是工作面积不大的摩擦块与其金属背板组成的制动块，每个制动器中有两个。这些制动摩擦块及其制动装置都装在横跨制动盘两侧的夹钳形支架中，总称为制动钳体。这种由制动盘和制动钳组成的制动器称为钳盘式制动器。另一类固定元件的金属背板和摩擦片也呈圆盘形，制动盘的全部工作面可同时与摩擦片接触，这种制动器称为全盘式制动器。钳盘式制动器过去只用于中央制动器，但目前越来越多地被各级轿车和货车用于车轮制动器。全盘式制动器只有少数重型汽车将其作为车轮制动器。本书只介绍钳盘式制动器。钳盘式制动器可分为定钳盘式制动器和浮钳盘式制动器两类。钳盘式制动器如图 4-2-5 所示。

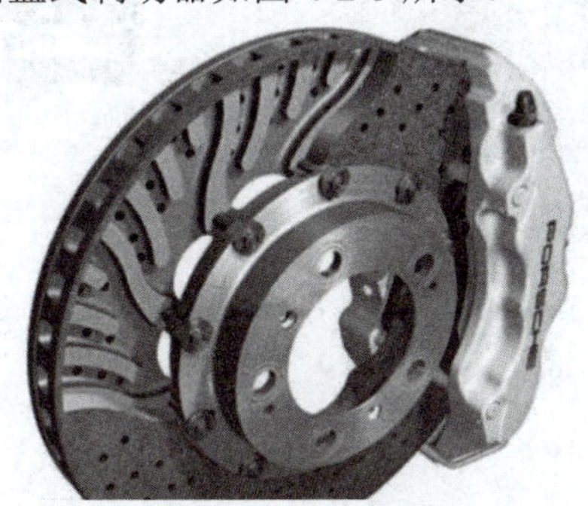

图 4-2-5 钳盘式制动器

1. 定钳盘式制动器

图 4-2-6 所示为定钳盘式制动器结构示意图。跨置在制动盘上。制动钳体固定安装在车桥上，它既不能旋转，也不能沿制动盘轴线方向移动，其内的两个活塞分别位于制动盘的两侧。制动时，制动主缸内的制动液经进油口进入钳体中两个相通的油缸，将两侧的制动块压向与车轮固定连接的制动盘，从而产生制动力。

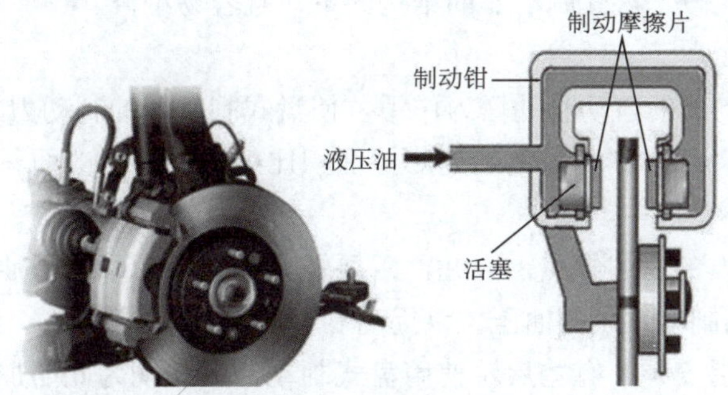

图 4-2-6 定钳盘式制动器

2. 浮钳盘式制动器

浮钳盘式制动器结构如图 4-2-7 所示。制动钳体通过导向销与车桥相连，可以相对于制动盘轴向移动。制动钳体只在制动盘的内侧设置油缸，而外侧的制动块则附装在钳体上。制动时，来自制动主缸的制动液通过进油口进入制动油缸，推动活塞及其上的制动块向右移动，并压到制动盘上，于是制动盘给活塞一个向左的反作用力，使得活塞连同制动钳体整体沿销钉向左移动，直到制动盘右侧的制动块也压到制动盘上。此时，两侧的制动块都压在制动盘上，夹住制动盘使其制动。浮钳盘式制动器的工作过程如图 4-2-8 所示。

与定钳盘式制动器相反，浮钳盘式制动器轴向和径向尺寸较小，而且制动液受热汽化的机会较少。此外，浮钳盘式制动器在兼充行车和驻车制动器的情况下，只需在行车制动钳油缸附近加装一些用以推动油缸活塞的驻车制动机械传动零件即可。因此，浮钳盘式制动器逐渐取代了定钳盘式制动器。

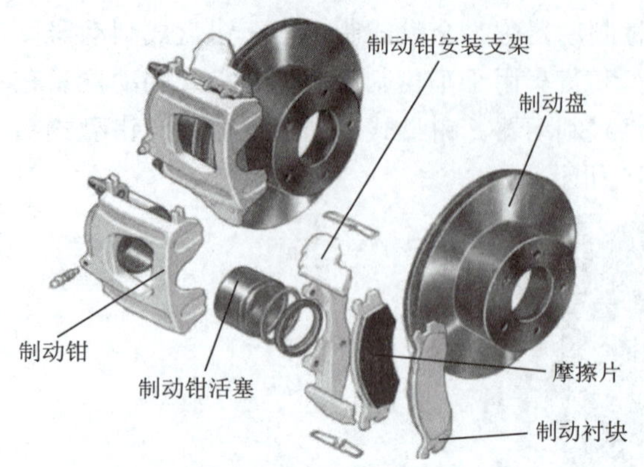

图 4-2-7　浮钳盘式制动器结构

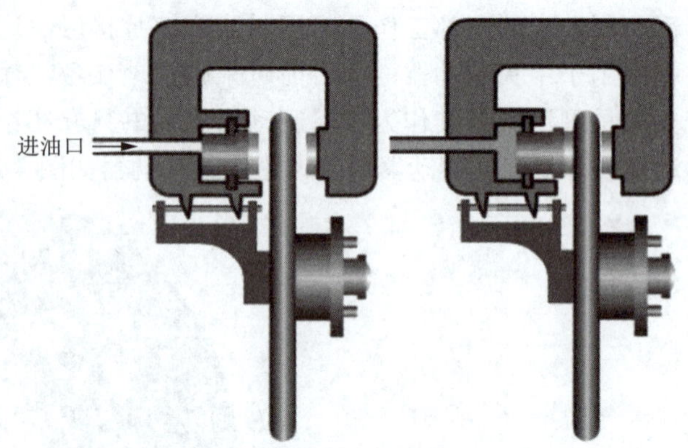

图 4-2-8　浮钳盘式制动器的工作过程

盘式制动器的优点：

① 盘式制动器散热性较鼓式制动器好，在连续踩踏制动踏板时一般不会造成制动衰退而使制动失灵的现象。

② 制动盘在受热之后尺寸的改变并不使制动踏板的行程增加。

③ 盘式制动器的反应快速，可做高频率的制动动作，因而较为符合 ABS 系统的需求。

④ 盘式制动器没有鼓式制动器的自动制动增力作用，因而左、右车轮的制动力比较平均。

⑤ 因制动盘的排水性较佳，可以降低因为水或泥沙造成制动不良的情形。

⑥ 与鼓式制动器相比较，盘式制动器的结构简单，且容易维修。

盘式制动器的缺点：

① 因为没有鼓式制动器的自动制动增力作用，使盘式制动器的制动力较鼓式制动器小。

② 盘式制动器的制动片与制动盘之间的摩擦面积比鼓式制动器的面积小，使得制动的力量也比较小。

③ 为改善盘式制动器的上述缺点，因此，需要较大的踏板力量或是油压。因而必须使用直径较小的制动盘，或是提高制动系统的油压，以提高制动的力量。

④ 驻车制动装置不易安装，有些后轮使用盘式制动器的车辆为此而加设一组鼓式制动器的驻车机构。

⑤ 制动片磨损较大，致使更换频率可能较高。

四、制动盘和制动块

1. 制动盘

制动盘按是否有散热孔可分为实心盘式制动盘和通风式制动盘，如图 4-2-9 所示。实心盘式制动盘在汽车制动时不能快速散热，逐渐被通风式制动盘所取代。通风式制动盘内部是中空的，冷空气可以从中间穿过进行降温。从外表看，它在圆周上有许多通向圆心的空洞，它利用汽车在行驶中产生的离心力能使空气对流，达到散热的目的。

通风式制动盘可最大限度保证空气流通，降低热衰减。高性能的跑车常使用这种制动盘，具有较好的冷却作用。

制动盘按材料不同又可分为铸铁式制动盘和陶瓷式制动盘。铸铁式制动盘价格便宜，但一般用上几年就要更换。陶瓷式制动盘并非就是普通陶瓷，而是在 1 700 ℃高温下碳纤维与碳化硅合成的增强型复合陶瓷。陶瓷式制动盘（见图 4-2-10）的质量不到普通铸铁式制动盘的一半。

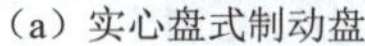

（a）实心盘式制动盘

（b）通风式制动盘

图 4-2-9　制动盘

图 4-2-10　陶瓷式制动盘

更轻的制动盘就意味着悬架下质量的减轻，这令悬架系统的反应更快，因而能够提升车辆整体的操控水平。另外，普通制动盘容易在全力制动下因高热产生热衰退，而陶瓷式制动盘能有效而稳定地抵抗热衰退，其耐热效果比普通制动盘高出许多倍。还有，陶瓷式制动盘在制动最初阶段就立刻能产生最大的制动力，因此，甚至无须制动辅助系统，而整体制动效果比传统制动系统更快、距离更短，如果正常使用是终生免更换的。而尽管陶瓷式制动盘的制动性能十分优异，但是它的造价昂贵，因此不适合在普通汽车上进行推广使用。

2. 制动块

制动块又称制动摩擦块，如图 4-2-11 所示。制动块一般由钢板、粘接隔热层和摩擦块构成，钢板要经过涂装来防锈。其中隔热层是由不传热的材料组成的，目的是隔热。摩擦块由摩擦材料、黏合剂组成，制动时被挤压在制动盘或制动鼓上产生摩擦，从而达到车辆减速和制动的目的。另外，制动时能闻到一股烧煳的味道，这是摩擦材料高温产生的味道，对人体有一定危害。

图 4-2-11　制动块

制动块上的摩擦材料比用于鼓式制动蹄的硬很多，这是因为制动块堆压、接触制动盘的摩擦面积较小、压力非常大。

五、驻车制动器

1. 驻车制动器的作用

驻车制动器又称手制动器，其作用是在车辆停止后用于稳定车辆，避免车辆在斜坡路面停车时由于溜车造成事故。常见的驻车制动器一般置于驾驶员右手下垂位置，便于使用，但也有个别车型将驻车制动器安装在了制动踏板的侧面。

2. 驻车制动器的类型

按操纵方式不同，驻车制动器分为两种：手操纵式驻车制动器和脚踏式驻车制动器。

按控制方式不同，驻车制动器分为两种：机械控制式驻车制动器和电子控制式驻车制动器。

机械控制式驻车制动器结构如图 4-2-12 所示。

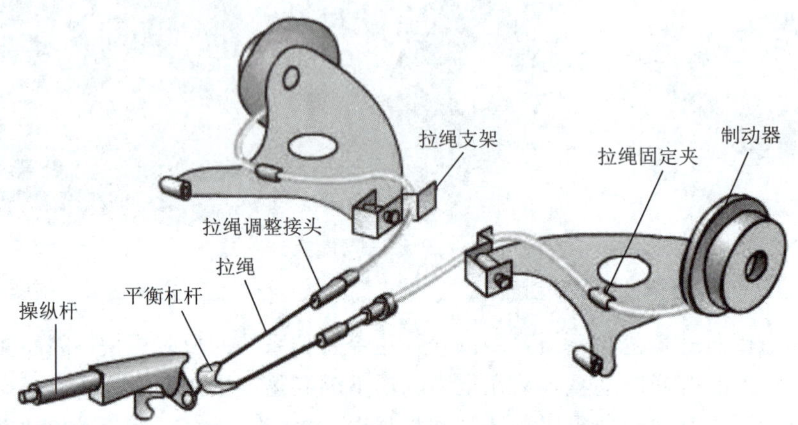

图 4-2-12　机械控制式驻车制动器结构

3. 驻车制动器的工作原理

驻车制动时，拉起操纵杆，操纵杆力通过操纵机构使驻车制动拉索收紧，拉索则拉动驻车制动杠杆的下端，使之绕上端支点顺时针转动，制动杠杆转动过程中，其中间支点推动驻车制动推杆左移，使前制动蹄压向制动鼓。前制动蹄压向制动鼓后，制动推杆停止运动，则驻车制动杠杆的中间支点变成其继续移动的新支点，于是驻车制动杠杆的上端右移，使后制动蹄压靠在制动鼓上，产生制动作用。此时，驻车制动操纵杆上的棘爪嵌入齿扇上的棘齿内，起锁止作用。

解除驻车制动时，按下驻车制动操纵杆上的按钮，使棘爪脱离棘齿，将操纵杆回到释放制动位置，松开驻车制动拉索，则制动蹄在复位弹簧的作用下复位。

对于电子控制式驻车制动器，可以在原有制动器装置上，再添设一套电动机控制机构，即可以实现电子驻车系统，如图 4-2-13 所示。

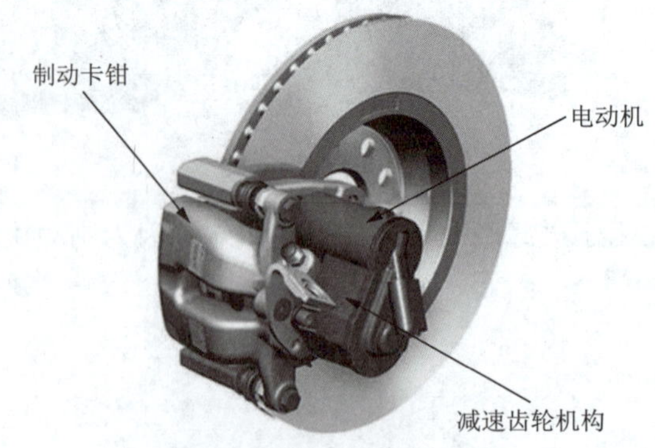

图 4-2-13　电子驻车系统

思政讲堂

查阅资料，掌握汽车制动系统的功用，以汽车制动系统功用为载体，讲述制动系统对于行车安全的重要性，作为汽车“医生”，一定要秉着负责的做事态度和严格的行事准则，检修好每一辆汽车。培养学生认真履职、勤勉尽责的社会责任感。

任务三 制动传动装置的认知

学习目标

完成本任务学习后，应当达到以下目标：

① 了解制动传动装置的作用与分类。

② 掌握液压式制动传动装置的基本结构及组成。

③ 掌握真空助力器的结构和工作原理。

④ 能够规范拆装制动传动装置。

⑤ 能够识别制动传动装置的安装位置和名称。

⑥ 培养安全规范操作意识、一丝不苟的敬业态度，形成良好的劳动习惯和精益求精的工匠精神。

任务引入

目前，轿车的行车制动系统都采用了液压传动装置，主要由制动主缸、制动轮缸、真空助力器、制动管路、制动踏板等组成，其中任一部件发生故障或保养不当，均可引起制动失效、制动反应迟缓、制动跑偏、制动拖滞等不正常现象，从而影响行车安全。要对液压传动装置的运行状态进行检测和维护，就必须掌握其基本结构和工作原理，熟悉各部件的检修方法。下面具体介绍。

知识准备

一、制动传动装置的作用与分类

制动传动装置的作用是将驾驶员或其他动力源的作用力传到制动器，同时控制制动器的工作，从而获得所需要的制动力矩，最终实现制动。

按传力介质不同，制动传动装置有液压式、气压式两种。目前，中小型汽车尤其是轿车均采用液压式制动传动装置，并带有真空助力装置。气压制动传动装置多用于中、重型汽车上。汽车制动系统的组成如图 4-3-1 所示。

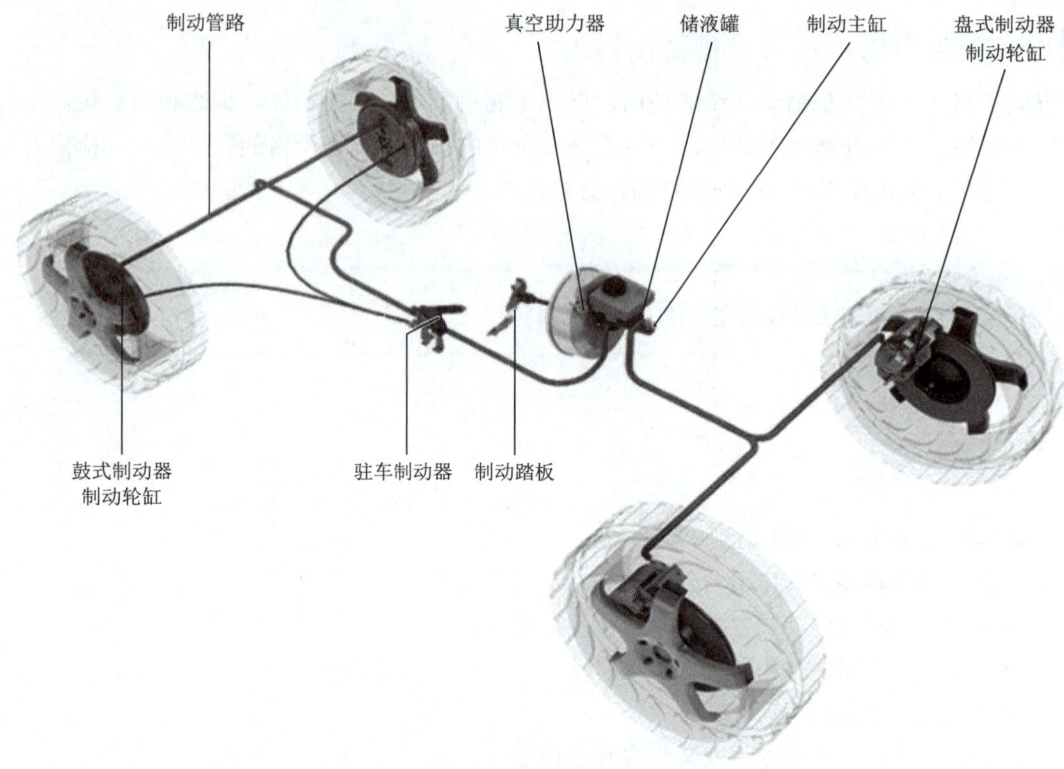

图 4-3-1　汽车制动系统的组成

二、液压式制动传动装置

液压式制动传动装置是利用制动液作为传力介质，将驾驶员施于制动踏板上的力转换为油液压力，并通过管路传至车轮制动器，推动制动蹄或制动块产生制动作用。

液压式制动传动装置特点：制动柔和灵敏、结构简单、维护方便、不消耗发动机功率。但操纵较费力，制动力不太大，制动液受温度变化而降低其制动效能，液压制动传动装置已广泛应用在轿车和中、重型汽车上。

液压式制动传动装置主要由制动踏板、制动液、制动主缸、制动轮缸、制动油管、储液罐、真空助力器等组成。

1. 双管路液压式制动传动装置

双管路液压式制动传动装置是利用彼此独立的双腔制动主缸，通过两套独立管路，分别控制两桥的车轮制动器。其特点是若其中一套管路发生故障而失效时，另一套管路仍能继续起制动作用，从而提高了汽车制动的可靠性和行车安全性。

双管路的布置力求当一套管路发生故障而失效时，只引起制动效能的降低，但其前、后桥制动力分配的比值最好不变，以保持汽车良好的操纵性和稳定性。双管路的布置方案应用最广泛的是以下两种形式：

（1）前后独立式（H 形）

前后独立式制动管路布置如图 4-3-2 所示，由双腔制动主缸通过两套（一轴对一轴）独立管路分别控制车轮制动器。它主要用于对后轮制动依赖性较大的后置后驱的汽车。

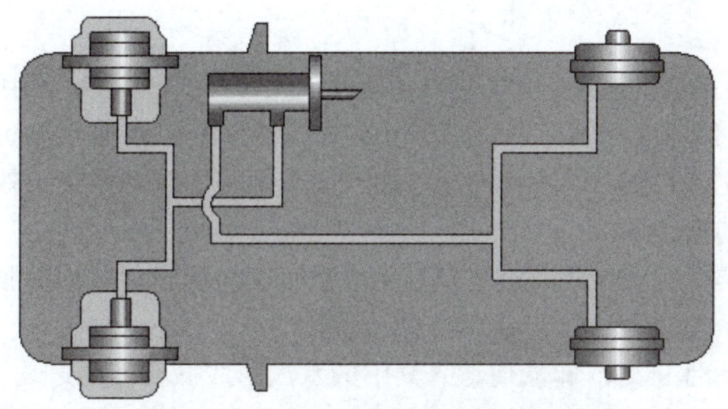

图 4-3-2　前后独立式制动管路布置

制动时，踩下制动踏板，推杆推动双腔制动主缸的前、后活塞前移，使主缸前、后腔油压升高，制动液分别同时流至前、后车轮制动轮缸。轮缸的活塞在制动液压力的作用下向外移动，进而推动制动蹄张开压向制动鼓产生制动效能。当松开制动踏板时，制动蹄和轮缸活塞在回位弹簧作用下各自回位，并将制动液压回制动主缸，从而解除制动。

（2）交叉式（X 形）

交叉式制动管路布置如图 4-3-3 所示，该装置由双腔制动主缸、两套独立（交叉）管路分别控制车轮制动器，它主要用于对前轮制动力依赖性较大的前置前驱的汽车。

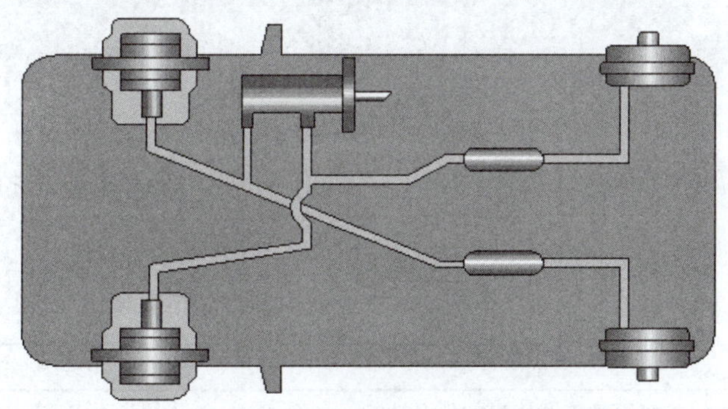

图 4-3-3　交叉式制动管路布置

制动系统中任一回路失效，剩余制动力仍能保持正常总制动力的 50%。当汽车在调整状态下制动时，均能保证后轮不抱死或者前轮比后轮先抱死，避免制动时后轮失去侧向附着力，造成汽车失控，确保行车安全。

2. 制动踏板

对于制动踏板一般有踏板力和踏板行程两方面的要求，如轿车的踏板力要小于 500 N，踏板行程小于 120 mm；载货车的踏板力要小于 700 N，踏板行程小于 150 mm。另外，驾驶汽车时需要制动踏板有合适的路感。所谓制动踏板路感是指在轮胎和路面间的附着力足够的情况下，汽车所受到的制动力与踏板力成线性关系的性能。

在不制动时，制动主缸的推杆与活塞之间应保持一定间隙，以保证活塞能够在回位弹簧作用下退到极限位置时橡胶皮碗不致堵住旁通孔。制动时，为了消除这一间隙所需的制动踏板行程称为制动踏板自由行程，一般为 5 ～ 20 mm。制动踏板的总行程等于制动踏板的自由行程加上工作行程。

3. 制动液

汽车制动液（不同品牌的制动液如图 4-3-4 所示）是液压制动系统采用的非矿物油传递压力的介质。制动液的质量是保证液压制动系统工作可靠的重要因素。对制动液的要求是：

① 高温下不易汽化；否则，将在管路中产生气阻现象，使制动系统失效。

② 低温下有良好的流动性。

③ 不会使与之经常接触的金属铸铁、钢、铝或铜腐蚀，橡胶件发生膨胀、变硬或损坏。

④ 能对液压制动系统的运动件起良好的润滑作用。

⑤ 吸水性差而溶水性良好，即能使渗入其中的水汽形成微粒而与之均匀混合，否则将在制动液中形成水泡而大大降低汽化温度。

图 4-3-4　不同品牌的制动液

汽车制动液的选择应使用合成型制动液。各种汽车制动液主要使用特性和推荐使用范围见表 4-3-1。

表 4-3-1　各种汽车制动液主要使用特性和推荐使用范围

级　别	制动液的主要特性	推荐使用范围
JG3	具有良好的高温抗气阻性能和优良的低温性能	相当于 DOT3 的水平，我国广大地区使用
JG4	具有良好的高温抗气阻性能和优良的低温性能	相当于 DOT4 的水平，我国广大地区使用
JG5	具有优异的高温抗气阻性能和低温性能	相当于 DOT5 的水平，特殊要求车辆使用

普通家用轿车一般选用 DOT4 的制动液即可。制动液更换周期需要根据车辆维修手册和车辆用户使用手册来进行更换。由于制动液具有吸水特性，会出现沸点降低、污染及不同程度的氧化变质，长时间不更换会腐蚀制动系统，给行车带来隐患。建议车主，制动液一般两年或者 4 万 km 更换一次。

一般选用专业设备仪器对制动液进行品质检测，如图 4-3-5 所示。当测试灯显示绿色，说明制动液质量正常。

4. 制动主缸

制动主缸（见图 4-3-6）的作用是将制动踏板输入的机械能转换成液压能。制动主缸有的与储液罐铸成一体，也有二者分制而装合在一起或用油管连接的。按交通法规的要求，现代汽车的行车制动系统必须采用双管路制动系统。因此，液压制动系统都采用串联双腔式制动主缸。目前，国内轿车及大多数国外轿车都采用等径制动主缸，即制动主缸两腔的缸径相同，而某些国外轿车上装用了异径制动主缸，即制动主缸的两腔缸径不相等。

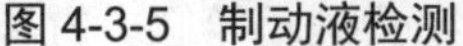

图 4-3-5　制动液检测

图 4-3-6　制动主缸

图 4-3-7 所示为串联双腔等径制动主缸。缸体呈筒形，内有两个活塞。前活塞位于缸筒的中间位置，将主缸分成前、后两个工作腔。每个工作腔内产生的液压经各自的油管分别传至前、后轮制动器。每个工作腔分别通过补偿孔和进油孔与储液罐相通。前活塞两端都承受弹簧力，当主缸不工作时，前活塞处在正确的中间位置，使各腔的补偿孔和进油孔都与储液罐相通。后活塞在弹簧的作用下压靠在限位环上，使其处于后工作腔的补偿孔和进油孔之间。每个活塞上都有轴向小孔，皮碗的端部通过垫片压在小孔的一侧，以便两腔建立油压并保持密封。

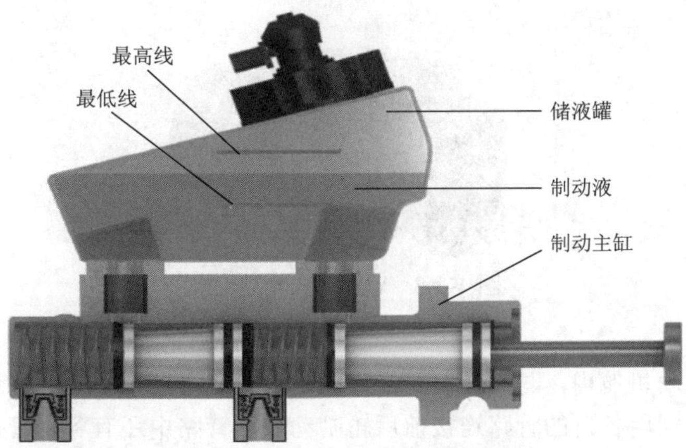

图 4-3-7　串联双腔等径制动主缸

当踩下制动踏板时，真空助力器推动后活塞左移，直到橡胶皮碗盖住补偿孔后，后工作腔中液压升高，制动液一方面通过腔内后出液口进入右前和左后制动管路，另一方面又推动前活塞左移。在后腔液压和弹簧的作用下，前活塞向左移动，前工作腔压力也随之提高，制动液通过腔内前出液口进入右后和左前制动管路。当继续踩下制动踏板时，前、后工作腔的液压继续提高，使前、后轮制动器制动。

解除制动时，活塞在弹簧作用下复位，制动液由制动油管流回制动主缸。如活塞复位过快，工作腔容积迅速增大，油压迅速降低，制动管路中的制动液由于管路阻力的影响，来不及充分流回工作腔，使工作腔中形成一定的真空度，于是储液罐中的制动液便经补偿孔和活塞上的轴向小孔推开垫片及皮碗进入工作腔。当活塞完全复位时，补偿孔开放，制动管路中流回工作腔的多余制动液经补偿孔流回储液罐。

若与前工作腔连接的制动管路损坏漏油，则在踩下制动踏板时，只有后工作腔中能建立液压，前工作腔中无压力。此时，在压力差作用下，前活塞迅速移到其前端顶到主缸缸体上。此后，后工作腔中液压方能升高到制动所需的值。

若与后工作腔连接的制动管路损坏漏油，则在踩下制动踏板时，起先只是后活塞前移，而不能推动前活塞，因而后工作腔中不能建立液压。但在后活塞直接顶触前活塞时，前活塞便前移，使前工作腔建立必要的液压而制动。

由上述可知，双管路液压制动系统中任一管路失效时，制动主缸仍能工作，只是所需制动踏板行程加大，将导致汽车的制动距离增长，制动效能降低。

5. 制动轮缸

制动轮缸的作用是把油液压力转换为轮缸活塞的推力，推动制动蹄或制动摩擦块压靠在制动鼓或制动盘上，产生制动作用。

制动轮缸有双活塞式和单活塞式两种。图 4-3-8 所示为双活塞式制动轮缸。缸体用螺栓固定在制动底板上，缸内有两个活塞，二者之间的内腔由两个皮碗密封。制动时，制动液自油管接头和进液孔进入，活塞在液压作用下外移，通过顶块推动制动蹄。弹簧保证皮碗、活塞、制动蹄紧密接触，并保持两活塞之间的进油间隙。防护罩除防尘外，还可防止水分进入，以免活塞和制动轮缸生锈而卡住。在制动轮缸缸体上方还装有放气螺钉，以便放出液压系统中的空气。

图 4-3-8　双活塞式制动轮缸

6. 制动油管

制动主缸装在发动机舱内，与装在车轮附近的制动轮缸之间用油管互相连通。串联双腔制动主缸的前后工作腔分别用各自的管路连接前后轮制动器，管路中还有各种管接头。制动油管一般采用金属管（铜管）制成，如图 4-3-9 所示。由于车轮是通过弹性悬架与车架相连的，位于减振器或车架上的金属油管与车轮的位置经常变化。因此，连接制动油管除用金属管外，部分有相对运动的区段还用高强度的橡胶软管连接，如图 4-3-10 所示。

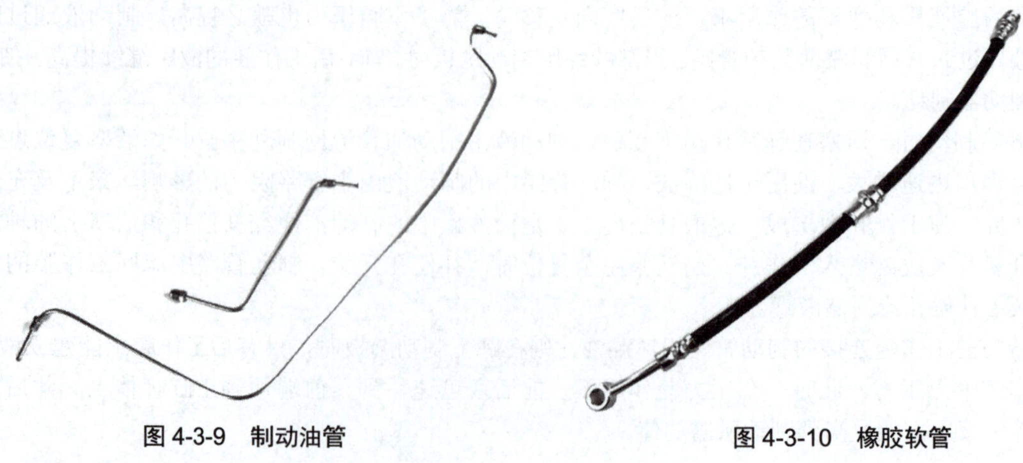

图 4-3-9　制动油管

图 4-3-10　橡胶软管

7. 储液罐

储液罐（见图 4-3-11）一般装在制动主缸上方，与制动主缸工作腔相通。制动前，整个系统充满了制动液。当系统制动液不足时，可通过储液罐进行补充。储液缸盖上一般装有液位报警开关，当液面高度过低时，报警开关将点亮位于仪表板内的制动警告灯以警示驾驶员。

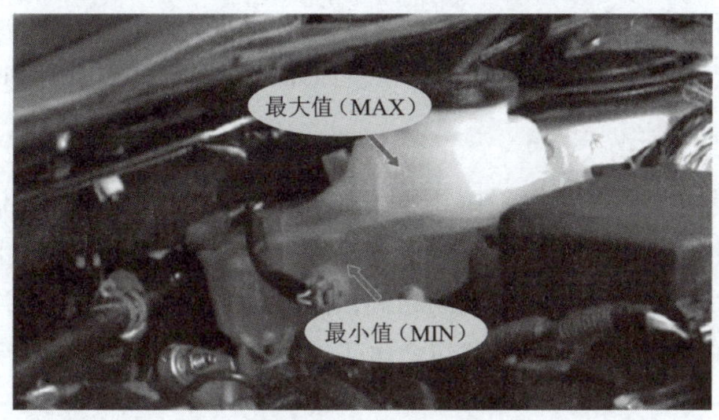

图 4-3-11 储液罐

8. 真空助力器

在普通的液压制动系统中，加装真空助力器，可以减轻驾驶员施加于制动踏板上的力，增加车轮制动力，达到操作轻便、制动可靠的目的。真空助力器是利用发动机工作时在进气管中形成的真空度（或利用真空泵）为力源的动力制动传动装置。真空助力器分为单膜片式和串联膜片式两种。国产轿车一般采用单膜片式真空助力器，如图 4-3-12 所示。

真空助力器的工作过程如下：

① 真空助力器不工作时。图 4-3-13 所示是真空助力器内部结构图。弹簧将推杆连同控制阀柱塞推到后极限位置（即真空阀开启），橡胶阀门则被弹簧压紧在空气阀座上（即空气阀关闭）。伺服气室前、后腔经通道 A、控制阀腔和通道 B 互相连通，并与空气隔绝。在发动机开始工作且真空单向阀被吸开后，伺服气室的左右两腔内都产生真空度（因为前腔接真空管）。

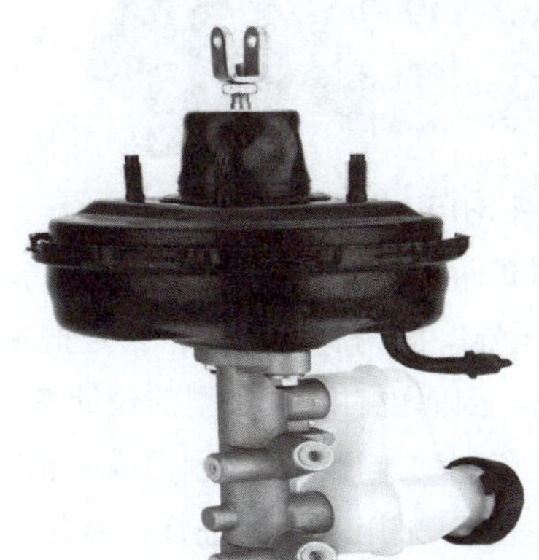

图 4-3-12 真空助力器

图 4-3-13 真空助力器内部结构图

② 踩下制动踏板时。当踩下制动踏板时，起初气室膜片座固定不动，来自踏板机构的操纵力推动控制阀推杆和控制阀柱塞相对于膜片座前移。当柱塞与橡胶反作用盘间的间隙消除后，操纵力便经反作用盘传给制动主缸推杆。与此同时，橡胶阀门随同控制阀柱塞前移，直到与膜片座上的真空阀座接触为止。此时，伺服气室前后腔隔绝。

③ 真空助力器充分工作时。控制阀推杆继续推动控制阀柱塞前移，直到其上的空气阀座离开橡胶阀门一定距离。外界空气充入伺服气室后腔，使其真空度降低。在此过程中，膜片与阀座也不断前移，直到阀门重新与空气阀座接触为止。因为橡胶反作用盘具有液体那样传递压力的作用，在与橡胶反作用盘接触的面积上相比，制动主缸推杆比控制阀柱塞的大，所以作用于制动主缸推杆的力比作用于控制阀柱塞的大。

解除制动时，放松制动踏板，真空助力器恢复原始位置，等待下一次制动的到来。

三、电子手制动

电子手制动也就是电子驻车制动系统。电子驻车制动系统（electrical park brake，EPB）是指将行车过程中的临时性制动和停车后的长时性制动功能整合在一起，并且由电子控制方式实现停车制动的技术。其工作原理与机械式手制动相同，均是通过制动盘与制动片产生的摩擦力来实现停车制动，只不过控制方式变成了电子按钮。电子手制动按钮如图 4-3-14 所示。电子手制动结构如图 4-3-15 所示。

图 4-3-14　电子手制动按钮

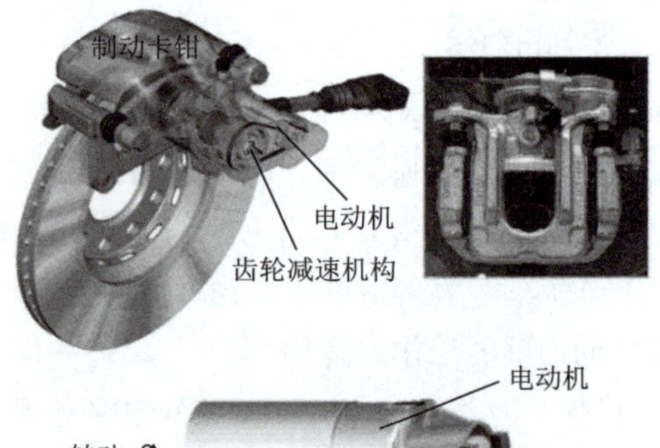

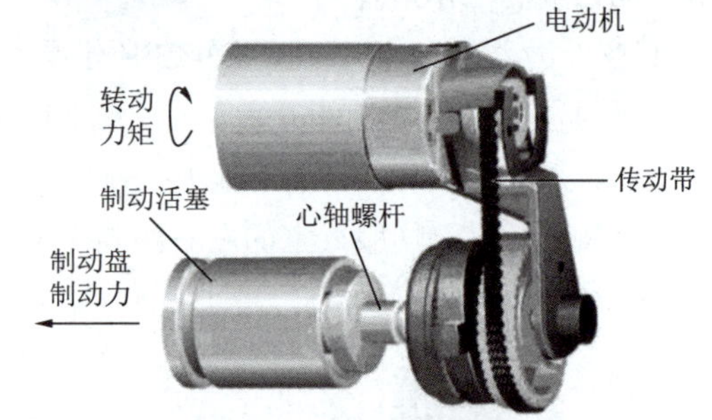

图 4-3-15　电子手制动结构

电子手制动按其结构不同可分为钢索牵引式和整合卡钳式两种。

钢索牵引式电子手制动的制动执行机构与传统手制动无异，同为制动蹄式，只是把手动的拉索改为电动形式。因为钢索牵引式电子手制动的加装成本低，因而更有利于车型的设计变更。

整合卡钳式电子手制动需要专用的制动卡钳和相关的驻车制动执行机构，因而成本相对较高。但整合卡钳式电子手制动摒弃了钢索牵引式电子手制动的钢索，采用了导线进行信号传递，因而更利于车辆组装及手制动系统简化。

电子手制动的优缺点。说到优点，电子手制动的出现可以省去大量传统手制动的零部件。虽然传统手制动零部件与电子手制动总成相比，价格不一定有优势，但省下的空间可以有更大的用处；整个电子手制动工作模块可以应用在大部分车型上，从而降低生产成本，将这个技术普及到更低一级的车型上。对于驾驶员来说，电子手制动的出现特别是 AUTO HOLD 的出现，可以降低右脚和右手在堵车时的负担；避免了由于力量不够拉不紧手制动，而造成的不便。更重要的是，在行驶过程中如果需要紧急制动，按下手制动按钮，电子手制动会根据车速给四轮选择适当的制动力以保证行驶的安全性，这样就更加提高了主动的安全性能。它的缺点，首先可以确定的是，车价肯定是比较贵的。其次对于想玩漂移的车友来说，配备电子手制动的车可能就满足不了其愿望了。再者就是电子产品始终没有机械产品来得稳定和经久耐用，维修费用也相对较高。

思政讲堂

通过实际操作，加深对制动系统知识点的掌握，同时掌握保养维护的操作流程和注意事项，强调汽车维修工的岗位职责和职业道德。通过实操，加强学生对汽车制动系统保养维护的操作规范的掌握，同时也让学生认识到制动系统保养维护对于汽车行车安全至关重要，做好每一个流程，将客户的汽车保养好，使汽车安全行驶在道路上，是自己的责任和光荣。培养学生安全规范操作意识、一丝不苟的敬业态度，形成良好的劳动习惯和精益求精的工匠精神。

任务四　防抱死制动系统的认知

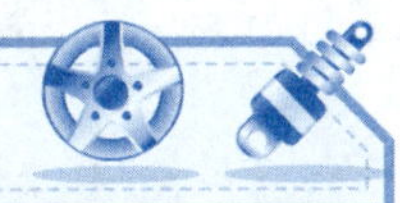

学习目标

完成本任务学习后，应当达到以下目标：

① 掌握防抱死制动系统的作用和组成。

② 了解防抱死制动系统的分类。

③ 掌握防抱死制动系统主要部件结构和工作原理。

④ 能够对防抱死制动系统故障进行诊断、排除。

⑤ 培养对创新精神的认识和感悟，提高创新思维和创新能力。

任务引入

汽车的制动性能是汽车的主要性能之一。重大交通事故往往与制动距离过长、紧急制动时发生侧滑等情况有关，所以汽车的制动性能是汽车安全行驶的重要保障。目前防抱死制动系统（ABS）已被广泛运用于汽车上。什么是 ABS 系统？ ABS 系统的基本结构组成有哪些？其未来发展趋势怎么样？下面具体介绍。

知识准备

一、防抱死制动系统的起源

防抱死制动系统（anti-lock brake system，ABS）的发展可追溯到 20 世纪初期。进入 20 世纪 70 年代后期，数字电子技术和大规模集成电路迅速发展，为 ABS 系统向实用化发展奠定了技术基础，许多家公司相继研制了形式多样的 ABS 系统。自 20 世纪 80 年代中期以来，ABS 系统向高性价比的方向发展。有的公司对 ABS 进行了结构简化和系统优化，推出了经济型的 ABS 装置；有的企业推出了适用于轻型货车和客货两用汽车的后轮 ABS 或四轮 ABS 系统。这些努力都为 ABS 的迅速普及创造了条件。ABS 系统被认为是汽车上采用安全带以来在安全性方面所取得的最为重要的技术成就。

二、防抱死制动系统的作用与组成

试验研究表明，汽车制动不是在车轮抱死时制动效果最好，而是滑转率（车轮滑转率指车辆的理论速度与实际速度的差与理论速度的比值）在 17%~20% 时，制动效果最佳。

当汽车直线行驶时，车轮抱死后，侧向附着系数基本为零，保持方向稳定性的车轮侧向力也接近于零。此时，由路面不均匀、侧向风、左右轮地面制动力不相等时引起的很小的偏转力矩，汽车都会产生不规则运动而处于危险状态。在不规则旋转的过程中解除制动，汽车又会沿着瞬时行驶方向急速驶出，这也是很危险的，如图 4-4-1 所示。

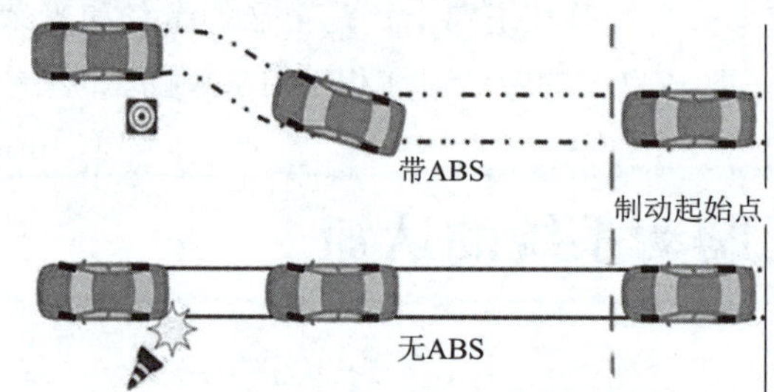

图 4-4-1　防抱死制动系统的功能

当汽车曲线行驶时，若只有前轮抱死时，由于前轮的转弯力基本为零，无法进行正常的转向操作，驾驶员无法控制汽车的运动方向，这时汽车沿行驶曲线的切线方向滑行（见图 4-4-2）。当只有后轮抱死时，后轮的侧向力接近于零，由于离心力和前轮转向力的作用，汽车不能保持原来的行驶方向，汽车将一面旋转，一面沿曲线行驶，即发生甩尾现象。

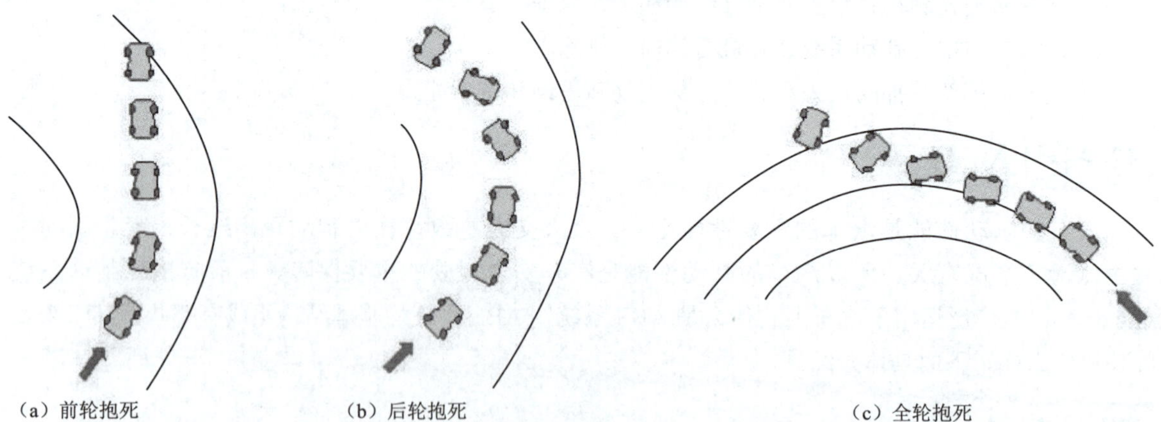

图 4-4-2　转弯汽车的车轮抱死运动情况

所有的车轮全部抱死时，转弯力、侧向力均接近于零。汽车完全失去操纵性和方向稳定性，兼有前、后轮单独抱死时的两种运动，即一面出现与驾驶无关的不规则运动，一面沿曲线的切线方向滑行。这种情况非常危险。

防抱死制动系统就是防止汽车制动时车轮抱死的一种系统，并把车轮的滑移率保持在一定范围内，以保证车轮与地面有良好的纵向、横向附着力，有效防止制动时汽车侧滑、甩尾、失去转向等现象发生，提高了制动稳定性，保证了行车安全。同时，将制动力保持在最佳的范围内，缩短了制动距离。这样也减弱了轮胎与地面的剧烈摩擦，减少了轮胎的磨损。

防抱死制动系统通常由输入信号元件、电子控制单元（ECU）和输出执行元件三部分组成。

三、防抱死制动系统的分类

1. 按系统构造分类

按系统构造来分类有：整体式ABS与分离式ABS两种类型。整体式ABS是将制动压力调节器与制动主泵、储液罐结合在一起形成一个总体，如图4-4-3所示。分离式ABS制动压力调节器自成一体，通过管路与制动主泵相连，如图4-4-4所示。

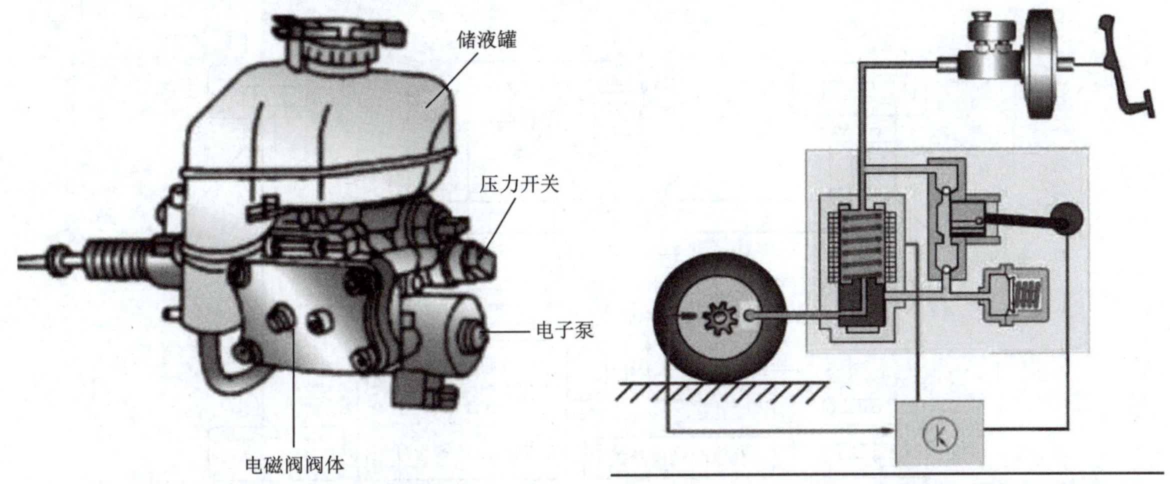

图4-4-3 整体式ABS制动压力调节阀

图4-4-4 分离式ABS制动压力调节装置

2. 按压力调节介质分类

按压力调节介质来分类有：液压式、气压式、气顶液压式三种。液压式ABS以液压油控制液压制动系统，应用于轿车和轻型载货汽车上，目前应用较为广泛。气压式ABS以高压空气控制，气压制动系统主要用于中、重型载货汽车上。气顶液压式ABS兼有液压和气压两种制动系统的特点，应用于部分中、重型汽车上。

3. 按控制参数分类

按控制参数来分类有：以车轮减速度为控制参数，以车轮滑移率为控制参数，以车轮减速度和加速度为控制参数，以车轮减速度、加速度和滑移率为控制参数。

4. 按生产厂家分类

按生产厂家来分类有：博世（Bosch）ABS系统、戴维斯（Teves）ABS系统、德尔科（Delco）ABS系统和本迪克斯（Bendix）ABS系统等。

5. 按控制通道分类

按控制通道来分类有：四通道、三通道、双通道、单通道四种类型。

（1）四通道ABS

四通道ABS有四个轮速传感器，在通往四个车轮制动分泵的管路中，各设一个制动压力调节器装置，进行独立控制，构成四通道控制形式，其布置形式如图4-4-5所示。

性能特点：由于四通道 ABS 是根据各车轮轮速传感器输入的信号，分别对各个车轮进行独立控制的，因此附着系数利用率高，制动时可以最大限度地利用每个车轮的最大附着力。四通道 ABS 控制方式特别适用于汽车左右两侧车轮附着系数接近的路面，不仅可以获得良好的方向稳定性和方向控制能力，而且可以得到最短的制动距离。但是如果汽车左右两个车轮的附着系数相差较大（如路面部分积水或结冰），制动时两个车轮的地面制动力就相差较大，因此会产生横摆力矩，使车身向制动力较大的一侧跑偏，不能保持汽车按预定方向行驶，会影响汽车的制动方向稳定性。通常在具有驱动防滑转（ASR）功能时采用四通道 ABS。

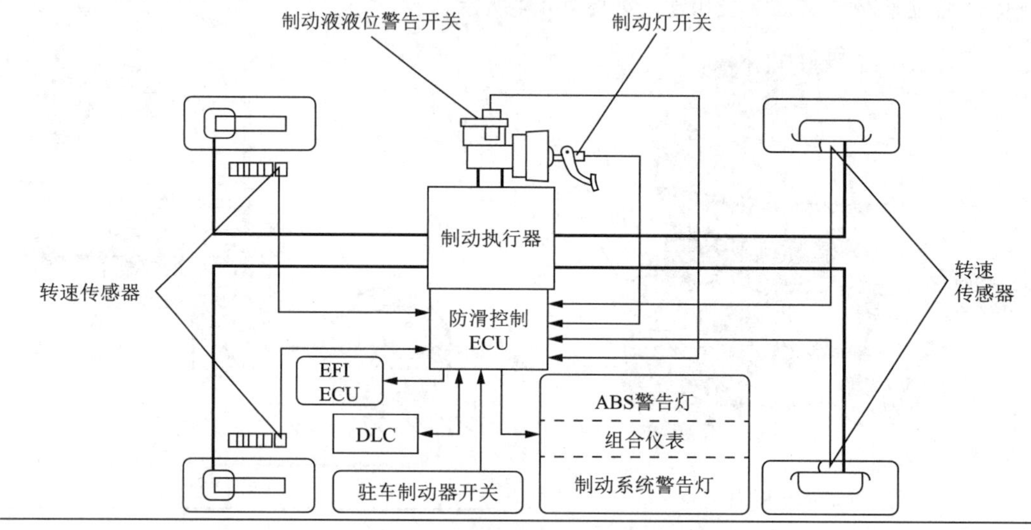

图 4-4-5 四通道四传感器布置形式

（2）三通道 ABS

三通道 ABS 是对两前轮进行独立控制，两后轮按低选原则进行一同控制（即两个车轮由一个通道控制，以保证附着力较小的车轮不抱死为原则），又称混合控制。

性能特点：两后轮按低选原则（即两个车轮由一个通道控制，以保证附着力较小的车轮不抱死为原则）进行一同控制时，可以保证汽车在各种条件下左右两后轮的制动力相等，即使两侧车轮的附着系数相差较大，两个车轮的制动力都限制在附着力较小的水平，使两个后轮的制动力始终保持平衡，保证汽车在各种条件下制动时都具有良好的方向稳定性。三通道 ABS 在小轿车上被普遍采用。

（3）双通道 ABS

双通道 ABS 的布置形式有：双通道四传感器式、双通道三传感器式、双通道二传感器式。双通道 ABS 难以在方向稳定性、转向控制性和制动效能各方面得到兼顾，目前很少采用。

（4）单通道 ABS

单通道 ABS 是在后轮制动器总管中设置一个制动压力调节器，在后桥主减速器上安装一个轮速传感器。

性能特点：单通道 ABS 一般都是对两后轮按低选原则进行统一控制。由于制动时两后轮不会抱死，能够显著提高制动时的方向稳定性，同时结构简单、成本低等，所以在轻型载货车上广泛应用。

四、防抱死制动系统主要零部件结构与工作原理

1. 输入信号元件

ABS 的输入信号元件主要包括轮速传感器、制动开关。

（1）轮速传感器

轮速传感器的功用是检测车轮的速度，并将速度信号输入 ABS 的电控单元。目前，用于 ABS 的速度传感器主要有电磁式和霍尔式两种。

① 电磁式轮速传感器：

结构：电磁式轮速传感器（见图 4-4-6）由永磁体、极轴和感应线圈等组成，极轴头部结构有凿式和柱式两种。内部结构如图 4-4-7 所示。

工作原理：图 4-4-7 所示齿圈旋转时，齿顶和齿隙交替对向极轴。在齿圈旋转过程中，感应线圈内部的磁通量交替变化，从而产生感应电动势，此信号通过感应线圈末端的电缆输入 ABS 的电控单元。

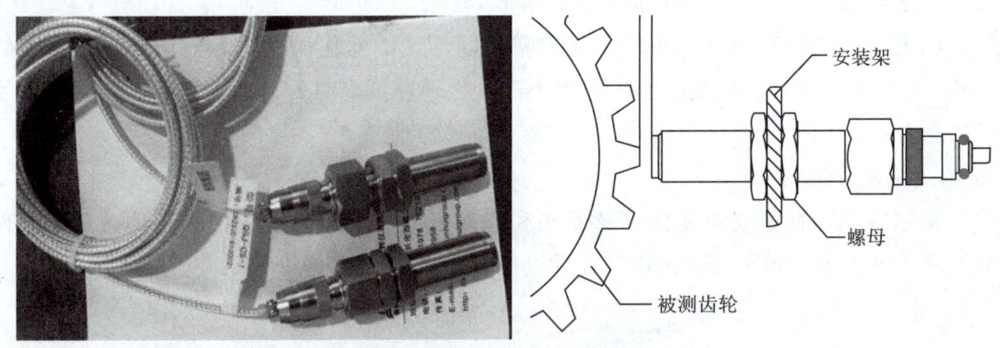

图 4-4-6　电磁式轮速传感器

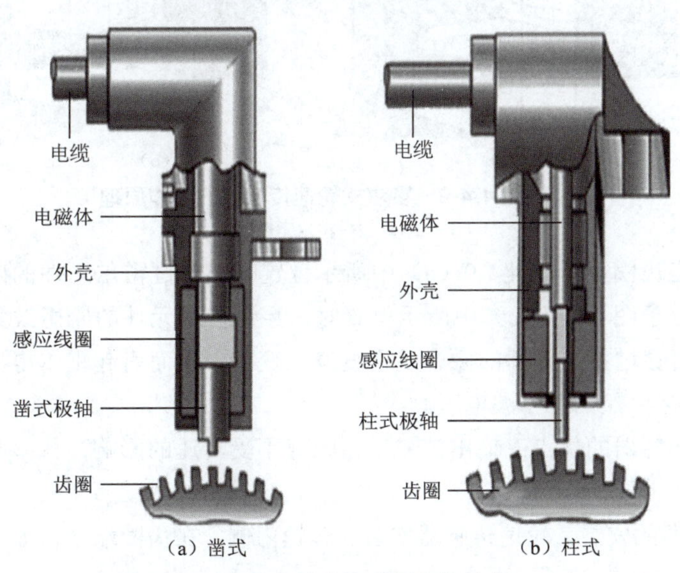

图 4-4-7　电磁式轮速传感器内部结构

当齿圈的转速发生变化时，感应电动势的频率也变化。ABS 的电控单元通过检测感应电动势的频率来检测车轮转速，其工作原理如图 4-4-8 所示。

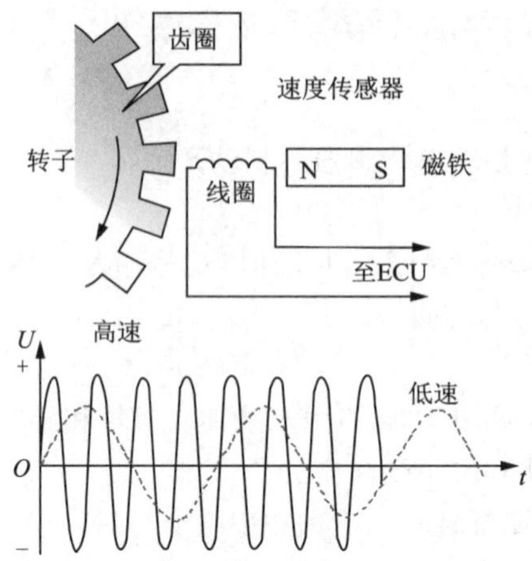

图 4-4-8　电磁式轮速传感器的工作原理

电磁式轮速传感器的优点：结构简单、成本低。

电磁式轮速传感器的缺点：其输出信号的幅值随转速的变化而变化。若车速过慢，其输出信号低于 1 V，电控单元就无法检测；响应频率不高。当转速过高时，传感器的频率响应跟不上；抗电磁波干扰能力差。

② 霍尔式轮速传感器：

结构：霍尔式轮速传感器也是由传感器头和齿圈组成的。传感器头由永磁体、霍尔元件和电子电路等组成，永磁体的磁感线穿过霍尔元件通向齿轮，如图 4-4-9 所示。

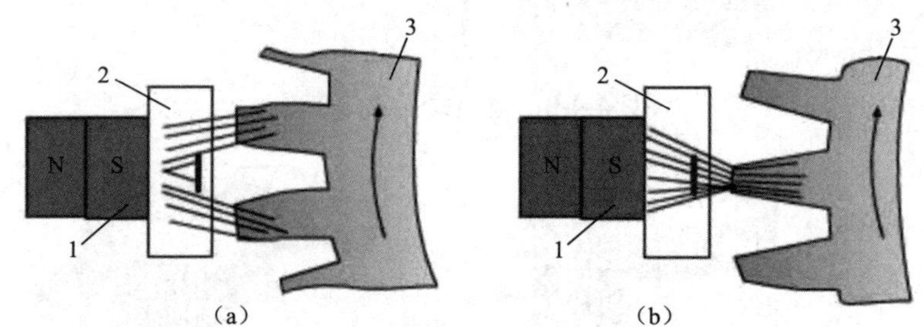

图 4-4-9　霍尔式轮速传感器的工作原理

1—磁体；2—霍尔元件；3—齿圈

工作原理：当齿圈位于图 4-4-9（a）中所示位置时，穿过霍尔元件的磁感线分散，磁场相对较弱；而当齿圈位于图 4-4-9（b）中所示位置时，穿过霍尔元件的磁感线集中，磁场相对较强。齿圈转动时，使得穿过霍尔元件的磁感线密度发生变化，因而引起霍尔电压的变化。霍尔元件将输出一个毫伏（mV）级的正弦波电压。

霍尔式轮速传感器的优点：输出信号电压幅值不受转速的影响；频率响应高；抗电磁波干扰能力强。

③ 轮速传感器的安装。轮速传感器安装在车轮内侧，在齿圈端部，如图 4-4-10 所示。安装实例如图 4-4-11 所示。

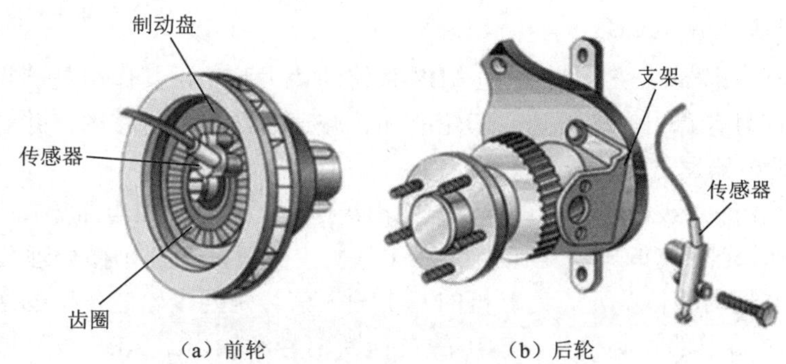

（a）前轮　（b）后轮

图 4-4-10　安装位置

图 4-4-11　安装实例

（2）制动开关

制动开关的安装位置如图 4-4-12 所示。

制动开关装在制动踏板上部，踩下制动踏板时，制动开关导通，给制动信号灯送电，制动信号灯点亮，同时将制动信号送到 ABS 计算机。

制动信号对于 ABS 计算机来说是必需的。表明制动系统开始工作，车轮随时可能出现抱死。接到该信号后，ABS 计算机进入准备工作状态。如果制动开关损坏或者制动灯熔丝烧断，制动信号送不到 ABS 计算机，这时如果车轮抱死，ABS 计算机会产生车轮意外抱死的故障，同时 ABS 警告灯（见图 4-4-13）点亮，ABS 失去作用。

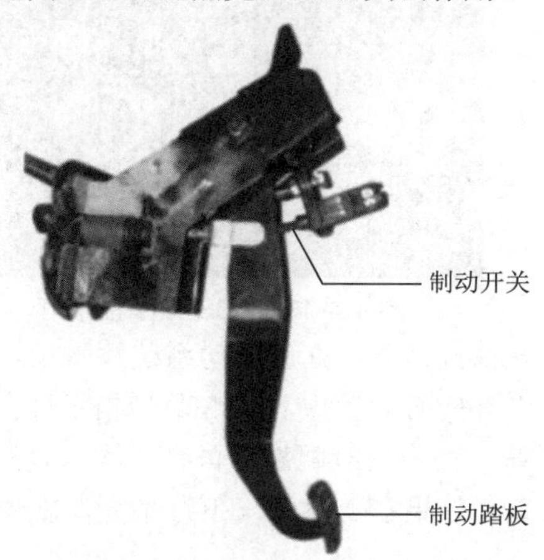

图 4-4-12　制动开关的安装位置

图 4-4-13　ABS 警告灯

2. ABS 电子控制单元（ECU）

ABS 电子控制单元简称 ABS ECU，是 ABS 系统的“大脑”，其作用是接收来自于车轮速度传感器的感应电压信号计算出车轮转速，车轮的加、减速度，车轮滑移率，并对这个信号进行分析后，向制动压力调节器发出制动压力控制指令。

ABS ECU 主要由输入级电路、计算电路、输出级电路、安全保护电路等几个基本电路组成。ECU 是 ABS 的控制中心，它的本质是微型数字计算机，一般是由两个微处理器和其他必要电路组成的、不可分解修理的整体单元。计算机的基本输入信号是四个轮速传感器送来的信号，输出信号是给制动压力调节器的控制信号、输出的自诊断信号和输出给 ABS 故障指示灯的信号，如图 4-4-13 所示。

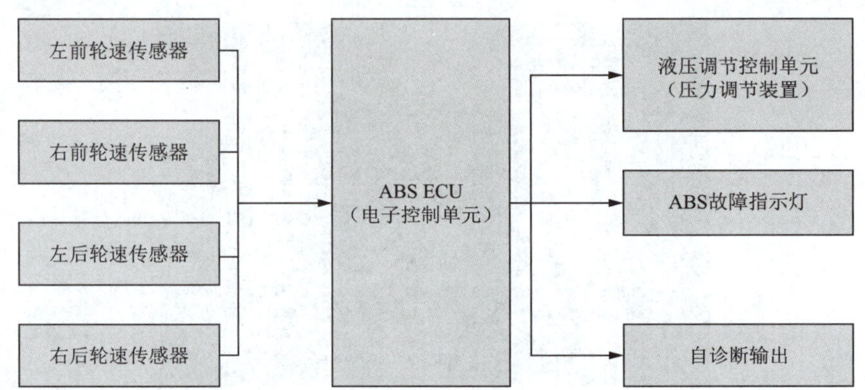

图 4-4-14 ABS ECU 工作过程

3. 输出执行元件

输出执行元件主要有：故障指示灯、电动机、电磁阀等。

（1）故障指示灯

ABS 带有两个故障指示灯：一个是红色制动系统故障指示灯如图 4-4-15 所示，另一个是琥珀色（黄色）ABS 故障指示灯，如图 4-4-16 所示。

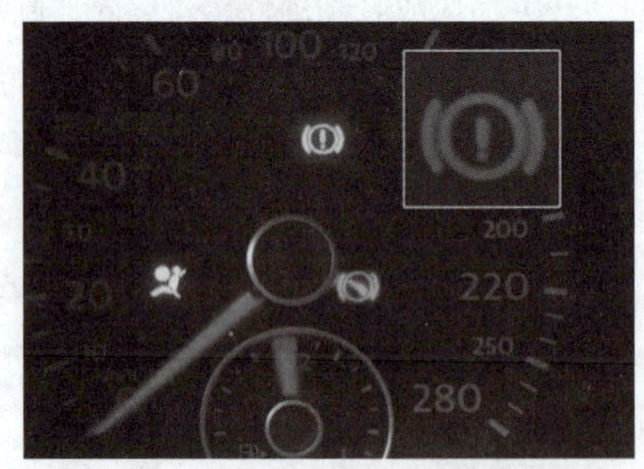

图 4-4-15 制动系统故障指示灯

图 4-4-16 ABS 故障指示灯

两个故障指示灯正常闪亮的情况如下：当点火开关打开时，红色制动系统故障指示灯与琥珀色 ABS 故障指示灯几乎同时亮，制动系统故障指示灯亮的时间较短，ABS 故障指示灯会亮的长一些（约 3 s）；启动汽车发动机后，蓄压器要建立系统压力，此时两灯会再亮一次，时间可达十几秒甚至几十秒。红色制动灯在停车驻车制动时也会亮。如果在上述情况下灯不亮，就说明故障指示灯本身及线路有故障。

琥珀色 ABS 故障指示灯长亮，说明电控单元发现 ABS 系统中有问题，应该及时检修。

（2）电动机

ABS 泵电动机是一个高压泵（见图 4-4-17），它可在短时间内将制动液加压到 14 ～ 18 MPa，并给整个液压系统提供高压制动液。

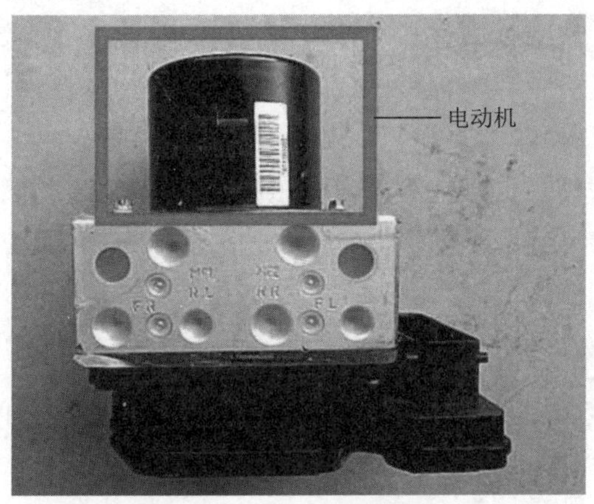

图 4-4-17　ABS 泵电动机

（3）电磁阀

ABS 电磁阀有三位电磁阀和两位电磁阀两种。

① 三位电磁阀。三位电磁阀因为可以有三个工作状态而得名。博世公司的很多 ABS 中使用了三位电磁阀，如图 4-4-18 所示。当给螺线管通电时，在螺线管管路中心产生磁场，磁场强度与线圈匝数和通电电流之积成正比。若线圈带有铁芯，铁芯就会变成磁力很强的磁铁，产生吸引力。电磁阀就是根据这个原理制成的，它由螺线管、固定铁芯和可动铁芯组成。

工作原理：通过改变螺线管的电流改变磁场力，可以控制两铁芯之间的吸引力，该力与弹簧力方向相反从而控制了柱塞的位置。如图 4-4-19 所示，柱塞上设有液体通道，柱塞位置决定了液体通道的开闭。根据电流的大小，可将柱塞控制在三个位置，改变三个阀口之间的通路。

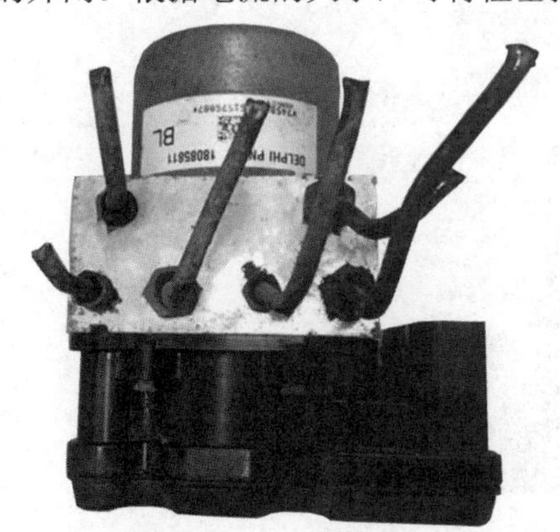

图 4-4-18　三位电磁阀

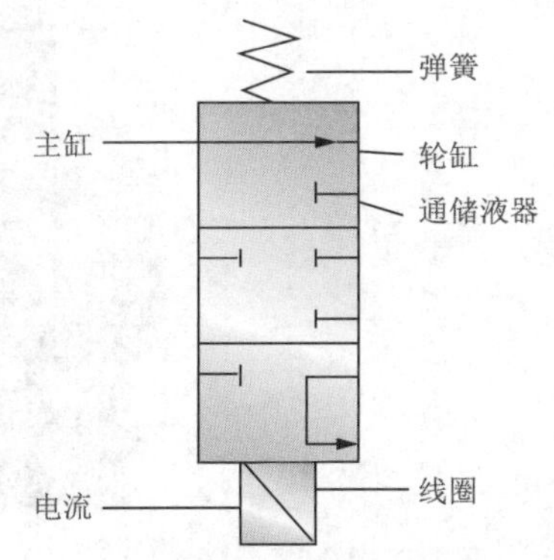

图 4-4-19　电磁阀结构原理图

② 两位电磁阀。两位电磁阀有两个位置，它把柱塞控制在两个位置，改变制动液通路的导通和断开。如果球阀在电磁线圈未通电时处于开启状态，那么就称为两位两通常开电磁阀；如果电磁线圈未通电时球阀处于关闭状态，那么就称为常闭电磁阀。

两位电磁阀主要由电磁铁机构、球阀、复位弹簧、顶杆、限压阀和阀体等组成。在常开电磁阀中，设有一根顶杆，顶杆和限位杆与可动铁芯固定在一起；复位弹簧一端压在可动铁芯上，另一端压在与阀体相连的弹簧座上；限压阀的功用是限制电磁阀的最高压力。当制动液压力过高时，限压阀打开泄压，以免压力过高损坏电磁阀。在两位两通常闭电磁阀中，一般不设置限压阀。

工作原理：两位常开与常闭电磁阀的工作原理基本相同，下面以常开电磁阀为例说明其工作过程。

当电磁线圈未通电时，在复位弹簧弹力作用下，活动铁芯带动顶杆和限位杆下移复位，直到限位杆与缓冲垫圈相抵为止。顶杆下移时，球随之下移，使电磁阀阀门处于开启状态，制动液从进液口经球阀阀门、出液口流出。

当电磁线圈有电流流过时，活动铁芯产生电磁吸力，压缩复位弹簧并带动顶杆一起上移，顶杆将球阀压在阀座上，电磁阀门处于关闭状态，进液口与出液口之间的制动液通道关闭。

4. 液压调节装置

（1）液压调节装置的作用

液压调节器的作用是按照电控单元（ECU）发出的控制指令，开闭制动防抱死系统的制动液通道，完成对各轮缸中制动液压力的调节。

（2）液压调节装置的结构

ABS 电动机、电磁阀做成一个总成，合称液压调节装置（见图 4-4-20）。有的液压调节装置中还包括蓄压器，在蓄压器的内部充有氮气，可存储高压并向制动系统提供高压。蓄压器被一个隔板分成上下两个腔室，上腔室充满了氮气，下腔室充满了来自电动泵的制动液（蓄压器下腔与电动泵泵油腔相通）。要特别注意的是，禁止拆卸、分解蓄压器，因为蓄压器中的氮气在平时有较大的压力（8 MPa 左右）电动泵给蓄压器下腔泵入制动液，使隔板上移，在蓄压器上腔的氮气被压缩后产生压力，反过来推动隔板下移，会使蓄压器下腔的制动液始终保持 14 ～ 18 MPa 的压力。在普通制动系统工作的时候（防抱死制动系统没有工作），蓄压器就可提供较大压力的制动液到后轮制动分泵；当防抱死制动系统工作时，加压的制动液可进前、后轮制动分泵。

图 4-4-20　液压调节装置

（3）典型 ABS 液压调节装置的工作过程

ABS 典型的制动液压调节装置有循环式和变容积式。其中循环式又分三位电磁阀循环式和两位电磁阀循环式两种，下面分别介绍其工作过程。

三位电磁阀循环式调节装置是在汽车原有的制动管路中串联电磁阀，直接控制压力的增减。

常规制动过程：常规制动时电磁阀不通电，柱塞处于图 4-4-21 中所示的位置，主缸和轮缸是相通的，主缸可随时控制制动压力的增减。这时，电动机不需要工作。

减压过程：当电磁阀通入较大的电流时，柱塞移至上端，主缸和轮缸的通路被截断，轮缸和液压油箱接通，轮缸的制动液流入液压油箱，制动压力下降。与此同时，驱动电动机启动，带动液压泵工作把流回液压油箱的制动液加压后输送到主缸，为下一个制动周期做好准备，如图 4-4-22 所示。

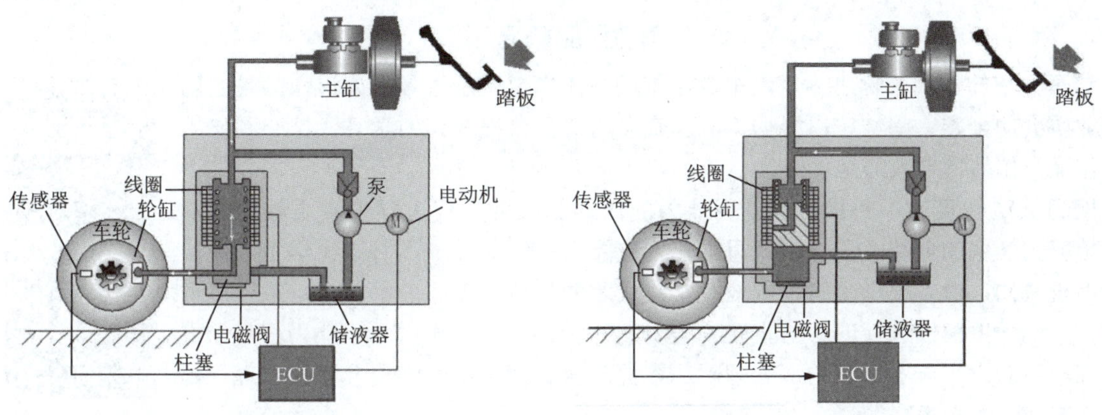

图 4-4-21　ABS 不工作状态　　图 4-4-22　ABS 减压状态

保压过程：轮缸减压过程中，轮速传感器产生的电压信号较弱，电磁阀通入较小的电流，柱塞移至图 4-4-23 所示的位置，所有的通道都被截断，保持轮缸的制动压力。

增压过程：保压过程中，车轮转速趋于零，转速传感器感应的电压也趋于零，电磁阀断电，柱塞又回到图 4-4-24 所示的初始位置。主缸和轮缸再次相通，主缸端的高压制动液再次进入轮缸，增加了轮缸的制动压力。车轮又趋于接近抱死状态。

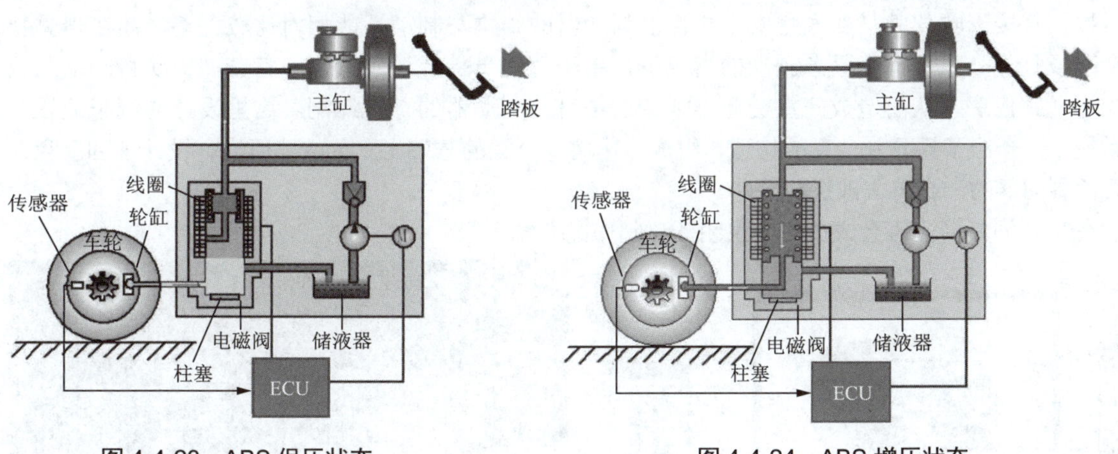

图 4-4-23　ABS 保压状态　　图 4-4-24　ABS 增压状态

思政讲堂

查阅资料，了解汽车制动系统安全技术的发展，熟知 ABS 到 EBD、ESP 等安全技术领域的不断进步、不断创新，不断对安全行驶提出更高的要求。了解创新发展是一个社会前进的非常重要的思想和行为，只有不断的努力创新，才会有更好的发展和更美好的生活。逐渐提高学生对创新精神的认识和感悟，培养学生创新思维，提高学生的创新能力。

创新创造拓展内容　汽车液压制动系统模拟展示教具

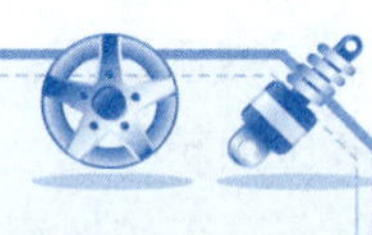

创意作品概况

这里介绍的作品，称之为“汽车液压制动系统模拟展示教具”。该作品是由创新创业协会的金鑫、闫红庆，根据“汽车底盘构造”课程知识的学习，精心制作的一件作品。作品指导教师是孟婕。

随着素质教育的不断推进，创新能力的培养已成为当代大学生素质教育的重点。培养大学生的创新意识、创意思维、创造能力和创业精神，引导大学生崇尚科学、追求真知，激发大学生科技创业、实践成才的热情，提高动手能力，进行思维开发，鼓励学生积极进行创新创业 DIY 设计，一方面增强学生的动手能力，另一方面提高学生对汽车专业知识的深入理解，掌握液压制动系统的结构及工作原理，提高对于专业课的学习兴趣。

该装置可以作为汽车专业教具，让学生更直观地了解汽车液压制动系统的构造及工作原理。汽车制动系统是汽车行驶的重要保障，改善汽车的制动性能始终是汽车设计制造的重要任务。汽车液压制动系统的原理是驾驶员踩下制动踏板，向制动总泵中的制动油施加压力，液体将压力通过管路传递到每个车轮制动卡钳的活塞上，活塞驱动制动卡钳夹紧制动盘从而产生摩擦力使车辆减速。根据汽车液压制动系统的结构及工作原理，寻找制作材料，制作汽车液压制动装置。

汽车制动系统是汽车底盘重要的组成部分，关系到汽车的行驶安全性，是保证汽车正常行驶的前提，直接影响驾驶员的人身安全。目前制动器的结构与制动性能相对比较完善，而在遇见特殊情况或是意外事故需要紧急制动的情况下，由于驾驶员神经过于紧张、疲劳，极易将制动踏板误当加速踏板踩，从而造成严重交通事故。这是目前制动器的一个漏洞。这里设计的汽车液压制动系统，在介绍了目前制动系的构造、组成、作用、分类的基础上，分析、研究、设计了创新点，是目前制动器的一个重大改进与升华。

图 1 是创新创业协会成员的学生团队自制作品介绍海报。

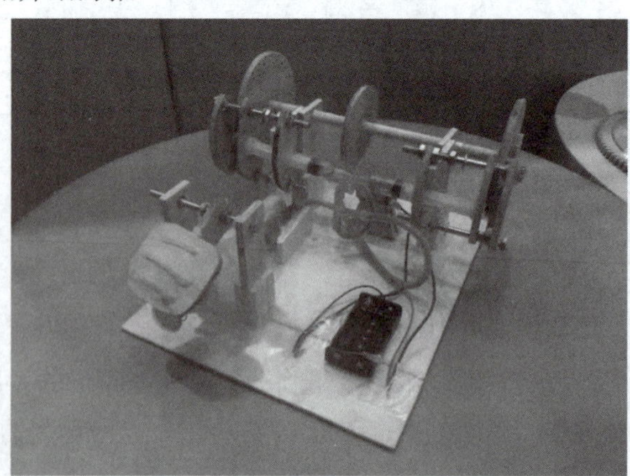

图 1　创新创业协会成员的学生团队自制作品介绍海报

项目五 汽车底盘转向系统

汽车在行驶过程中，需要按照驾驶员的意愿和实际需要进行方向的改变。汽车转向系统使驾驶员通过一系列转向系统结构，使汽车转向桥上的车轮相对于汽车纵轴线偏转一定角度，从而达到转向的目的。汽车转向系统包括机械转向系统和动力转向系统。

无人驾驶技术的重要系统之一，就是转向系统。通过各种传感器和深度算法，根据道路情况及时调整转向，从而实现无人驾驶。

本项目主要介绍汽车转向系统的基本构造。通过学习，了解转向系统的相关知识，掌握转向系统各部件的组成、类型、工作原理。

任务一 转向系统的认知

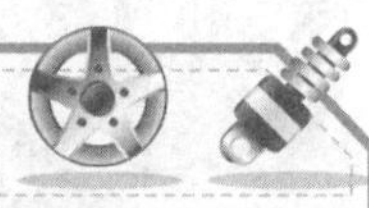

学习目标

完成本任务学习后，应当达到以下目标：

① 掌握汽车转向系统的作用及组成。

② 了解汽车转向系统各部件的功用。

③ 了解转向系统的分类。

④ 了解转向系统各参数的意义。

⑤ 能够识别转向系统各部件名称。

⑥ 能够描述转向系统各参数的意义。

⑦ 激发学习兴趣，加深对中国汽车工业发展的认知，培养爱国主义情怀。

任务引入

转向系统是汽车底盘中的重要组成部分，关系到汽车行驶的操纵性和安全性。它能够使汽车在行驶过程中改变行驶方向，并使作用在转向盘上的力矩传到车轮上。转向系统的结构和功用是什么？转向参数有哪些？各有何意义？下面具体介绍。

知识准备

一、转向系统的功用

用来改变或保持汽车行驶方向的机构称为汽车转向系统。转向系统的功用是使汽车在行驶过程中，能够按照驾驶员的操纵要求而适时地改变行驶方向，并在受到路面传来的偶然冲击，而使汽车意外偏离行驶方向时，能与行驶系统（四轮定位）配合共同保持汽车稳定地行驶。转向系统是汽车保持安全行车的重要系统之一，因此对转向系统进行及时的检查维护是保证安全行车、减少交通事故的有效措施。汽车转向系统结构如图 5-1-1 所示。

二、转向系统的组成

转向系统由转向操纵机构、转向器、转向传动机构三个主要部分组成，如图 5-1-2 所示。驾驶员通过转动转向盘，将转向力矩输入给转向器，经转向器放大后的力矩传到转向传动装置，转向传动机构带动转向轮偏转，控制汽车行驶方向。

图 5-1-1　汽车转向系统结构

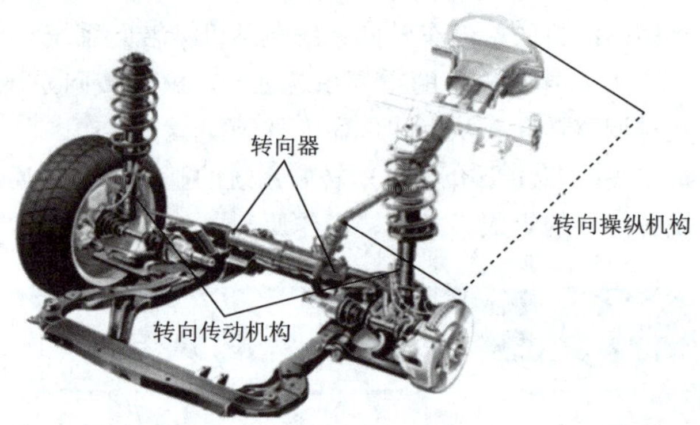

图 5-1-2　汽车转向系统

转向系统的形式有多种，但均由上述三个部分组成，不同之处在于是否采用动力转向系统以及转向器的形式。

1. 转向操纵机构

转向操纵机构是驾驶员用来操纵汽车转向系统的工作机构，由转向盘、转向轴、转向柱等组成。

2. 转向传动机构

转向传动机构是将转向器输出的力和运动传给转向车轮，并使转向桥的左右侧车轮按一定的转角关系偏转。

3. 转向器

转向器是将转向盘的转动变为转向摇臂的摆动或齿条轴的直线往复运动，同时对系统输入的操纵力进行放大。转向器一般固定在汽车车架或车身上，转向操纵力通过转向器后一般还会改变传动力方向。

三、转向系统的分类

汽车转向系统按转向动力源的不同分为机械转向系统和动力转向系统两大类。

① 机械转向系统是以驾驶员体力作为转向能源，其中所有传动件都是机械的。

② 动力转向系统是兼用驾驶员的体力和发动机（纯电动汽车采用电动助力）动力为转向动力的转向系统，它是在机械转向系统的基础上加设一套转向动力装置而形成的。电动助力转向装置如图 5-1-3 所示。

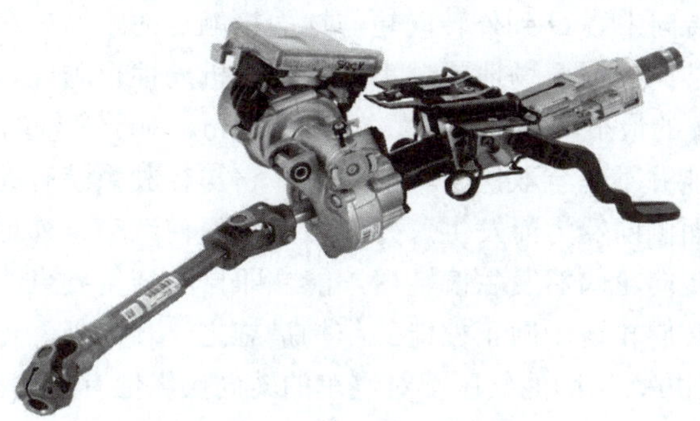

图 5-1-3　电动助力转向装置

四、转向系统参数

1. 转向系统角传动比

转向盘的转角与安装在转向盘同侧的转向轮偏转角的比值，称为转向系统角传动比，用 i_w 表示。而转向盘转角和转向摇臂摆角之比 i_{w1} 称为转向器角传动比。转向摇臂摆角与同侧转向轮偏转角之比 i_{w2} 称为转向传动机构角传动比。显然 $i_w=i_{w1}\times i_{w2}$。转向系统角传动比 i_w 越大，则克服一定的地面转向阻力所需的转向盘上的转向力矩便越小，使转向系统操纵轻便。但 i_w 不能过大，过大将导致转向操纵不够灵敏，即转向盘转动的圈数增加。

2. 转向时车轮运动规律

汽车转向时，内侧车轮和外侧车轮滚过的距离是不等的。对于前置后驱汽车而言，后桥左右两侧的驱动轮由于差速器的作用，能够以不同的转速滚过不同的距离。但前桥左、右两侧的转向轮要滚过不同的距离，必然要引起车轮沿路面边滚边滑动，致使转向时的行驶阻力增大，轮胎磨损增加。为避免这种现象，要求转向系统能保证在汽车转向时，所有车轮均做纯滚动。显然这只有在转向时，所有车轮的轴线都交于一点方能实现。此交点 O 称为汽车的转向中心，如图 5-1-4 所示。

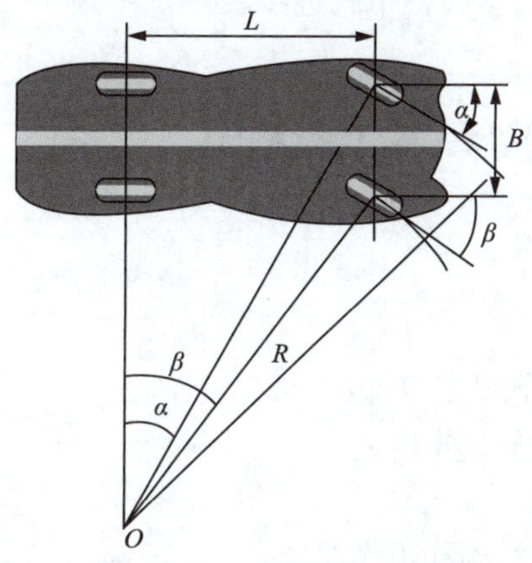

图 5-1-4　汽车转向示意图

由图 5-1-4 可见，汽车转向时内侧车轮转向角 β 大于外侧车轮转向角 α。α 与 β 的关系是：

$$\cot\alpha=\cot\beta+B/L$$

式中　α——外侧车轮转向角；

β——内侧车轮转向角；

B——两侧主销之间距离；

L——汽车的轴距。

转向盘打到底，由转向中心 O 到外转向轮与地面接触点的距离 R 称为汽车最小转弯半径。转弯半径 R 越小，则汽车转向所需要场地就越小，汽车的机动性也越好。汽车内侧车轮转向角一般在 35° ～ 42° 之间，汽车的最小转弯半径一般为 5 ～ 12 m。对于多轴的汽车，其转向情况类似。

汽车的转向操纵性能并不完全取决于转向系统，它与行驶系统有关。汽车在直线行驶中转向轮会受到偶然出现的地面侧向反力而发生意外偏转，从而使汽车意外地转向。为了使汽车能稳定地保持直线行驶，要求转向轮偶然发生偏转后，能立即自动恢复到直线行驶的位置。前面所讲的转向车轮定位即是保证转向轮自动回正性能的结构措施之一。此外，悬架导向装置的结构和布置以及轮胎的径向和侧向刚度、轮胎的气压都对汽车的转向操纵性有很大影响。

3. 转向盘自由行程

转向盘在空转阶段的角行程称为转向盘的自由行程，这主要是由于转向系统各传动件之间的装配间隙和弹性变形所引起的，一般要求小于 10° 或 10 ～ 15 mm。

具体检查方法：使汽车前轮处于直线行驶状态，用指尖向左、向右侧轻轻推动转向盘，在转向盘外圆周上测量手感变重时，即轮胎开始转动的自由行程。如该值在规定值之内，说明状况正常；否则，需要调整，不同的转向器，调整的方法也不同。

思政讲堂

查阅资料，了解中国汽车工业的快速发展阶段（2000 年至今）这段时期。这段时期我国的汽车工业尤其是轿车工业技术进步的步伐大大加快，新车型层出不穷。科技新步伐加快，整车技术特别是环保指标大幅度提高，与国外汽车巨头的生产与营销合作步伐明显加快，引进国外企业的资金、技术和管理的力度不断加深，自主创新取得了积极成果。企业组织结构调整稳步前进，形成了完整汽车产业体系。使用图片资源，通过故事叙述形式，将我国举世瞩目的汽车工业发展现状和未来展现给学生。激发学生的学习兴趣，加深学生对中国汽车工业目前和未来发展大好局势的认知，并由此激发学生继续努力学习，不断进步。

任务二　机械式转向系统的认知

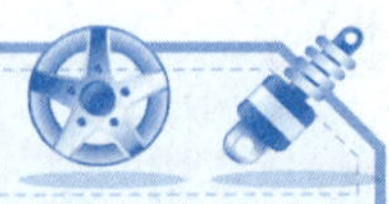

学习目标

完成本任务学习后，应当达到以下目标：

① 掌握汽车机械式转向系统的基本组成。

② 掌握转向器的类型和构造。

③ 掌握齿轮齿条式转向器的结构和工作原理。

④ 掌握循环球式转向器的结构和工作原理。

⑤ 能够对转向器、转向操纵机构等主要部件进行认知与检查。

⑥ 培养制订计划的能力。

⑦ 坚定理想信念和爱国主义精神。

任务引入

机械式转向系统是以驾驶员的体力作为转向能源，其中所有传动件都是机械的。它主要由转向操纵机构、转向器和转向传动机构三大部分组成。转向时，驾驶员对转向盘施加一个转向力矩，该力矩通过转向轴传递给转向器，再经过转向横拉杆和转向臂使车轮偏转。

转向操纵机构的基本构造和组成是怎样的？转向器的类型和工作原理是怎样的？转向传动机构由哪几部分组成？下面具体介绍。

知识准备

一、转向操纵机构的组成

汽车转向操纵机构包括转向盘、转向盘柱、缓冲吸能式转向操纵机构等，它的作用是将驾驶员的操纵力传给转向器。

1. 转向盘

转向盘主要由轮缘、轮辐和轮毂组成。轮辐一般有三根或四根辐条，如图 5-2-1 所示，很少用两根辐条的。轮毂孔具有细牙内花键，以此与转向轴相连。转向盘内部由成形的金属骨架构成，骨架外面一般包有柔软的合成橡胶、树脂或皮革，这样可有良好的手感，并防止手心出汗时握转向盘打滑。转向盘上还安装有汽车喇叭开关按钮及控制转向灯等开关，以方便驾驶员操作。

图 5-2-1　转向盘

2. 转向盘柱

转向盘柱包括转向轴和转向柱管。转向轴将驾驶员作用于转向盘的转向操纵力传给转向器的传力轴。转向轴通过轴承支撑于转向柱管，转向柱管固定在车身上。转向轴上部与转向盘固定连接，下部装有转向器。转向轴与转向器连接的方式有两种：一种是与转向器的输入轴直接连接，另一种是通过十字轴万向节或柔性万向节间接与转向器的输入轴相连接。

现代汽车的转向轴除装有挠性万向节外，有的还装有能改变转向盘工作角度和转向盘高度的机构，以方便不同体形驾驶员的操纵。

图 5-2-2 为一种转向倾斜角度调整机构。转向柱管上、下端分别通过倾斜调整支架、下托架与车身相连。锁紧螺栓穿过调整支架上的长孔和转向柱管上的圆孔将后两者相连。调整时，向下扳下手柄，锁紧螺栓被缓松，可在调整支架上的长孔中移动，转向柱管以下托架上的枢轴为中心上下移动。确定了合适位置后，向上扳起调整手柄，将转向盘定位。

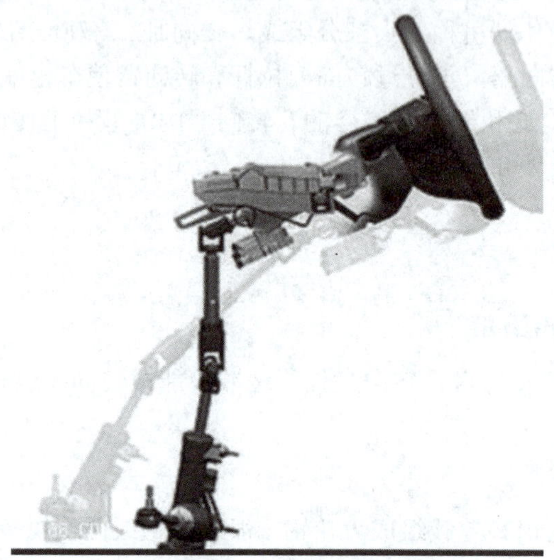

图 5-2-2　转向倾斜角度调整机构

3. 缓冲吸能式转向操纵机构

缓冲吸能式转向操纵机构从结构上能使转向轴和转向柱管受到冲击后，轴向收缩并吸收冲击能量，从而有效地缓和转向盘对驾驶员的冲击，减轻其所受伤害的程度。桑塔纳轿车转向轴安全装置示意图如图 5-2-3 所示。

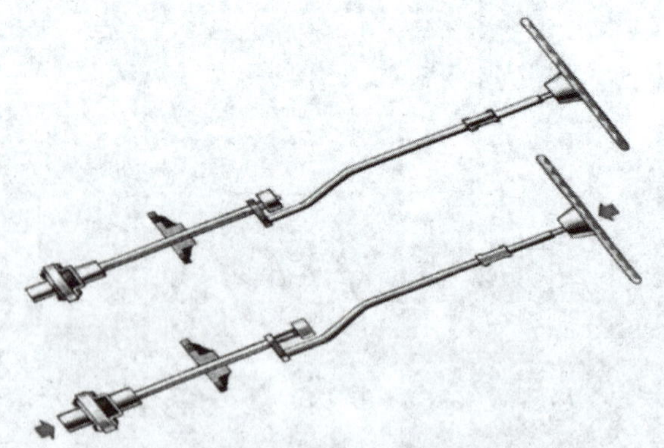

图 5-2-3　桑塔纳轿车转向轴安全装置示意图

汽车撞车时，首先车身被撞坏（第一次碰撞），转向操纵机构被后推，从而挤压驾驶员，使其受到伤害。接着，随着汽车速度的降低，驾驶员在惯性力的作用下前冲，再次与转向操纵机构接触（第二次碰撞）而受到伤害。缓冲吸能式转向操纵机构对这两次冲击都具有吸收能量、减轻驾驶员受伤程度的作用。下面介绍该机构的几种主要结构形式：网状柱管吸能式、钢球滚压吸能式、波纹管吸能式。

（1）网状柱管吸能式

网状柱管吸能式转向操纵机构的转向轴分为上、下两段，下转向轴装在上转向轴的内孔中，两者通过塑料销连接在一起，并传递转向力矩。

塑料销的传力能力受到严格限制，它既能可靠地传递转向力矩，又能在受到冲击时被剪断。因此，它起到安全销的作用。网状柱管吸能式转向操纵机构示意图如图 5-2-4 所示，图中 A 代表碰撞溃缩距离。

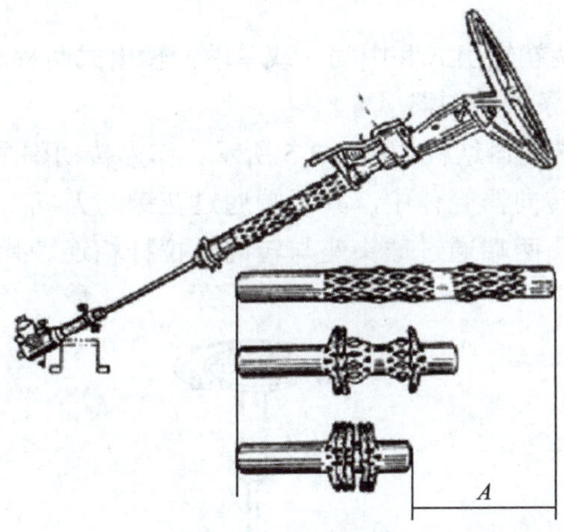

图 5-2-4　网状柱管吸能式转向操纵机构示意图

（2）钢球滚压吸能式

钢珠滚压吸能式转向操纵机构的转向柱管分为上、下两段，上转向柱管套在下转向柱管的内孔中，二者之间压入带塑料隔套的钢球。隔套起钢球保持架的作用，钢球与上、下转向柱管压紧，并使之结合在一起。这种转向操纵机构的转向轴也分为两段，上转向轴和下转向轴通过安全销相连。当汽车撞车时，加在转向柱管上的轴向压力使安全销剪断，上、下柱管便可轴向移动收缩，这时钢球连滚动边在上、下转向柱管的壁上挤压沟槽，使之变形来消耗冲击能量。

（3）波纹管吸能式

波纹管吸能式转向操纵机构的转向轴和转向柱管都分成两段，上转向轴和下转向柱管之间通过细齿花键结合，并传递转向力矩，同时它们二者之间可以做轴向伸缩滑动。下转向柱管的上端套在上转向柱管中，但二者不直接连接，而是通过柱管压圈对它们进行定位。

当发生撞车时，压圈首先被剪断并消耗部分能量。与此同时，转向柱管和转向轴都做轴向收缩，使得转向轴下端的波纹管产生收缩变形而进一步消耗冲击能量。

二、转向器

转向器是一种特殊的减速机构，其传动比较大，且要求具有一定的可逆性。放大驾驶员的操纵力及改变其传动方向是转向器必须具备的两个功能。反映转向器基本性能有三个参数，分别是传动比、传动效率和啮合间隙。

正向传动：当作用力从转向盘传到转向摇臂时，称为正向传动。

逆向传动：转向摇臂所受到的道路冲击力传到转向盘时，称为逆向传动。

可逆式转向器：作用力很容易地由转向盘经转向器传到转向摇臂，而转向摇臂所受的路面冲击也比较容易经转向器传到转向盘，这种转向器称为可逆式转向器，其正、逆传动效率都很高。可逆式转向器有利于汽车转向轮自动回正，但也容易将坏路对车轮的冲击力传到转向盘，出现“打手”现象。

转向盘自由行程：不论哪一类型的转向器，转向系统各连接零件之间和传动副之间总存在装配间隙。当汽车直线行驶时转动转向盘，消除这些间隙和克服机件的弹性变形，使车轮开始偏转，这时转向盘转过的角度称为转向盘自由行程。转向盘自由行程对于缓和路面冲击及避免驾驶员过度紧张是有利的。一般规定转向轮处于直线行驶，转向盘向左、向右的自由行程不超过 15°。转向器按其结构形式可分为齿轮齿条式、循环球式和蜗杆曲柄指销式三种。

1. 齿轮齿条式转向器

齿轮齿条式转向器分为两端输出式和中间（或单端）输出式两种。

（1）两端输出式齿轮齿条式转向器

两端输出式齿轮齿条式转向器结构如图 5-2-5 所示。作为传动副主动件的转向齿轮轴，通过向心球轴承和滚针轴承安装在转向器壳体中，其上端通过花键与万向节叉和转向轴连接。与转向齿轮啮合的转向齿条水平布置，两端通过球头座与转向横拉杆相连。弹簧通过压块将齿条压靠在齿轮上，保证无间隙啮合。

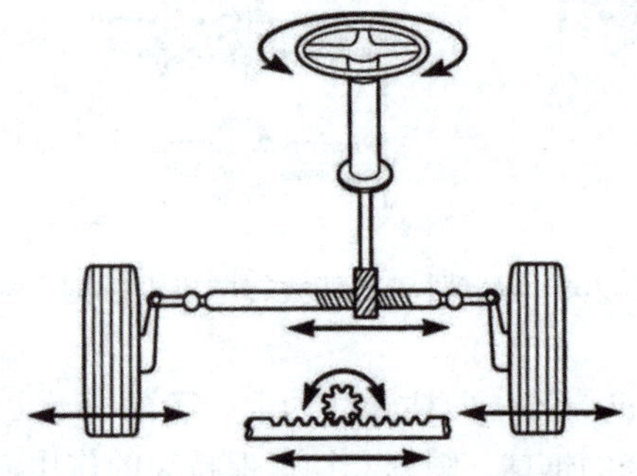

图 5-2-5　两端输出式齿轮齿条式转向器结构

弹簧的预紧力可以通过螺塞调整。当转动转向盘时，转向器齿轮转动，使与之啮合的齿条沿轴向移动，从而使左右横拉杆带动转向节左右转动，使转向车轮偏转，从而实现汽车转向。

（2）中间输出式齿轮齿条式转向器

中间输出式齿轮齿条式转向器结构如图 5-2-6 所示。其结构及工作原理与两端输出式齿轮齿条式转向器基本相同，不同之处在于它在转向齿条的中部用螺栓与左右转向横拉杆相连。在单端输出的齿轮齿条式转向器上，齿条的一端通过内外托架与转向横拉杆相连。

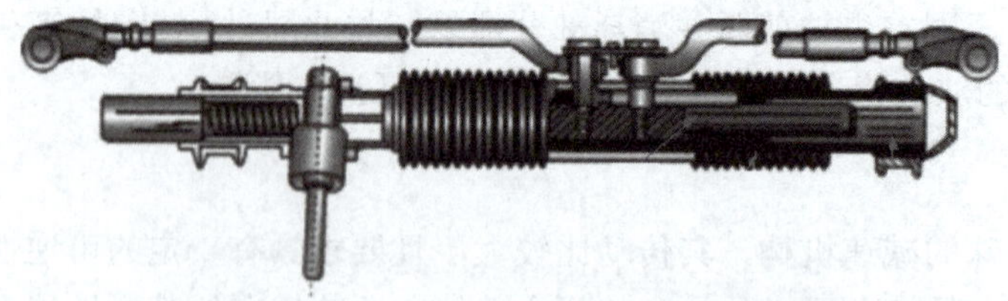

图 5-2-6　中间输出式齿轮齿条转向器结构

采用齿轮齿条式转向器可以使转向传动机构简化（无须转向摇臂和转向直拉杆等），齿轮齿条无间隙啮合无须调整，而且逆传动效率很高。故多用于前轮为独立悬架的轻型、微型轿车和货车上。

2. 循环球式转向器

循环球式转向器一般有两级传动副：第一级是螺杆螺母传动副，第二级是齿条齿扇传动副。循环球式转向器外观如图 5-2-7 所示。循环球式转向器内部结构如图 5-2-8 所示。

图 5-2-7　循环球式转向器外观

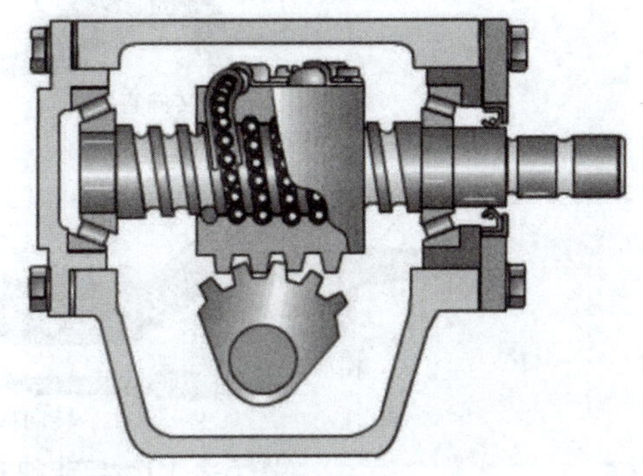

图 5-2-8　循环球式转向器内部结构

工作原理：转向螺杆转动时，通过钢球将力传给转向螺母，使螺母沿轴向移动。同时，在螺杆、螺母和钢球间的摩擦力矩作用下，所有钢球便在螺旋管状通道内滚动，形成“球流”。钢球在管状通道内绕行两周后流出螺母而进入导管的一端，再由导管另一端流回螺旋管状通道。故在转向器工作时，两列钢球只是在各自的封闭流通管道内循环而不致脱出。

3. 蜗杆曲柄指销式转向器

蜗杆曲柄指销式转向器中的传动副是蜗杆和指销，如图 5-2-9 所示。按其传动副中指销的数目分为单销式和双销式两种。指销在曲柄中的支撑形式可以是滑动结构，也可以是滚动结构。

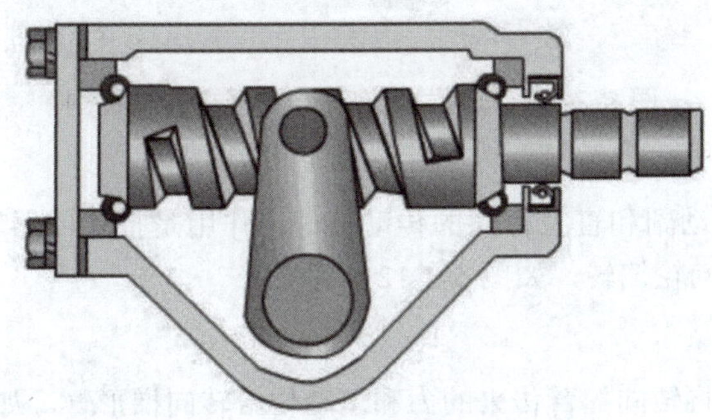

图 5-2-9　蜗杆曲柄指销式转向器

工作原理：蜗杆曲柄指销式转向器的传动副以转向蜗杆为主动件，其从动件是装在摇臂轴曲柄端部的指销。转向蜗杆转动时，与之啮合的指销即绕摇臂轴轴线沿圆弧运动，并带动摇臂轴转动。

三、转向传动机构

转向传动机构主要由转向摇臂、转向直拉杆、转向横拉杆、转向减振器等组成。由转向器输出的力矩经过上述各组件传到两轮的转向节，并由转向梯形臂和转向横拉杆组成的转向梯形机构来保证左右两转向轮的偏转角接近满足转向运动关系。其中，与非独立悬架配合的转向传动机构如图 5-2-10 所示。与独立悬架配合的转向传动机构如图 5-2-11 所示。

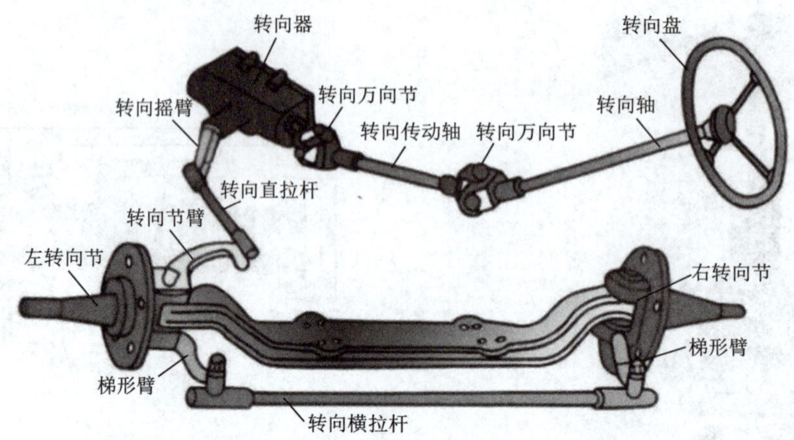

图 5-2-10　与非独立悬架配合的转向传动机构

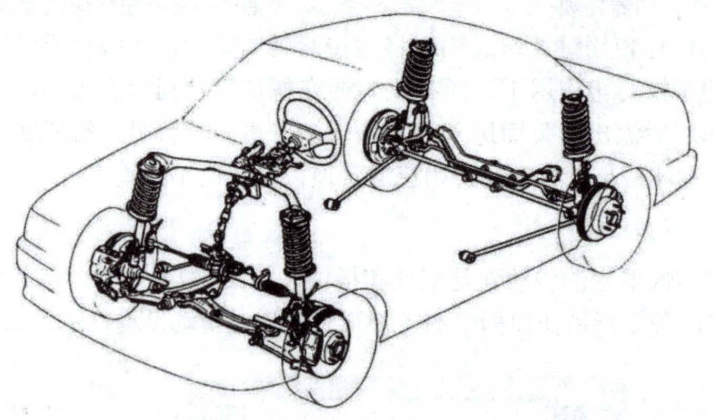

图 5-2-11　与独立悬架配合的转向传动机构

1. 转向摇臂

转向摇臂是转向器传动副和直拉杆间的传动杆件，作用是把转向器输出的力和运动传给直拉杆或横拉杆，进而推动转向轮偏转，如图 5-2-12 所示。

2. 转向直拉杆

转向直拉杆的作用是将转向摇臂传来的力和运动传给转向梯形臂，如图 5-2-13 所示。

图 5-2-12　转向摇臂

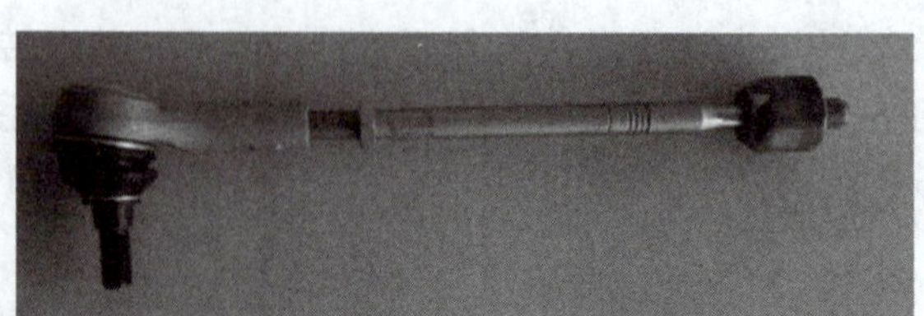

图 5-2-13　转向直拉杆

3. 转向横拉杆

转向横拉杆分成左、右两根，其内端为与杆身一体的不可调的圆孔接头，孔内压装有橡胶金属缓冲环，与转向齿条支架用螺栓铰接。横拉杆外端为带球头的可调式接头，球头销与转向臂相连。通过调拉杆长度可调整前轮前束值。球头销的球碗由弹簧顶紧球头，以消除间隙。转向横拉杆如图 5-2-14 所示。

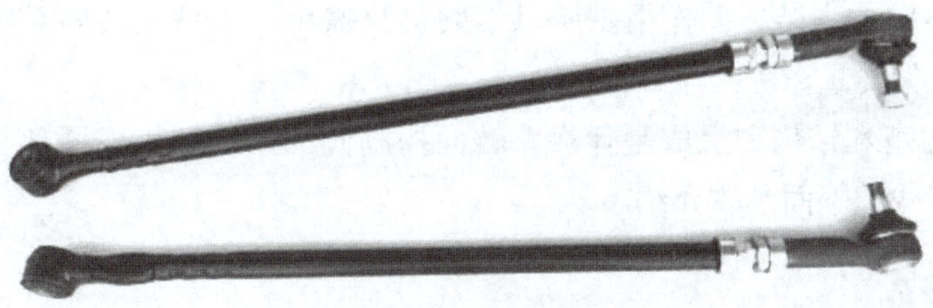

图 5-2-14　转向横拉杆

4. 转向减振器

随着车速的提高，转向轮有时会产生摆振（转向轮绕主销轴线往复摆动，甚至引起整车车身的振动），影响汽车的稳定性、舒适性，加剧前轮轮胎的磨损。为了克服转向轮摆振，在转向传动机构中设置转向减振器。转向减振器的一端与车身（或前桥）铰接，另一端与转向直拉杆（或转向器）铰接。

思政讲堂

查阅资料，了解汽车转向系统的结构、功用、原理，以此知识点为载体，掌握汽车转向系统的作用。学生要像转向系统一样，为自己制定短期的、中期的、长期的目标和发展方向，矢志不渝，坚定目标，努力前进，朝着自己定下的正确方向前进。

任务三　动力转向系统的认知

学习目标

完成本任务学习后，应当达到以下目标：

① 了解动力转向系统的基本组成。

② 掌握转向油泵的结构和工作原理。

③ 掌握转向控制阀的结构和工作原理。

④ 能够规范拆装动力转向系统。

⑤ 能够对动力转向系统的故障进行诊断与排除。

⑥ 培养创新精神和创新能力。

任务引入

使用机械式转向系统的车辆在实现转向时，都是靠驾驶员的体力作为转向动力，动力转向系统是不是就不需要驾驶员付出体力了？即使是L3级别无人驾驶技术的应用，在需要转向的时候，也需要人力来控制转向盘。所以，目前无论哪种量产转向系统都需要驾驶员亲手操作。

动力转向系统的工作原理大致是：当驾驶员转动转向盘时，力矩通过机械转向器使转向横拉杆移动，并带动转向节臂、转向节使转向轮偏转，从而改变汽车的行驶方向。与此同时，转向器输入轴还带动着转向器内部的转向控制阀转动，使转向动力缸产生液压作用力，帮助驾驶员进行转向操作。由于有转向加力装置的作用，所以驾驶员只需用比机械式转向系统小一半以上的转向力矩就能使前轮发生偏转。

动力转向系统的基本结构和组成是什么？转向控制阀的结构和工作原理是怎样的？动力转向机构的布置方案有哪些？下面具体介绍。

知识准备

一、动力转向系统的组成

动力转向系统是在机械式转向系统的基础上增加的一套助力装置。动力转向系统按照传递介质不同，可以分为液压式和气压式两种。液压式动力转向系统在各类汽车上应用广泛。液压式动力转向装置包括转向油壶、转向油泵、转向油管、转向控制阀等，如图5-3-1所示。

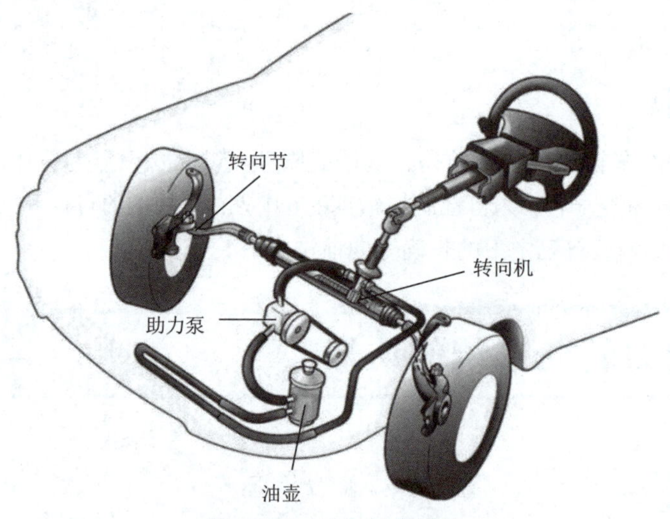

图5-3-1　动力转向系统

1. 转向油壶

转向油壶的作用主要是用来储存、滤清、冷却加力装置的工作油液。其外形如图5-3-2所示。

2. 转向油泵

转向油泵又称转向液压泵，如图5-3-3所示。它是液压式动力转向系统的能源。其作用是将输入的机械能转换为液压能输出。通常情况下，转向油泵安装在发动机前侧，由发动机曲轴通过传动带而驱动。

动力转向油泵的常见形式有四种：滚柱式、叶片式、径向滑块式和齿轮式。其中，齿轮泵和叶片泵应用最多。就功能而言，它们的基本作用是相同的。

图 5-3-2　转向油壶

图 5-3-3　转向油泵

（1）叶片式动力转向油泵

叶片式动力转向油泵内部结构如图 5-3-4 所示。转子上开有均匀分布槽，叶片安装在转子槽内，并可在槽内滑动。定子内表面由两段大半径的圆弧、两段半径的圆弧和过渡圆弧组成的腰形结构转子和定子同圆心。转子在传动轴的带动下旋转，叶片在离心力和动压作用下紧贴定子表面，并在槽内做往复运动。相邻的叶片之间形成密封腔，其容积随转子由小到大、由大到小周期变化。当容积由小变大时形成一定真空度吸油：当容积由大变小时压缩油液，由压油口向外供油。转子每旋转一周，每个工作腔各自吸压油两次，称为双作用式叶片泵。双作用式叶片泵两个吸油区、两个排油区对称布置，所以作用在转子上的油压作用力互相平衡。

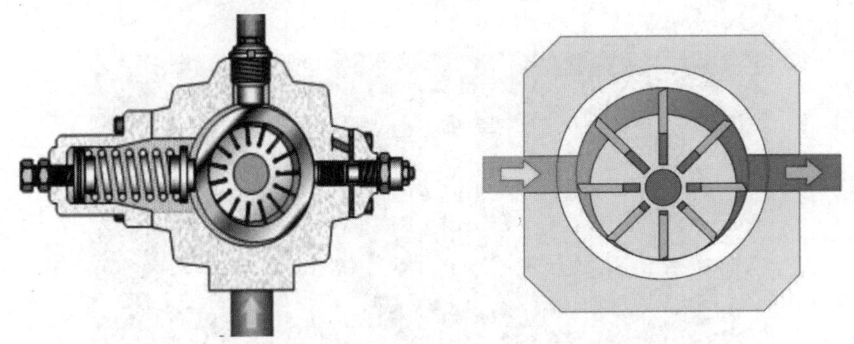

图 5-3-4　叶片式动力转向油泵内部结构

（2）流量控制阀

流量控制阀（见图 5-3-5）一般组装在转向油泵内部，位于转向油泵进油口和出油口之间，与转向油泵齿轮并联。流量控制阀体内的柱塞在弹簧的作用下处于下极限位置。柱塞下方通转向油泵出油腔，上方通转向油泵出油口。在出油腔与出油口之间有量孔，当油液自出油腔以一定速度流过量孔时，由于量孔的节流作用，量孔外侧出油口压力低于内侧出油腔压力。转向油泵流量越大，节流作用越强，量孔内外压差越大。当转向油泵流量增大到规定值，使柱塞两端压差足以克服弹簧的预紧力，并进一步压缩弹簧，将柱塞向上推到柱塞下密封带高于径向油孔的下边缘时，转向油泵出油腔与进油腔相通，出油腔的一部分油液经流量控制阀流入进油腔，经量孔输出流量减小。当流量减小到不足以平衡弹簧力时，柱塞便在弹簧力作用下重新切断进油腔与出油腔的通路。这样，转向油泵的流量便被控制在 9.5 ～ 16.0 L/min。

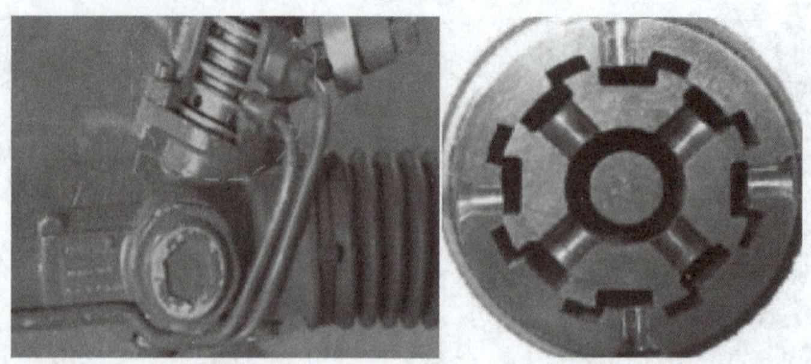
图 5-3-5　流量控制阀

（3）转向油泵传动带

转向油泵传动带绕在曲轴带轮和转向油泵带轮上，如图 5-3-6 所示。

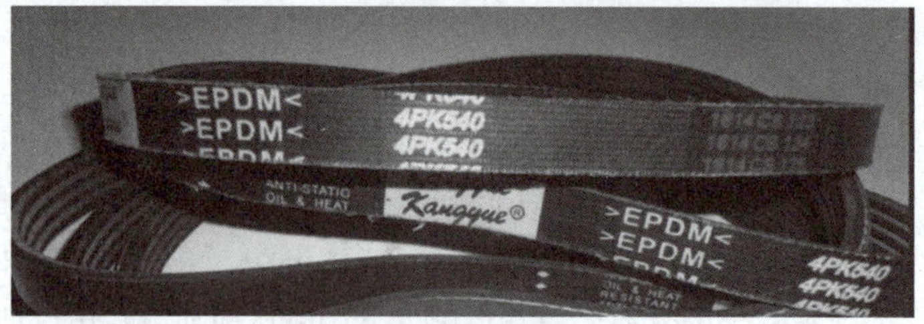

图 5-3-6　转向油泵传动带

3. 转向油管

转向油管（见图 5-3-7）的作用是将压力油液从转向油泵传递给转向器，并将油液最终导回转向油壶。

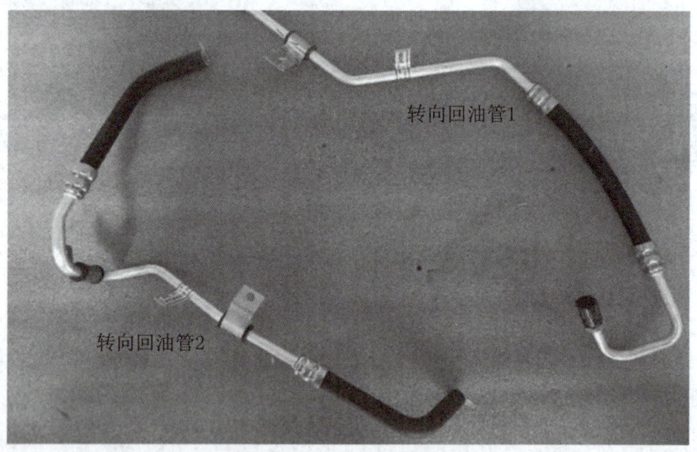

图 5-3-7　转向油管

4. 转向控制阀

转向控制阀直接安装在动力转向器总成里。常见的控制阀有滑阀式和转阀式两种，其工作原理基本相同，都是通过滑阀式（见图 5-3-8）、转阀式控制阀的运动，实现油路和油压的控制，从而推动工作缸中的活塞运动，实现转向器的助力作用。转阀式控制阀在动力转向系统中比较常用。

转阀式控制阀控制压力油流到转向器的流向。转阀式控制阀的工作原理如图 5-3-9 所示。

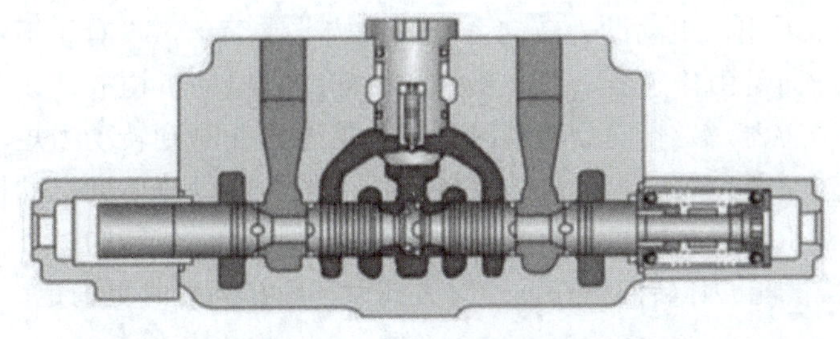

图 5-3-8　滑阀式控制阀

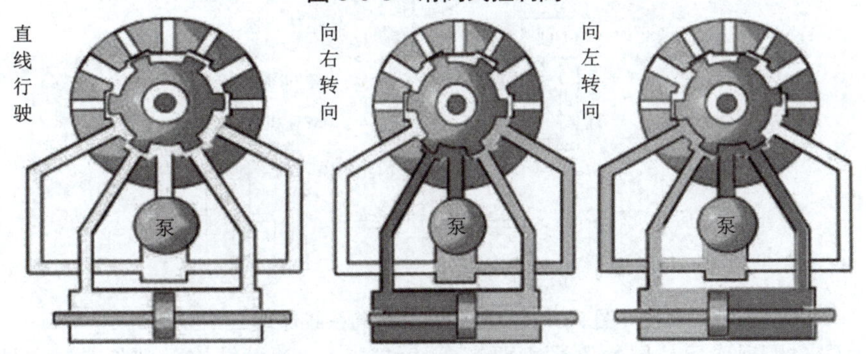

图 5-3-9　转阀式控制阀的工作原理

当转动转向盘时，通过扭杆产生的扭转力使阀芯转动很小角度。随着阀芯转动，不同孔道被打开或者关闭，以便使压力油流到活塞总成需要的一侧；如果转向盘向相反方向转动，压力油流到活塞总成的另一侧。

二、电动助力转向系统

电动助力转向系统（electric power steering，EPS）是 20 世纪 90 年代后期开始逐渐应用到量产车上的转向技术，与液压助力系统一样，仍然是基于齿轮齿条式转向机构而来，只不过助力机构由复杂的液压机构变成了依靠电动机产生助力的系统。电动助力转向系统示意图如图 5-3-10 所示。

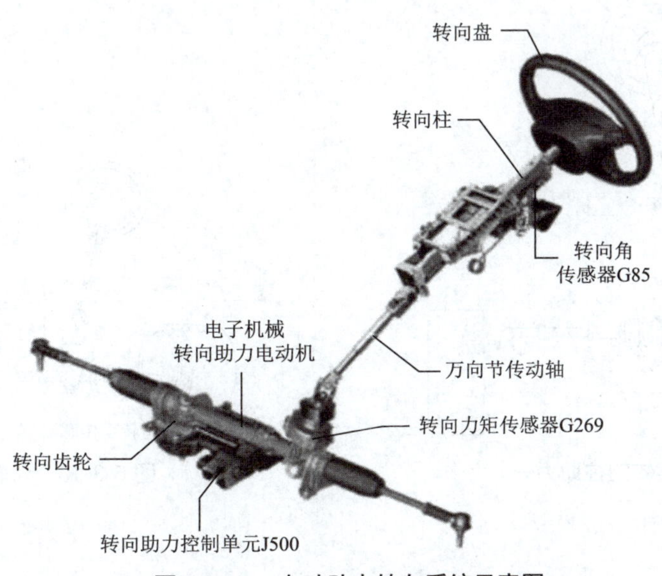

图 5-3-10　电动助力转向系统示意图

从图 5-3-10 中可以看出，电动助力转向系统的结构非常简单，没有了液压泵、储液罐、液管路和转向柱阀体结构，而是由传感器、控制单元和转向助力电动机构成，如图 5-3-11 所示。在转向柱位置安装了转矩传感器，当转向盘转动时，转矩传感器探测到转动力矩，并将之转换成电信号传给控制器，车速传感器也同时将信号传给控制器，控制器运算后向电动机发出适当的电流，驱动电动机转动，电动机通过减速机构将扭矩放大来推动转向柱或转向拉杆运动，实现助力。其根据速度可变助力的特性能够让转向盘在低速时更轻盈，而在高速时更稳定。

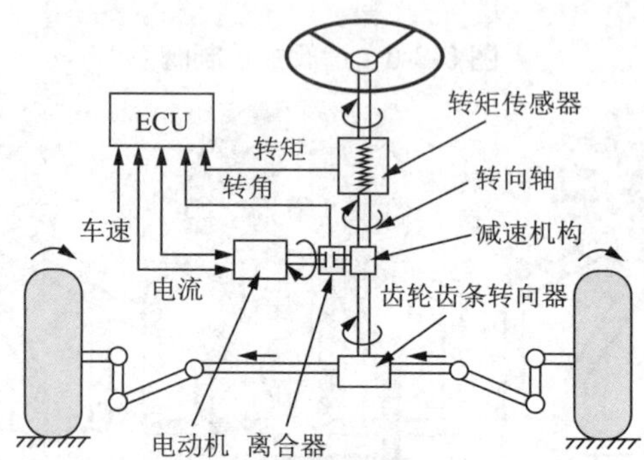

图 5-3-11　电动助力转向系统原理

电动助力转向根据作用位置的不同主要有两种结构。这两种结构分别是对转向柱和转向拉杆施加助力。对转向柱施加助力的电动助力结构（见图 5-3-12）是将助力电动机（带有减速机构，起放大扭矩作用）直接接在转向柱上，电动机输出的辅助扭矩直接施加在转向柱上，相当于电动机直接帮助驾驶员转动转向盘。

另一种结构是将助力电动机布置在转向机上，直作用于转向拉杆（见图 5-3-13），用助力电动机（带有减速机构，起放大扭矩作用）推动拉杆帮助车轮转向，这种结构更加紧凑，并且便于布置，目前使用比较广泛。而且这种结构相对第一种结构而言，转向盘转向部分与电动机辅助是相对独立的，路面的信息能够很好地通过轮胎、齿轮齿条机构回馈至转向盘处，较第一种结构拥有更加清晰的“路感”，更好地兼顾了驾驶乐趣。

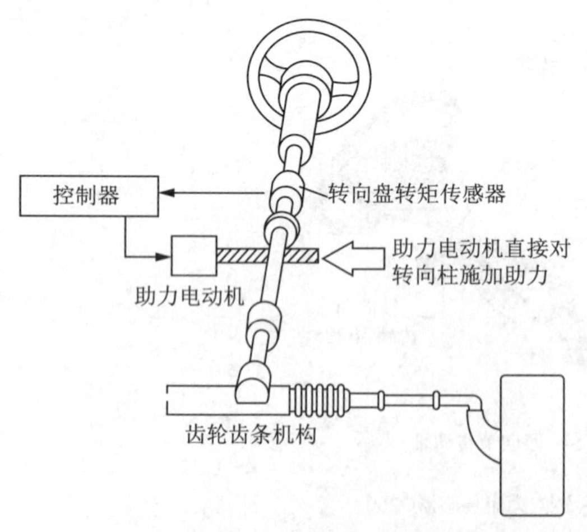

图 5-3-12　对转向柱助力

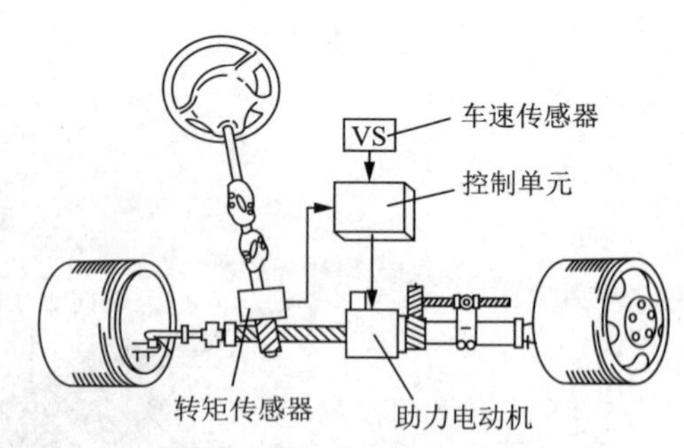

图 5-3-13　对转向拉杆助力

思政讲堂

查阅资料，了解无人驾驶技术是传感器、计算机、人工智能、通信、导航定位、模式识别、机器视觉、智能控制等多门前沿学科的综合体。无人驾驶技术和智能汽车、新能源汽车等新技术，是未来发展的新引擎，我们国家在这方面做出了巨大的创新实践，也正在走向世界的前端，这足以证明创新驱动发展对于国家的重要性。因此要在学习生活中不断提高创新意识和创新能力，为祖国建设做出更多贡献。

创新创造拓展内容　汽车转向系统工作原理展示科教装置

创意作品概况

这里介绍的作品，称之为“汽车转向系统工作原理展示科教装置”。该作品是由创新创业协会白宇彤、邹德鹏，根据“汽车底盘构造”课程知识的学习，精心制作的一件作品。作品指导教师是郭丽娜。

该作品是基于当今社会汽车专业知识普及的需求以及车辆工程系专业教学的需求，在“汽车底盘构造”课程授课过程中，通过自主绘图、物料切割、零部件打磨、结构件组装，设计完成的汽车转向系统工作原理 DIY 作品。该作品把深奥的汽车转向传动系统工作原理转化为人们喜爱的实践互动方式，从而达到汽车科学技术普及教育的目的。

图 1 是创新创业协会成员的学生团队自制作品介绍海报。该作品荣获第七届全国青年科普创新实验暨作品大赛内蒙古赛区创意作品单元未来教育命题组二等奖。

图 1　创新创业协会成员的学生团队自制作品介绍海报

参考文献

[1] 郭向东，韩亮 . 汽车底盘构造与维修 [M]. 成都：电子科技大学出版社，2017.
[2] 刘东生，陈崇月，荆红伟 . 汽车底盘构造与检修 [M]. 北京：机械工业出版社，2018.
[3] 杜晓辉，李臣华，白秀秀 . 汽车底盘构造与检修 [M]. 北京：北京理工大学出版社，2019.
[4] 谭本忠 . 汽车底盘构造与维修图解教程 [M]. 北京：北京理工大学出版社，2019.
[5] 胡胜 . 汽车底盘构造与检修 [M]. 北京：机械工业出版社，2019.
[6] 陈家瑞 . 汽车构造 [M]. 北京：机械工业出版社，2004.
[7] 于秀涛，郗宏勋 . 汽车底盘构造与维修 [M]. 长春：吉林大学出版社，2017.
[8] 黄华，王文涛 . 汽车底盘机械系统构造与检修 [M]. 镇江：江苏大学出版社，2014.